文春文庫

性的唯幻論序説 改訂版

「やられる」セックスはもういらない

岸田 秀

文藝春秋

性的唯幻論序説　改訂版
「やられる」セックスはもういらない

目次

性的唯幻論序説　改訂版

「やられる」セックスはもういらない

第一章　すべての人間は不能である

性本能も壊れている

人間は本能が壊れた動物であるというのがわたしの出発点である。もちろん、性本能も壊れている。性本能が壊れているということは、人間は本能によってはいわゆる正常な性交、すなわち、種族保存に繋がる性交ができないということである。本能によって男が女を求め、女が男を求めることはないということである。正常な性交ができないということは不能ということである。人間はみんな基本的に不能なのである。しかし、それでは人類は滅亡するので、人類文化は幻想に頼っていろいろな策を講じ、何とかある程度は不能を克服してきた。もちろん「ある程度」であってさまざまな問題を残している。いずれにせよ、人類においては性交を初めとする男と女の関係のあり方、あるいは男と男、女と女の関係のあり方、男と女の性衝動あるいは性欲のあり方（性衝動あるいは性欲というものがあるかないかまで含めて)、男または女がどういう刺激でどういう形の性行為で興奮するかなど、性にまつわるいっさいのことは本能ではなく幻想に基づいており、したがって文化の産物であって、人間の基本的不能を何とかしようとする対策またはその失敗と見ることができる。

不能の原因としては次のようなことが考えられる。すなわち、人類の奇形的進化の結果、人類においては発達が遅滞し、人間の個体は永久に生物学的な意味でのおとな(成獣)になれず、未発達のままとどまることになった。L・ボルク(L. Bolk, *Das Problem des Menschwerdung.* 1926.『黒人→白人→黄色人』高野信夫訳、三一書房)によれば、猿(類人猿)が胎児化したのが人間である。すなわち、猿が胎児から成獣への発達の途中で足踏みし、おとなになっても胎児の形態をあちこちにとどめているのが人類である。これを幼形成熟(neoteny)という。おとなの猿にはなくておとなの人間にある特徴は、進化の過程で人類のものとして新たに獲得された特徴ではなく、霊長類の胎児一般に共通の特徴である。人類以外の霊長類では個体発生の最初の段階にあり、発達が進むと消失するのであるが、人類においてのみ発達の最終段階まで消失せずに存続しているのである。ボルクの胎児化理論については、あとで詳しく取り上げるので、ここではこれだけにしておくが、この胎児化によって本能が壊れ、それに対する対策として、性差別を初め、人類の奇妙な性行動が出てきたと、わたしは考えている。

欲望と能力のズレ

人類におけるこの発達の遅滞はあらゆる面で等しく起こるのではなく、そこに跛行《はこう》現象がある。体細胞は生殖細胞より著しく発達が遅滞する。一例を挙げれば、女の卵巣は四歳ですでに思春期の女のそれと同じ大きさに達しているが、体細胞は未発達で性交や受胎の準備ができていない。この跛行現象のため、人間においては、とくに性に関して、欲望と能力とのあいだにズレが生じる。すなわち、人間の性発達の最初の段階は、性欲はすでに発生しておりながら、それを満足させるための正常な性交はまだ遂行できない状態、言い換えれば、不能の状態にある。

これがフロイドの言うところの幼児性欲である。幼児性欲は、正常な性交によって満足させることができないのだから、不可避的に正常ならざる方法で満足を求めざるを得ない。幼児はみんな多形倒錯者であるというのはそういうことである。人間の性生活は多形倒錯者として始まる。この多形倒錯の不能者を、どのようにして正常な性交の能力のある一応の正常者にするかということが、人類の大問題である。口唇期・肛門期・男根期・潜伏期・性器期というフロイドの性発達図式はこの大問題の一つの解決策である。一応、正常な性交が遂行できる性器期を最終段階とするこの発達コースは、もちろん、生物学的に決まっている本能的・普遍的過程ではなく、人類特有の異常に長い幼児期に一般に個人の性発達はそういうコースを辿《たど》るであろうということである。したがって、このコースから外れたり（逸脱）、途中で停滞したり（固着）、逆戻りしたり（退行）する者が出てくるのは避けがたい。

性器期に達するためにこのような面倒で困難な回り道をしなければならないのは人類だけである。性器期において、それまでの口唇リビドー（精神分析では性エネルギーのことをリビドーと呼ぶ）や肛門リビドーなどの前性器的・倒錯的リビドーが性器の優位のもとに統合されるとフロイドは言ったが、これは、言い換えれば、人間の「正常な」性器性欲はさまざまな倒錯的リビドーを寄せ集めてつくったつくりものだということである。言ってみれば、動物は、最初の発情期にいきなりいわば性器期にいるわけで（動物に関して性器期という用語は使わないが）、口唇期とか肛門期のような段階は動物には存在しない。人間の性器期と動物の性器期（発情期）におけるそれぞれの性行動は、膣にペニスを挿入して射精するという点でよく似ているが、似て非なるものであって、前者は人為的なつくりもの、後者は本能に基づいた自然なものである。わたしはこれを造花と自然の花に譬《たと》えたことがあった。造花だから季節による特定の開花期がなく、いつでも咲いているのである。

横道に逸れるが、ついでながら言うと、人間における発達の跛行現象は、体細胞と生殖細胞とのあいだだけでなく、知覚能力と運動能力とのあいだにも起こる。動物は運動して到達できる範囲内の世界しか知覚しない、言い換えれば、知覚できるところへは行くことができると考えられるが、人間は、周りの世界を遠くまで知覚できるようになったとき、運動能力はまだ未発達で、近くを這い回るぐらいのことしかできない。ここに人間の無力感の起源がある。人間は、見ることができる遠くの彼方へ行けないことを口惜しがり、屈辱感をもつ。人間が速く走る馬の能力を借りようとしたり、スポーツで運動能力（速く走るとか、高く跳ぶとか）を競ったり、さらには自動車や飛行機を発明したりしたのはこの無力感・屈辱感からの逃走が動機ではなかったかと考えられる。人間は、馬のように速く走りたい、鳥のように空を飛びたいと思う不遜《ふそん》な動物なのである。同じように、人間が種族保存のために必要な限度をはるかに超えてセックスをやりたがるのは、幼いとき、欲望（幼児性欲）があるのに不能だったからであり、その埋め合わせであると考えられる。のちに男が多くの女を「征服した」ことを「戦果」として誇るのは、幼いときに不能の屈辱を味わわされたので、その埋め合わせをしようとしているのであろう。

人類は全員、倒錯者

曲がりなりにも性器期に達した人間の性行動は、少なくとも部分的にはこのように、一見、動物の性行動に似ているけれども、それを支えているのは倒錯的リビドーであるから、人間はいわゆる正常な性交をするために、性本能に頼ることはできず、さまざまな倒錯的リビドーを掻き集めなければならない。そして、そのためには、動物はやらない、いろいろ変てこなことをしなければならないし、動物には不必要ないろいろ変なものがなければならない。その変なこと・変なものが性的に興奮するために不可欠な条件なのである。それが何であるかによって、サディズム・マゾヒズム・フェティシズムなどと呼ばれるが、それらの性倒錯については、あとで説明する。

性倒錯は一般に男に多いことになっているが、そうした条件は、男が性について抱く何らかの幻想と結びついており、その幻想にくっついている倒錯的リビドーの助けを借りなければ、男は興奮できず、いわゆる正常な性交が遂行できない。女の場合も同じであろうが、男ほど変な条件を必要としないように見受けられる。しかし、本当にそうなのか、それとも、性差別文化においては性交を遂行するために女が興奮することはそれほど重要ではないとされているため、女に関してはそれらの変な条件は必要なのに無視されるのか、そのいずれであるかはよくわからない。

動物が性交するためには不必要ないろいろ変な条件が必要だという意味では、人間はいわゆる正常者も含めて、厳密に言えば全員、倒錯者なのである。しかし、一般的には、性倒錯とは、さまざまな倒錯的リビドーが「性器の優位のもとに」（フロイド）統合されておらず、それぞれ勝手に振る舞っていて正常な性交（膣内射精）につながっていない状態を指している。どれほど変な条件が必要であったとしても、それが大して害がなくて相手の合意が得られるものであって、そして紆余曲折はあっても最終的に正常な性交に至ることができれば、一応、正常者ということになっている。

人類のみに性倒錯が見られることの第一原因は、もちろん、人間の本能が壊れたことにある。すなわち、本能が壊れたため、人類は、おのれの生存を確保する場として、まず人為的に日常性を構築した。そして、壊れた本能の散乱したさまざまな断片的衝動をある程度まとめて日常性の秩序の支えとした。しかし、それらの断片的衝動には日常性の支えとして不適な衝動もたくさんあり、それらは日常性の秩序の妨げになるので、抑圧して無意識へと追いやられた。無意識へと追いやられたからとて、それらの衝動は消滅するわけはなく、何らかの満足を求め続ける。そこで人類は、それらの衝動の捌《は》け口として、日常性の傍らに非日常性を設定し、日常的世界では満足されない衝動を非日常的世界において満足させようとした。ここで、人類においては、動物には見られない日常性と非日常性との区別が成立した。

人類は、壊れた性本能に代えて文化としての性欲を構築したが、その性欲は主として非日常性へと追いやられた衝動が支えることになった。壊れていない動物の性本能を考えてみると、種族保存の目的に役立つ要素から成っており、それ以外の雑多なものとは何の関係もないが、人間の性欲は、どのようなものとでも結びつき、どのようなものにでも支えられる。それは、日常性から排除されたさまざまな衝動が性欲に流れ込むからである。

たとえば、性倒錯としての盗癖や放火癖がある。店の商品を盗む瞬間、放火して建物が燃え上がる瞬間に射精し、オルガスムに達する。そのほか、残忍に女を殺すとか、女に鞭《むち》でひっぱたかれるとか、女に尿を飲まされるとか、見知らぬ女にいきなり自分の勃起したペニスを見せつけて驚かせるとか、どのような変なことでも性的興奮の条件となる。動物が性的興奮のためにそのような条件を必要とするなんてことはないわけで、それは、人間が壊れた性本能を立て直すために、溺れる者が藁《わら》を摑むように、どのような衝動でも掻き集めて使おうとするからである。性交に至らない性倒錯はその努力というか、そのあがきが失敗した結果であると考えられよう。

オナニーについて

G・グロデック（G. Groddeck, *Das Buch vom Es.* 1923.『エスの本』岸田秀・山下公子訳、誠信書房）によれば、オナニーは人間の最初の性活動であり、生涯にわたって続く基本的な性活動である。オナニーは性交の相手がいないときに性交の代理として止むを得ず行うものではなく、性交こそオナニーの代理であり、性交において、男は膣を、女はペニスを摩擦の道具に使ってオナニーをしているに過ぎない。わたしによれば、そうなったのは、もちろん、人間の性本能が壊れたことの必然的結果である。

本能には、外界を知覚し、外界との接触を維持して適応する機能も含まれているが、その本能が壊れたため、人間の幼児は外界を知らず、人間の性衝動はまず初め外界との接触を失った自閉的世界のなかで発生し形成され、そのなかで空回りし、そこで満足を求めざるを得なくなった。それが自己性愛であり、自己性愛の状態における性活動がオナニーである。動物の性衝動は、発情期に発生したとき、初めから外界の対象（異性の性器）と結びついているが、人間の性衝動は、まず自己性愛となり、幼児が外界を発見したあと、人為的に外界の対象と結びつけなければならない。うまくゆけば、異性の性器と結びつき、異性の性器を求めるようになるのであるが、まかり間違えば、同性の性器とか（同性愛）、肛門とか（アナルセックス）、動物の性器とか（獣姦）、死体とか（死姦症）、物体とか（フェティシズム）、異性の性器以外のいろいろなものと結びつく。そして、まかり間違うことがよくあるのである。

性本能が壊れていない動物においては、雄の発情と雌の発情とは時期的に一致し、性交のときの雄性器と雌性器とは機能的に調和している。ペニスの勃起は膣の濡れと対応し、膣内のペニスのピストン運動は雌雄両者に同等の興奮と満足をもたらし、両者はともにオルガスムに達すると考えられる。

ちなみに、オルガスムは人類に特有であるとの説もあるが、その辺のことはよくわからない。もしそうだとすれば、性本能が壊れて本能によっては性交を求めない人類の男女に性交への欲望を起こさせるために、文化的に発明されたのであろう。もし動物にオルガスムがないとしても、少なくとも動物においては、性交の果てに雄が射精する時と、雌の子宮が膨張して精子を吸い込みやすくなる時とが一致しているそうである。人間においても、女がイクというか、オルガスムを感じる時は、やはり子宮が膨張して精子を吸い込みやすくなるとのことであるが、悲しいかな、その時は男が射精する時と必ずしも一致しない。いずれにせよ、性本能が壊れた人間においては、男性器と女性器との自然な調和は失われてしまった。男と女が同時に同じような快感を味わい、同時に満足を得ること、射精と膣のオルガスムとが同時に起こることはめったになく、しばしば射精は早漏か遅漏かのいずれかである。女は、早漏のときは興奮が高まりつつあるのに突然、性交を打ち切られ、遅漏のときは止めたいのに勝手に男を押し退けるのも気が引けて男が果てるのをがまんして待っていなければならない（もちろん、男を押し退けてもいいが）。

人間の男女には性に関してこのような不一致があることと、人間の基本的性活動がオナニーであることとは同じことであるが、人間の性交が男と女のそれぞれのオナニーでしかないとしても、男と女がそれぞれ相手の膣またはペニスを摩擦の道具に使って同じようにオルガスムに達し、性的満足を得るのなら、それでもいいであろう。しかし、それすらなかなかうまくはゆかない。本能が壊れた人間の男女の性欲のあり方は、本能によって決定されるのではなく、それぞれの親子関係・成育環境のなかで個別に人為的に形成され、決定されるのだから、その興奮と満足の条件は一人一人違っており、男がやりたい時と、女がやりたい時とが一致し、同じやり方の性交で男と女が同時にともに興奮し、満足を得ることは、きわめて稀な幸運である。このように男女それぞれの性的興奮と性的満足は相手のそれと無関係になっているから、実際問題として、性交においては、どちらか一方が自分の性的興奮と満足のために相手のそれを無視し、相手の性器を道具として使用するということにならざるを得なくなっている。逆に言えば、どちらか一方が満足をあきらめ、自分の性器を相手の性的興奮と満足のための道具として提供せざるを得なくなっている。

要するに、性交において人間の男と女は不可避的に不平等なのである。性交において男と女は、本意にせよ不本意にせよ、つねにどちらかがどちらかに付き合っている。そうするしかないのである。

性差別の起源

このように、性交において人間の男と女は不可避的に不平等であるが、その不平等の不利な面はもっぱら女の側に押しつけられ、ここに女が一方的に差別される性差別文化が成立したと考えられる。ここで、女は決定的に不利な状況に追い込まれた。すなわち、第一に、女が性交を欲していなくても、膣が濡れていなくても、潤滑剤とかを使ったりして無理をすれば性交は可能であるが、男が性交を欲していなければ、ペニスは勃起せず、性交は決定的に不可能であるという男女の生理的条件の違いがあって、種族保存のために必要な膣内射精のためには、男の性欲を優先せざるを得ないということがある。第二に、男のほうが一般に女より腕力的・社会的・経済的に強いから、性交において(他の点においてもだが、とくに性交において)、男の都合が優先され、女の都合は無視されがちであるということがある。第三に、さきに述べたように、本能が壊れたため、男の性欲(女の性欲もだが)はまず基本的に自閉的欲望として形成されるということがあって、その結果、性交は基本的には男が性的満足のために女体・女性器を道具として使用するという形を取ることになり、そして、女の性欲は、ともすれば男の性欲の満足の邪魔になるので、その満足はなおざりにされ、ときには女には性欲がないとされたのであった。

したがって、人類の性文化における最大の特徴は何かと言えば、言うまでもなく、性関係において男と女が対等ではないということである。

要するに、動物と違って、本能が壊れた人類においては、リビドーは性器や正常な性交から切り離され、分解して浮動しており、正常な性交を求める形の性欲（性器性欲または性交欲）とそれを支える性的興奮はあとから人為的・文化的につくらなければならなくなった。その点では男と女のあいだに違いはないが、しかし、女ははっきりした形の性欲を形成しなくても、性交して（性交されて）膣の中に射精されれば妊娠し出産することができるので、性本能が壊れて存亡の危機に立った大昔の人類は女の性欲を構築する余裕がなく、それをなおざりにしてもっぱら男の性欲を構築することに重点をおかざるを得なかった、ここに性差別の起源があるのではないか、と考えられるのである。

もちろん、性差別の程度や様相は民族や時代や個人によって非常に異なるが、何らかの形の性差別はどの民族にもある。それは、本能が壊れたという人類共通の条件からきていると考えられるが、現代は事情が変わり、人類は本能が壊れて存亡の危機に立ったときほど追いつめられておらず、男と女はいわゆる正常な性交を無理やりできるかぎりしなければならないということはなくなっているので、これまでの性差別を正当化する根拠はかなり失われたとわたしは考えているが、この問題についてはのちにまた論じることにする。

異性の親と同性の親

フロイド、つづいてJ・シャッスゲ＝スミルゲル（J. Chasseguet-Smirgel, *La sexualité féminine*. 1964）や、D・ディナースタイン（D. Dinnerstein, *The Mermaid and the Minotaur*. 1976.『性幻想と不安』岸田秀・寺沢みづほ訳、河出書房新社）などが揃って指摘しているように、性行動における男女の違い、たとえば男は女の身体（女体）を容易に性的対象にするが、女は男の身体を性的対象にしない傾向があるとか、セックスにおいて一般に男は能動的で女は受動的であるとか、男は多くの女を相手にしたがるが、女は一人の男を守る傾向がある（もちろん、例外はあるが）とか、性倒錯者はもっぱら男であるとかなどの違いは、主として、男は異性の親（母親）、女は同性の親（母親）に育てられるという違いに起因していると考えられる。本能が壊れている人類の男女のこれらの性行動の違いは、本能によっては説明できず、後天的環境の違いによるところが大きいと思うが、生まれたあとの男と女のもっとも大きな後天的環境の違いは、最初に授乳してくれ、世話してくれ、育ててくれる親が異性であるか同性であるかの違いである。ここに男女の性行動の違い、それと絡んでいる性差別の問題を解く鍵があるように思われる。この違いがなぜ重大な問題になるかというと、動物においては、親に保育される期間と、発情期とは重ならないが、人間においては、極端な未熟児で生まれるため親に世話される期間が非常に長いので、性欲が発生する時期と重なるからである。したがって、人間においてのみ、親子関係のあり方がのちの性行動のパターンに大きな影響を与えるのである。

ところで、異性の親に育てられる男の子が直面する最初の状況は、まったく無知無能な自分が圧倒的に強い全知全能の（と幼児には見える）女に全面的に依存し支配されているという屈辱的状況である。これが男の人生の出発点なのである。男なら誰でも、抑圧しているにせよしていないにせよ、心の奥底に深刻な女性恐怖をもっていると考えられるが、その起源はここにある。そして、ここが重要な点であるが、このような状況のなかで男の子は不能であった。

これはどういうことかというと、男の心のなかで不能状態と女の支配とは結びついており、したがって、男は不能を克服し性能力を獲得するためには、女の支配を打破し、逆に女を支配しなければならないということである。男が女を支配したがるのは、威張り散らしていい気分になりたいとか、富を独占したいとか、資産を確実にわが子に伝えたいとかのような単純な理由からではなく、何よりもまず、女を支配しないと不能状態から脱出できないという、深刻なというか、哀れというか、とにかく追いつめられた事情があるためであると考えられる。実際、地位とか身分とか才能とか経済力とか何らかの点で自分より上の女、敬意を払わざるを得ない女、支配的な強い女などに対しては不能になる男がいるが、そういう女は彼にかつての全知全能の母親と、その支配下にあって不能であった幼児の自分を思い起こさせ、女性恐怖を甦らせ、彼は、獲得していた性能力を失って不能状態に逆戻りするのである。

もちろん、女の子も幼児期に全知全能の母親に支配されている点では同じであるが、母親は一般に男の子ほど女の子を支配しようとしないし（一般に女は社会的には男たちに、個人的には夫に支配されているので、その報復または埋め合わせとして男の子のほうを支配したがるのではないかと考えられる）、また、女の子は母親との関係で不能であるというわけではないので、また、女の子はそのうち自分がおとなの女になるので、女の子においては女性恐怖と不能とは結びつかない。そして、のちに依存対象を母親から父親に切り換えたとき、女の子はある程度無知無能の状態から脱しており、父親を全知全能視するほど幼くはなく、また、一般に父親は母親が男の子を支配したがるほどは女の子を支配しようとしないので、男性恐怖も不能と結びつかない。

いわゆる性倒錯（同性愛を除く）はもっぱら男のものであって、女にはほとんど見られないとされているが、本当にそうだとすれば、そういう男女の違いも、J・シャッスゲ＝スミルゲルによれば、育てる親の性の違いに起因するとのことである。すなわち、幼児性欲は壊れ分解して多形的に倒錯しているが、幼ければ幼いほどその程度はひどいわけで、その点では男の子も女の子も同じである。しかし、男の子は、その程度のひどいときに母親を依存対象とし、異性である母親から性的刺激を受けるので、倒錯傾向がいくらか満足されて持続するのであるが、女の子は、依存対象を母親から父親に切り換えて、異性である父親から性的刺激を受けるときには、すでにいくらか多形倒錯状態から脱しており、したがって倒錯傾向をあとにそれほど持ち越さないのであると説明される。

性倒錯というと、もっぱら男のそればかりが問題になるが、もちろん、女にも性倒錯はある。女だって性的興奮を得るためにはそれぞれ何らかの幻想を必要とし、その幻想は何らかの倒錯的条件に支えられていることは間違いない。しかし、男の性倒錯ほど女の性倒錯が目立たないのは、もともと女の性倒錯が弱いためか、それとも、顕在化しないだけのことなのか、そのいずれであるかはよくわからない。顕在化しないだけだとすれば、女より男のほうが性交を遂行するのが難しいから、性交を遂行するために、男の性欲に重点がおかれ、それを妨げかねないとして、女の性欲が抑圧されるからであろう。つまり、性差別のため、性交の際の女の性的興奮はないがしろにされるからであろう。性倒錯とは、さまざまな変な倒錯的条件によって惹き起こされる性的興奮を正常な性欲(性器性欲)に組み入れることに失敗したときに、その変な倒錯的条件が突出して生じる現象であるが、女は、性的興奮をないがしろにされる分だけ、性倒錯も少ないとも考えられる。

女のリビドーも男性的

このように人間は性器期（思春期）に至っても、幼児期と同じく基本的には不能であり、オナニーを好み、倒錯傾向を多かれ少なかれ引きずっている。それでは困るので、この事態をどうにかするためにいろいろな策が講じられてきた。その結果として人為的に構築された男女の性欲とくに男の性欲の形や、男女関係のあり方は、文化や個人によって多かれ少なかれ違いはあるものの、一般的にはきわめて奇妙なものとなった。奇妙というのは本能に基づいて自然な性生活を送る動物と比べてのことである。

たとえば、性行動は両性の共同行動であるのにもかかわらず、性欲がもっぱら男のものとして語られているのはいかにも奇妙である。これも、さきほど述べたように、男の性欲を構築するほうに重点がおかれたためである。フロイドは、リビドーは男のものでも女のものでも男性的であると言った。女のリビドーも男性的だなんてどういうことなんだろうと、わたしは初めその意味を摑みかねていたが、そのあと、これは人間の性欲は女の性欲も含めてまず初め、男の性欲として構築されるという意味であろうと考えるに至っている。

ここで幼児性欲と性器性欲（性交欲）とを区別しなければならない。人間だって動物の一種であるから本能は遺伝されている。遺伝された本能としては男の性欲（の可能性）と女の性欲（同）は違っていたであろう。しかし、人間は本能が壊れた。壊れた男の性欲と女の性欲はいずれも種族保存の目的から切り離され、分解し浮動して同じような多形倒錯的リビドーとなった。これが幼児性欲である。出発点においては、まだ自我は成立しておらず、対象世界は存在していないから、この多形倒錯的リビドーは、対象をもたず自閉的であって、男性的でも女性的でもなく、男女において同じである。ここで、男の子も女の子もともに、母親から生まれ、母親に育てられ、まず初めは母親に依存するわけであるが、知覚機能がいくらか発達し、母親が自分とは別の存在であることがわかり始めると分離不安が生じ、この不安から逃れようとして子供は母親との合一の回復をめざす。自閉的であったリビドーは母親という対象を発見し、母親に向かう。したがって、男の子も女の子も、母親にとっての異性、すなわち男であろうとする。そのため、男の子のリビドーも女の子のリビドーもまず人為的に男性的なものとして形成される。すなわち、女の子のリビドーも男性的リビドーとなるわけである。

胎内復帰願望

要するに、本能が壊れた動物である人間に特有な幼児性欲は、単純に種族保存をめざす動物の性本能と違って、まず自己性愛の形を取り、母親が自分とは別の存在であることを発見する男根期以降、失われた母親との合一を回復したいという欲望として表れる。言い換えれば、人間の性欲は、男の性欲も女の性欲も渾沌の状態から脱して対象を求めるとき、まず初め胎内復帰願望として表れる。しかし、文字通り胎児に戻って母親の胎内に戻ることはできないので、自己の代表者であるペニス（俗語で男がペニスのことを「息子」と呼ぶのは象徴的である）を胎内への通路である膣に入れようとするという形を取るのである。

人間の性欲がまず胎内復帰願望という形を取ることを最初に指摘したのはS・フェレンツィ（S.Ferenczi, *Thalassa. Psychanalyse des Origines de la Vie Sexuelle.* 1924. p.86）であるが、この胎内復帰願望は、要するに、昔に戻りたいという願望であって、性交において男と女は一体になるという幻想はここに由来すると思われるが、この願望は種族保存本能と何の関係もなく、人間特有の異質のものである。言い換えれば、人間がペニスを膣に入れたいのは、種族保存を図ろうとする本能によるのではなく、人為的・文化的欲望なのである。人間の男女が子供をつくるために性交するのは、意図的にその目的を設定したときだけである。言ってみれば、人類の文化は、母親とふたたび一体となって、失われた始原の至福を再現したいという願望に仮託してというか、それに寄り掛かって動物の性本能と同じような形の欲望を形成し、そうすることによって辛うじて、本能が壊れた人類の種族保存を可能にしたのである。つまり、人類の文化は、自己性愛、次いで胎内復帰願望として形づくられる人間の性欲をだましだまし何とか種族保存（妊娠）という結果をもたらし得る行為（性交）のほうへ引っ張ってゆくという、大変な仕事を成し遂げなければならなかった。多形倒錯的リビドーを、最終的には、性器性欲の形にしなければならなかったのである。歳を重ねて思春期になれば生理的に成熟し、性ホルモンとかが生産されてその結果、自然に男はペニスを膣に入れたくなり、女は膣にペニスを咥《くわ》え込みたくなるというものではない。

多形倒錯的リビドーを性器性欲の形に嵌《は》め込むという文化的作業が、さきほど説明した口唇期から性器期に至るフロイドの性発達過程である。この発達はうまくゆくとは限らず、停滞したり逆戻りしたりすることがよくある。すると、性倒錯になったりするが、うまく進んで正常な性交ができるようになった場合でも、人間は、性交の前に、前戯として唇や乳房や性器などを舐めたりいじったり、種族保存には必要ないことをいろいろやる。それらは、要するに、幼児的行為なのである。性交に際して人間はしばしば幼児的になる。愛し合う男女は（どちらかと言えば、女より男のほうが）いくらか幼児のようである。それは、人間が性交するのは、幼児期を再現するという幻想を一つの動機としており、人間の性欲が種族保存本能ではなく、自己性愛・胎内復帰願望に発しているからである。

男女の性欲の違い

男女の性欲のあり方というか、表れ方というか、その構造は、大いに違っている。まず、フェミニストなどの非難がもっとも集中している男女の性欲の違い、男の性欲と女の性欲との非対称性の問題を考えてみよう。すなわち、男は女を単なる性的対象・単なる肉体と見なし、女の肉体だけが目当てで、魅力的な女なら誰でもよく、多くの女とやりたがり、女は愛する一人の男としかセックスしようとせず、少なくとも、何らかの好意的関係・人格的関係にある男と性交したがること、男は女のヌードを見たがるが、女は男のヌードをそれほどは見たがらないこと、男は能動的・積極的に性交しようとし、女は受動的・消極的に男を受け入れる形の性交を好むなどの違いがあるとされている。こうした違いは、もちろん、例外はあるが、だいたいそういう傾向があることは確かである。言うまでもなく、これらの違いはすべて本能で説明できるものではなく、男女の性発達を規定する後天的諸条件の違いに起因する面が大きいと考えられる。精子は能動的に卵子へと泳いでゆき、卵子はじっと待っていて受動的に精子を受け入れる、というような生理学的事実と、男の性欲と女の性欲の非対称性とを単純に関係づけるのを生物学主義というが、本能が壊れている人間の行動を生物学主義で正当化することはできない。それでは、男が浮気するのは自分の種を広く撒き散らしたい雄の本能だから止められないと正当化するのと同じであろう。

生まれたばかりの幼児においては、まだ自我はないので、母親は自分とは別の存在と認識されていない。母親の身体はすべての安心と快楽と満足を与えてくれるわけであるが、言ってみれば、必需品の単なる供給源に過ぎない。そのうち、母親が対象として現れ始めると、男の子も女の子も母親の身体を最初のリビドー対象とするが、母親はまだはっきりと別人格とはなっていない。すなわち、男の子も女の子も性欲の最初の対象は母親であるが、この母親はまだ人格ぬきの対象に過ぎない。そのあとも、男の子の性欲は、安心と快楽と満足の単なる供給源、すなわち、人格ぬきの対象に過ぎない母親に向かう形をそのまま持続する。また、種族保存のために男の性欲のほうが重視されたために、女がやりたがっていないときにはやらないというブレーキが男の性欲に組み込まれなかったということがある。

それが、男が女を単なる性的対象と見なしがちな一因であると考えられる。したがって、男が性的対象の人格を尊重するのは、あとからそれを倫理として教えられるとか、性的対象を個人としてよく知るようになるにつれてその人格を理解するようになるとかのためであって、相手の人格の尊重は男の性欲と不可分に結びついているわけではなくて、いわば、あとから無理にくっつけたものである。しかし、女の子の性欲は、さっき述べた理由から、対象を母親から父親に切り換えなければならない。そのときには、父親ははっきりと別の人格として女の子の前に現れる。すなわち、女の子の性欲は自分とは別の人格と認識される父親に向かわざるを得ず、その形が女の性欲の重要な形となって持続する。したがって、女の性欲は、基本には人格ぬきの形はあるものの、その上に覆い被さって相手の人格の認識に基づいた形が優位に立っているのである。

そのほか、男は性交すれば男としての役目はそれで終わるが、そのあと女は妊娠し、出産し、育児しなければならなくなるかもしれず、そのため、性交相手を長期的に特定の個人として扱わざるを得ないとか、社会道徳として女の貞操が重視され、多くの男とやりまくる女は非難されるとかのことがあって、そうしたことも副次的に男女の性欲の違いの一因になっていたであろう。

もちろん、このような非対称性は相対的であるものの、しかし、後天的に形成される面が大きいからといってもそう容易には変えられないのは、人類の性本能が壊れたことに対して今のところ人類が考え出した唯一の解決策だからである。この非対称性を起点としてさまざまな性差別が発生している。人類の性の歴史において、性差別は、人類の半分である女に多大の犠牲を強いてきたが、男女の性関係そのものを歪めているところもあるから、男だってその被害を免れているわけではない。

ここで第一の問題は、人類の本能の崩壊に対して、男の性欲と女の性欲をこのように非対称的な形に形成する以外の解決策があり得るかどうかということ。第二の問題は、性差別はこの非対称性の必然的結果であるかどうか、すなわち、性差別を解消するためには非対称性を解消するしかないのかどうか、言い換えれば、性差別にならない非対称性があり得るかどうかということ。第三の問題は、この非対称性はどの程度、生物学的に規定されていて、どの程度、男女の後天的成育過程の如何によって変更可能かということである。これらの問題について、これから考えてゆきたい。

第二章　男の性欲は単純明快である

「男根羨望」論の真意

女の子は男根羨望をもつなどとフロイドは言うので、女のリビドーも男性的だというさきの見解と相俟《あいま》って、彼はよく性差別主義者と誤解されるのであるが、わたしに言わせれば、彼こそは人間が生まれたときに男か女に決まっているのではなく、男と女、男らしさと女らしさが後天的につくられることを最初に主張した人である。彼は女というものが親子関係のなかで文化的製品としてつくられる過程を描いたに過ぎない。女の子が男根を羨望するのは、人間の性欲がまず初め自己性愛・胎内復帰願望として形成され、胎内復帰のために必要だと見なされる男根が女の子に欠けているからであって、男根が本質的に高い価値を有するからではない。

もちろん、壊れる前の本能としての男女の性的可能性に、違いはありこそすれ、優劣があるはずはない。性感帯を刺激すれば快感があるなどの生理的条件に関しては、性感帯が身体のどの部分にどのように形成されるかの違いはあるにせよ（性感帯も単に生理学的に決まっているのではない）、男と女は同じであろう。リビドーの量も同じであろう。性本能（性行動のパターン）が壊れたということは、リビドーをどのように使い、どのように性行為を行い、どのようにして快感を得るかの本能的な形が壊れたということである。そこで、人類においては、壊れた性本能を何とか種族保存へと繋がる性交を欲する形に嵌め込むために口唇期から性器期への性発達過程が必要となったということである。

発生学的過程とは逆の性発達過程

ちなみに言えば、男女の発生学的過程とフロイドによる男女の性発達過程が逆の順序になっているのは興味深い。ご存じのように、発生学によれば、人間の胎児は初めはみんな女で、そのうち（妊娠三カ月ぐらい）一部の胎児が男になるとのことであるが、フロイドによれば、幼児は（男の子はもちろん）女の子も自分と対象世界とが区別され始めた頃は男のつもりであるが、胎内に戻ろうとしたとき、女の子はそのために必要なペニスがないことに気づき、女として生き始める。かいつまんで言えば、発生学的には男は奇形化した女であり、フロイド理論では女は男になりそこねた男である。

このように、男女の性発達過程が発生学的過程と逆の順序になっているのは、性発達過程は自然の発生学的過程と違って文化的・人為的過程であるためであろう。自然は男より女を優先し、その反動かどうか知らないが、文化は女より男を優先する。

何はともあれ、発達する途中で方向転換しなければならなかったものは、男という生き物にせよ、女の性欲にせよ、どこか不安定で弱いようである。すなわち、発生学的に言えば、女は最初の胎児の形をそのまま維持していれば女になるけれども、男は女の形をしている胎児から出発して途中で方向転換し男に変わらなければならないので、男のほうが生物学的には弱く、乳児死亡率も高いし、病気がちで寿命も短い。とにかく、男は生命体として脆《もろ》い感じがする。

同様に、男の性欲は、まず初めに母親という女を対象に胎内復帰願望として、すなわち、ペニスを膣に入れたい欲望として形成され、それをそのまま維持すればいいわけであるが、女の性欲は、まず初めは男の性欲と同じような形に形成されるが、ペニスがないために挫折し、逆転して膣にペニスを受け入れる形に変わらなければならない。この転換がうまくゆくとは限らない。要するに、女の子は、ある日、男としての性欲の満足をあきらめて不承不承、女になることを承認させられる。いわば、女の子は男のつもりだったのに、ある日突然、女であることを発見させられる。これがいわゆる「去勢コンプレックス」と言われるものである。

性交において、膣は勃起したペニスを咥え込んでその精液を吸い取って萎えさせる攻撃的器官と見なされてもいいと思うのであるが、文化は、女の性欲をそのような積極的な形に形づくるのに熱心ではなかった。女は、自分の性欲を満足させることよりも男の性欲を刺激し満足させる役割を強調された。そのため、一般に女の性欲は、男の性欲より弱いとか、ないとか、複雑怪奇でよくわからないということになった。もちろん、この違いの原因は、男女の性本能の違いにあるわけではない。それは、さきに述べたように、種族保存のためには女の性欲はなくても何とかなるが、男の性欲は必要不可欠だからであり、また、女は能動的な形の男根期の性欲を、性器期において受動的な形に逆転しなければならず、そして同時に、性欲の対象を母親から父親へと切り替えなければならないからである。それは、性欲の最初の対象であった母親を裏切らなければならないということである。D・ディナースタインによれば、この切り替えは、母親への罪悪感を呼び起こし、また、挫折感・劣等感・屈辱感を招くため、女は男に対して性欲をもつことに多かれ少なかれためらいを感じ、性欲を抑えつけようとするようになるとのことである。

買春・強姦するのは人間の男だけ

男の性欲について考えてみよう。何はともあれ、買春できるのも強姦できるのも人間の男だけである（類人猿になるといくらか本能が壊れかかっているらしく、チンパンジーの雌は売春するらしいが）。動物の性本能は発情期の生理的条件、そのときの自然の諸条件、相手の異性からの刺激などと結びついて発動する。動物の性行動は場面全体の諸条件に対する反応である。たとえば、雌が発情しているということが、雄が雌に対して性行動を起こすために不可欠な条件の一つになっているため(雌の発情は受胎のために必要であるから、生物学的種族保存本能として、雄は発情していない雌には発情しない仕組みになっている)、動物の雄は強姦しないのである。

それに反して、人間の男の性欲は、それらの条件とは無関係に、さまざまな幻想に支えられて男の心のなかで自閉的に成立する。したがって、まず性欲が自閉的欲望として成立し、オナニーによって満足され、そのあと性欲の対象として女を見つけるという順序になる。言い換えれば、女は男の性欲を満足させる対象・手段・道具として二次的に男の前に現れるのである。

まずリビドーが自分のなかにとどまっている自己性愛期があって、そのあとリビドーが外へ向かう対象性愛期がくるというフロイドの性発達過程の図式は、このことを指しているのではないかと考えられる。これは、人間に特有な過程であって、動物の雄の最初の発情期の前に、その性本能が外界の雌に向かわず、自分のなかにとどまり、自分に向かっている時期があるなんてことは考えられない。動物には自己性愛期はないのである。動物の雄にとって雌は、そして、雌にとって雄は、種族保存という共通の目的をめざす協力者であって、自分の「性欲」満足のための道具や手段ではないし、そもそも、そうなり得ない。

繰り返すが、人類のみに強姦や売買春があるのは、人間の男の性欲は、このように女を性欲の対象として二次的に発見する、すなわち男は女体・女性器を性的満足のための道具として使用することができる、言い換えれば、相手の女が性交を欲していなくても性交することができるからである。ひっくり返して言えば、人間の女は、欲していなくても、嫌で嫌でたまらなくても性交できるというか、性交「される」ことができる。あらゆる動物の雌のなかで、やりたくない性交を強いられるのは人類の雌だけである。

クリトリスの切除

現在でも、南部を除くアフリカ大陸の約三十カ国で、毎年、推定二百万人の幼女のクリトリスの切除が行われているそうで(毎日新聞朝刊、二〇〇七年五月二六日)、西欧でも二十世紀の前半にはまだ一部の性科学者や精神分析者に、女の子が性的に正常な成熟した「おとな」の女になるためにはクリトリスの切除が必要であると主張する者がいたが、これは男根リビドー(クリトリス性感)の座であるクリトリスを取り除き、無理やりいわば膣リビドーを形成しようとしてのことであろう。要するに、性差別文化においては、男がペニスを膣に挿入しピストン運動をして射精し快感を得るという形が正常な性交とされ、女もこの形の性交で快感を得るようになること、すなわち、女性器が男の性欲を満足させるのに都合のいいように変わることが女の「成熟」とされたのである。

しかし、女が性的に発達し成熟すれば、必ず膣リビドーなるものが形成されるかどうかはきわめて疑わしい。確かに、膣のなかでのペニスのピストン運動によって「イク」

女はけっこういるが、乳房を刺激されるだけで「イク」女もいるのであり、そういうことは、「成熟」の成果ではなく、性関係についてどのような幻想を抱いているかの問題であると思われる。

アフリカのことはさておき、現代の西欧や日本では、クリトリスの快感こそが女の性的快感の中心であることが認められているが、かつてこのようにクリトリスの快感を否定する傾向があったということは、クリトリスに対する男の恐れを示していると思われる。クリトリスは小さなペニスであり、性交の際に女がクリトリスの快感を第一の目的として追求することを認めることは、女に男と同じ形の性欲を認めることである。それでは、女体を男の性的満足のための道具としておく妨げになるであろうし、何よりも、女は性的満足のために膣にペニスを入れられることを必要としなくなる。そのようなことになれば、男の性欲が挫折する。それでは、人類の種族保存が危うくなる。そこで、男根リビドーが膣リビドーへと「発達」し、女体が男の性的満足のために好都合な道具となることが女の性的「成熟」であるとされたのだと考えられる。

この理論は男にとって非常に好都合な理論である。「普通の」性交によって、だいたい男は射精してオルガスムに達することができるが、それだけでは、女の多くはオルガスムに達しない。オナニーでしか「イク」ことができない、少なくとも性交よりオナニーのほうが気持ちがいいという女は多い。それは、性交が基本的に男のためのものであるからであり、男が女の性感をないがしろにして自分勝手な性交をするからであるが、その場合、この理論によれば、男はそれを自分の責任ではなく、女の未「発達」、未「成熟」のせいにすることができる。そのためかどうかは知らないが、渡辺淳一（『解剖学的女性論』一九七七、講談社文庫）のように、この理論の信奉者はまだたくさんいるようである。

臍《へそ》下三寸

「雷さんは馬鹿な奴だよ／臍ばっかり狙って／主さん三寸下狙う」という俗謡がある。動物の雄は切り離された対象としての雌の性器をめざしたりはしないであろうが、人間の男は女性器を周りの状況から切り離し浮かびあがらせて狙うのである。「正常な」男の性欲は女性器に中心化されている。男は女性器をその持ち主である女個人の人格と容易に切り離すことができる（個人によって、また文化によって程度の差があるが）。だからこそ、買春や強姦が可能なのである。買春や強姦は、相手の女がその気になっていなかろうが、嫌がっていようが、そういうこととは無関係に、女性器を自分の性欲の満足のための道具として、射精用の穴として使用するということだからである（もちろん、買春や強姦の場合だけとは限らない。恋愛関係や夫婦関係においても、同じような仕方で性交しようとする男がいる）。買春や強姦ができる人間の男の性欲は、動物の雄の性本能が何かの原因で変質したものではなく、さきに指摘したように、それとはまったく起源も構造も異なる異質のものなのである。それにもかかわらず、両者を同じように考えるから、男がなぜ買春や強姦をするかがわからなくなるのである。

ところで、性倒錯の場合は男の性欲は女性器に中心化されていない。つまり、多くのさまざまなものに向かっている多形倒錯の幼児性欲が女性器に中心化されること、いわば「正常な」性差別者になることが男の性欲の「発達」であり、この「発達」がなされていない状態が性倒錯なのである。

もちろん、この「発達」は文化に基づくものであり、したがって、それがどのような形でどの程度どの方向になされるかは、それぞれの民族の文化によって異なるから、男の性欲が女性器に中心化されるといっても、いろいろな文化によって一様ではない。しかし、いかなる文化においても、この「発達」が男の基本的不能を解消し、男の性欲を女性器へと向かわせ、人類の男女にいわゆる正常な性交、種族保存に役立つ性交を行わせるためのものであることには変わりはない。一般に女の性感帯は性器にとどまらず全身に広がっているのに、男の性感帯はほとんど性器に集中しているという違いは、生理学的構造の違いではなく、この文化的「発達」の結果であると考えられる。いわばペニスが勃起しない恐れがあるから、女性器を狙うペニスに性感帯を集中させたのであろう。それはまた、男にとって、性の世界（非日常性）と労働の世界（日常性）とを別々に構築し、この両世界が相互に干渉し合わないようにするためでもあると考えられるが、この問題については、またあとで取り上げる。いずれにせよ、女性器からくる刺激によってペニスが勃起できるようになるということは、大変な文化的業績なのである。

男はみんなフェティシスト

フェティシズムという性倒錯がある。個人としての女その人を求めるのではなく、髪とか乳房とかお尻とか太股とかの女の身体の特定の一部（女の乳房やお尻や太股はいわゆる正常者にとっても魅力的であるが、フェティシストの場合は、乳房なら乳房のみに興奮し、性器などの他の部分には興味がない）、または靴とか手袋とか下着とか女が身につける品物が性欲の対象となり、それらの対象はフェティッシュと呼ばれるが、そうしたフェティッシュを眺めたり触ったり吸ったり舐めたりして性的興奮を得る倒錯である。しかし、個人としての女その人を求めない、男にとって女は部分対象でしかないというのは男の性欲の本質であって、そういう意味では男はみんなフェティシストなのである。乳房やお尻や靴下や下着ではなく、たまたま女性器をフェティッシュにしている男が正常者と呼ばれるに過ぎない。

こういうことを言うと、男（正常な）はみんな女性器にしか関心がないかのようであるが、それは男の性欲そのもののことであって、もちろん、個人としての男がそうであるとは限らない。個人としての男が個人としての女に愛情をもつということはあり得る。しかし、この点は強調しておきたいが、女に対する愛情と性欲とはしばしば無関係であり、本質的に結びついているわけではない（もちろん、男に対する女の愛情と性欲だって同じようなものであるが、いくらか程度と構造が違うようである）。個人としての女の人格を尊敬し、彼女を愛している男でも、彼女に対する性欲はフェティッシュとしての彼女の性器への欲望である。男にあっては（女も同じではあるが）、女に対してまず愛情をもち、それがきっかけになって性欲ももつようになるとか、まず性欲があり、性関係がつづいてそのうち愛情を感じるようになるとかの場合のように両者が一致することもあるが、両者が切り離されたままである場合もある。両者のあいだには、フロイドが説くような、性欲が昇華して愛情になるといった関係はない。女に対して同時に愛情と性欲をもっていても、そのあと、愛情はさめたのに性欲だけはつづくこともあり、または逆に性欲は消えたのに愛情はもちつづけることもある。

むしろ、愛情と性欲は無関係というより対立していると言ったほうがいいかもしれない。女を個人として愛するのと、性的対象として扱うのとはなかなか一致しがたい。もちろん、女に対する男の愛情と性欲がどの程度一致または対立しているかは、個人によって、また文化や時代によって異なるであろう。愛情を感じている女にしか性欲を感じない男もいるし（性差別文化においては一般に男にとって、女は愛情の対象である女と性欲の対象である女とにわかれているが、必ずしもそうとは限らず、ある特定の女に対して愛情と性欲が一体不可分に一致している男もいる）、逆の極端を言えば、憎悪し軽蔑している女を犯すという形でしか性欲を満足させることができない男もいるであろう。たとえば、強姦犯の多くは、性に飢えて見境もなく女を犯すのではなく、性交を求めている女とは性交できず、嫌がっている女に性交を強いるという形でしか性交できない性倒錯者であろう。あるいはまた、愛しているか憎んでいるか、尊敬しているか軽蔑しているかにかかわりなく、とにかく性的魅力があって、性的満足を与えてくれる女なら誰でもいいという男もいるであろう。

しかし、言うまでもないことであるが、愛情と性欲との関係についての以上の考察は、愛情と性欲とが切り離されている文化、両者が対立的に捉えられている文化、性欲が愛情や好意などの肯定的感情から切り離された独自の孤立した欲望として成立している文化、たとえば、西欧文化のように、尊敬と愛情の対象である聖女と、性欲の対象である売女《ばいた》(売春婦、淫乱女、尻軽女)とに、女がはっきりと二分されている文化における男女関係に妥当することであって、そうでない文化は、そうした問題とは関係ないであろう。

幻想に興奮する

男にとって女の乳房やお尻や太股、あるいはせいぜい女が穿《は》くパンツがフェティッシュになるというのなら、わからないでもないが、靴や靴下や手袋のような女性器と何の関係もないと思える品物がフェティッシュになり、それがある種の男の性的興奮を喚《よ》び起こすというのはいかにも不思議な気がする。しかし、男の性欲が本能ではなく幻想に基づいていることを知れば、これは不思議でも何でもない。たまたま女性器をフェティッシュにしているのがいわゆる正常者だとさっき言ったが、女性器に興奮する男も靴や靴下や手袋に興奮する男も幻想に興奮する点では同じなのである。女性器に興奮する正常な男も、動物の雄が雌の性器を求める求め方とは違って、女性器にまつわるさまざまな幻想に惹かれて女性器を求めているのである。女性器そのものに興奮するのではなくて、女性器に至福の世界への入口とか秘密の花園とか禁断の聖所とか生命の泉とか征服すべき未開地とか侵略すべき敵地とかの幻想を貼り付けてその幻想に興奮するのである。しばしば、男にとってセックスは現実にやるより空想しているほうがすばらしいのは、そのためである。男があんな魅力的ないい女を抱けたらどんなに幸せだろうと長年憧れていた理想の女とついに性交できたとしても、完全な満足はなく、心のどこかに失望感が残るのは、そのためである。幻想なので、完全に満足することは有り得ないからである。客観的に見れば一点の非の打ちどころもない絶世の美人でも、同じ女を続けて抱いていれば、男が飽きるのも、そのためである。抱いているうちに、幻想が消えるか、すり減るかするのである。しかし、幻想にもいろいろあって、なかなかすり減らない幻想もあるし、また、すぐ消える幻想もある。たとえば、女性器を征服すべき未開地と見る幻想なら、征服するまでは熱烈に憧れ、追い求めるかもしれないが、一度征服してしまえば、たちまち消失するであろう。

女体は道具化・商品化される

言い換えれば、女体・女性器が男にとって対象化・道具化・商品化・フェティッシュ化されているということである。人間の女は、喜んでか、あるいは、もともと不本意であったかは知らないが、男の性欲を満足させるための対象・道具・商品としての役割を自ら引き受けているところがある。男に対する性的魅力が自我のアイデンティティやプライドの根拠になっている女がいる。そのため、人間の男女関係は動物の雌雄関係とある面でさかさまになっている。動物の世界では、たいてい雄が雌より派手で美しい。クジャクやキジなどの鳥類の雌は地味でくすんだ色をしているが、雄はとくに羽がきれいで目立つし、シカだって突起した先は後ろに向いていて闘争には役立ちそうにないが立派な角をつけているのは雄であるし、ライオンも飾りとしてしか役立たないたてがみがあるのは雄であるし、熱帯魚も色彩が豊かなのは雄であるし、昆虫も同じである。それは、もちろん、雌を惹き寄せるためで、雌は目立ち競争をする雄たちのなかから気に入ったのを選ぶ。

ところが、人間においては逆で、一般に男が選び、女は選ばれる。化粧をし、派手で目立つ服装をするのは女である。媚びを売り、性的魅力で男を惹き寄せようとするのは女である。このように、人間の男女関係が動物の雌雄関係とさかさまになっているということは、人間の男女の性欲の非対称性、すなわち、男が女を性的対象として求め、女はそれを受け入れるという非対称性が本能に基づくものではなく、人類に特有の文化的条件に由来していることを示している。

ちなみに言えば、G・R・テイラー(G.R. Taylor, *Sex in History*. 1953.『歴史におけるエロス』岸田秀訳、新書館)が指摘しているように、服装・身繕い・化粧において男と女がどれほど違っているかの程度は、民族・文化・時代によって大いに異なるそうである。男女の違いは、好戦的・権威主義的民族や文化や時代には大きく、おとなしい平和的な民族や文化や時代には小さい。男か女かわからない装いの人が目に付く。すなわち、好戦的・権威主義的であればあるほど、男女の違いが目立ち、性別役割が区別され、男に対する女の性的魅力が強調され、女は化粧し、女を獲得するために男は奮い立たねばならないとのことである。好戦的かどうかの条件によって、男女の違いの程度が異なることは、これまたそれが本能ではなく、文化であることを示している。

男の身体は性的対象になりにくい

性欲が自閉的欲望を起点として、まず初め母親の胎内に帰りたいという憧れとして形成されるのは、男においても女においても同じであるが、男の場合は、男根期のこの形の性欲、ペニスを膣に入れたい性欲はそのままの形で性器期に持ち込まれ、女の場合は、さきに述べたように、この形の能動的性欲は挫折し、受動的性欲に逆転して性器期になることになっている。しかし、この逆転過程は完遂されず、女においても、女体を対象とする能動的性欲は基本形として多かれ少なかれ残存し続ける。つまり、女体は、女にとっていつまでもいくらかは魅力的な性的対象なのである。ここにも、単純な男の性欲と比べての女の性欲の曖昧さ・複雑さがある。

「男のヌードを見ても興奮しないが、女のヌードを見ると、それを見て興奮するであろう男の興奮を想像して興奮する」とある女が言っていた。「セックスしているとき、上に乗っている男がわたしの身体に興奮しているということで、わたしも興奮する」と別のある女が言っていた。彼女たちは女体に興奮する男のうちに、幼児のときに母親の身体に安心と快感と満足を感じて興奮していた自分を見ているのである。そして、男の興奮に自分の興奮を重ねるのである。性交しているとき、自分の乳房やお尻に触って楽しんでいる男の楽しみを感じて自分の楽しみとし、自分の性器に興奮している男の興奮に感応して自分も興奮するのである。彼女たちは、同性愛者ではなく、ごく普通の異性愛者であったが、女の異性愛にはそういう要素が含まれており、女体を道具として自分だけが興奮し満足することができる男と違って、女が、愛しているとまではゆかなくても、少なくともいくらかは好意をもつ男、自分を好いてくれている男としか性交したがらないのは、そこに一つの理由があると思われる。また、男は「あなたの身体は性的魅力がある」と女に言われても、それほど嬉しくないが（近頃はそう言われると嬉しくなる男も現れ始めているようだが）、女は男にそう言われると非常に喜ぶのも（反発して怒る女もいるが、反発するのはそれで嬉しくなる自分に反発しているのである）、そこらあたりに理由の一つがあると思われる。

　まだ写真でしか見たことはないが、ダッチワイフという器具があって、近頃は非常に進歩し、現実の女と変わらないような機能があるそうで、男性誌にはその広告がよく載っているから、多くの男が使っているのであろう。しかし、もし仮に、現実の男と変わらないような機能があるダッチハズバンドという器具が製造されて売り出されても、そんなものを買う女はめったにいないであろう。男にも、性交のとき、相手の女も興奮していないとつまらないという者がいるし、そのほうが普通だと思うが、ダッチワイフを使う者や、買春や強姦をする者がいることが示しているように、男には、相手の女が興奮して積極的に性交に参加していなくても平気で、自分だけの満足を求める者が少なくないようである。しかし、そういう女はめったにいないのではあるまいか。男以上に、女は、性交のとき、相手が興奮していることを必要としているのではあるまいか。これは、男が興奮してペニスが勃起していないと性交できないという物理的理由のためだけではなく、男が女の身体に興奮していることが女自身が興奮するために必要であるという心理的理由のためでもあると思われる。

ストリップを見たがる女の子

一般に、父親とその身体は、幼児期の女の子にとっても安心と快感と満足の源泉ではないので、女の身体と性器が男にとって性的対象であるのと同じような仕方で、男の身体と性器が女にとって性的対象になることは難しいようである。性欲の強さとか、リビドー（性エネルギー）の量とかでは男と女は変わらないと思うが、男の性欲と女の性欲とは非対称的であって、男が女性器に興味をもち、憧れるほどには、女が男性器に興味をもち、憧れることはないらしい。昔、学校や駅の便所において、男性用のほうにはほとんど例外なく女性器の絵が描いてあったが、女性用に男性器の絵が描いてあったことなどなかったらしいし、女体や女性器の写真集は男たちに売れるが、男性器の写真集などは、もし仮に売られたとしても、女は買わないであろう。それは、男性器がそれほど女の性的対象ではないからであろう。また、女性器を覗きたがる男の窃視症者はいても、男性器を覗きたがる女の窃視症者はいない（少なくとも、男性器を覗き見ようとして逮捕された女を知らない）のも、男のストリップショウが商売にならないのも同じ理由であろう。アメリカには男のストリップショウがあるそうであるが、それを見る女の客は、男たちが女のストリップショウを見て楽しんでいるので、それに対抗して無理してがんばっているか、または好奇心からちょっと覗いているに過ぎないのではなかろうか。男にはストリップ中毒になり、足繁くストリップ劇場に定期的に通う者がいるが、もし男のストリップがあったとしても、女にはそのような者はほとんどいないであろう。

このように、男が女のストリップを見たがるほどには、女は男のストリップを見たがらないようで、男のストリップを見たがる女の子に会ったことはないが、女のストリップを見たがる女の子はけっこういる。わたしも、女子学生が独りでストリップ劇場に入るのは気が引けるので、一緒に行ってくれないかと頼まれて付き合ったことがある。ストリップを見たいという別のある女の子に、ストリップといってもいろいろで、女が裸になって踊るだけの上品なストリップもあるし、過激なことをする下品なストリップもあると言うと、彼女は下品なほうが見たいと言っていた。また別の女子学生は、あるストリッパーのファンになり、その追っかけをやっていた。ストリッパーは旅をしてあちこちの劇場に出演するそうで、そのストリッパーが近県のある劇場にやってきたとき、彼女はわざわざ見に行っていた。東京や横浜にはあちこちにストリップ劇場があり、ネットで調べると、そのストリッパーがどの劇場に出ているかがわかるらしい。また、アイドルのヘアヌード写真集を買い眺めて楽しんでいる女子学生もいた。女のストリップや、アイドルのヘアヌード写真などを見たがるといっても、彼女たちはレスビアンではなく、ちゃんと彼氏がいる異性愛者であった。

男女の性欲の非対称性

女のストリップを見たがる女の子はさておき、男が女のストリップを見て興奮するのは、要するに、男は女が自分を性的に求めていなくても、女を性的対象と見て興奮できるということである。それと同じ心理構造であると思うが、クロロホルムで女を眠らせて犯す男（犯人は四十六歳の男、七十三人に暴行。彼は、一人暮しをしている女子大生などの部屋にクロロホルムを撒き、女を眠らせてから犯していたが、昭和五六年、宮城県仙台市で被害者の部屋で自分も眠ってしまって捕まった。彼は「良心的」で、被害者を妊娠させたら悪いと、犯すときは必ずコンドームを使っていたそうである）、また、さっき述べたように、ダッチワイフで性欲を「処理する」男がいる。そういう男が存在することが示しているように、男は、相手の女が何の反応も示さず、マグロのようにじっとしていても性交できたりする。もちろん、男もいろいろで、そうでない男もいる。しかし、少数だとは思うが、むしろそういう無反応な女を好む男がいることは確かである。売春婦を買う男とか、相手の女が快感を感じているかどうか気にしない男とか、性交とは膣に射精することだと思っている男とかはその種の男であろう。この種の男が性交への女の積極的な参加を求めないというか、避けようとするのは、女を単なる性的道具扱いする傲慢さからかもしれないが、むしろ、女が性的に能動的・積極的になるのが怖いからであろう。

しかし、女は、男が自分の身体の美しさに興奮してくれていないと、自分も興奮できないので楽しくないらしい。女は、対象としての男の身体に性的に興奮することはないらしい。オナニーするとき、男は誰のものでもない女性器一般を思い浮かべていたりするが、女は特定の好きな男と抱き合っているシーンを思い浮かべても男性器を思い浮かべてということはないそうである。また、男のヌード写真集が出ると、それを買うのはホモの男であって、女ではないそうであるが、いずれにせよ、性交において中心的役割を演じるのは、男にとってのみならず、女にとっても女体であり、その性的魅力である。性交に男の身体と女体は対等な資格で参加するのではない。性交において男と女は、男が女体を楽しみ、女が男の身体を楽しむというような対等でシンメトリックな関係にあるのではないと思われる。繰り返すが、それは幼い男の子にとっても女の子にとっても、母親（の身体）が快感と満足と安定の源泉であったからである。性交において男と女は、幼いときの二人にとってともに快感と満足と安定の源泉であった母親（の身体）の残影をとどめている彼女の身体（女体）をめぐって幼児期の至福の幻想を再演しているのではないかと考えられるが、どうであろうか。

何はともあれ、ディナースタインは、性交における男と女の興奮のこの非対称性を問題にして、男も、女と同じように、赤ちゃんのときから子育てに参加するようになれば（授乳はできないにしても、抱いたり愛撫したり排泄の世話をしたり、など）、おとなになった女にとって男の身体が、おとなになった男にとっての女体と同じように、魅力的な性的対象になるのではないかと考えているようである。しかし、男は授乳できないし、男の身体はゴツゴツしていて女の身体ほどふくよかでも柔らかくもないし、男は赤ちゃんを抱いていても、女のように赤ちゃんを自分の身体の延長のようには思えないから、そういう感覚は赤ちゃんに伝わるであろうし、何よりもまず、女は胎児のときに男の胎内にいたわけではないのだから、ディナースタインのこの見解ははなはだ疑わしい気がするが……。

一般に性交において、男は能動的に動き、女は受動的にそれを受け入れていることが多いが、男の性欲と女の性欲とのこのような違いが、本質的なものか、男の性欲の形成過程と、女の性欲のそれとの違いからくる必然的なものか、それとも、女の能動的・積極的性欲を抑圧する文化のせいか、あるいは、これらの要因がともに働いているとすれば、その割合はどうなのか、これらのことはよくわからない。しかし、男と女のこの違いは本質的なものではないような気もする。やはり相対的なのではなかろうか。

性交において女が受動的なのは文化的抑圧のせいだと、一部のフェミニストが主張し、十何年か前、「抱かれる女から抱く女へ」というスローガンを叫んでいたが、実際問題として、抱かれてじっとしている受け身の男を抱いても、女はつまらないのではなかろうか。一般に女が性交のとき動き回らないのは、はしたないと思われるのを恐れるからということもあるかもしれないが、基本的にはじっとしているほうが安心で楽だからではなかろうか。男が積極的に動くのは、そうしたいからではなくて、そうしなければならない、男はそうするものだと思っているからではなかろうか。その証拠に、ソープランドに男が通うのは、寝転んでじっとしていればソープ嬢がすべてやってくれ、射精まで持って行ってくれるからだとの説もあるし、男だってそのほうが楽なのである。昔はソープ嬢のように積極的に動いてサービスしてくれる売春婦はおらず、寝転んでじっとしているのは売春婦（とくに安売春婦）のほうであったようであるが、ソープ嬢は怠け者になった現代の客の要望の変化に応じているのであろうか。また、近頃は女のほうが積極的に性交したがることもよくあるようで、それに応じてなのか、つけ込んでいるのか、甘ったれているのかわからないが、女が上に乗ってくれ、すべてやってくれると決め込んでいて、何もしないでじっとしている男がいると女の子が嘆いているのを聞いたことがある。「抱かれる女から抱く女へ」というスローガンは、屈辱的な「抱かれる」役割、単なる受動的な性的道具として使われる役割を押しつけられていた女の反抗の叫びであったが、事情は変わってきているようである。

性関係における男女の欲望や行動の違いの多くの点が後天的環境に起因していることは確かであるが、しかし、一部のフェミニストが主張するように、完全に後天的環境だけのせいであろうか。父親と母親が完全に同じように育児に参加し、男の子はお人形さんで、女の子はオモチャの軍艦や飛行機で遊ばせ、男の子にも女の子にも「桃から生まれた桃太郎」ではなく「桃から生まれた桃子ちゃん」が活躍する童話を聞かせ、幼いときから男の子と女の子を同じ部屋で着替えさせ、同じ性教育を施せば、男と女は同じ性欲をもち、同じ性行動をするようになるであろうか。もし、それが可能であるとしても、男と女の性欲と性行動が同じになることがいいことなのであろうか。そうなったとき、人間の男女は性交したがるであろうか。

第三章　文句を言い始めた女たち

「する - される」関係

動物の性交は、たとえ雄が雌の上に乗り、雄が能動的に動いて雌は受け身であるように見えたとしても、種族保存という共通目標をめざす雄と雌の共同作業であるが、性本能が壊れた人間においては、性交は男と女が同じ目標をめざす共同作業ではなくなった。そうではなくなったとき、いろいろな意味で「新しい」男女関係が始まった。人間の性交と動物の性交とは、膣にペニスを入れて射精するという点では同じであるが、その動機や目的など、その他の点ではまったく異なっている。いや、動物と異なっているだけでない。性交中の男と女が性交しているそれぞれの動機と目的もおたがいに異なっているというか、ズレているというか、とにかく擦れ違っており、性器と性器が繋がっていても、まさに男と女は同じ床にあって異なった夢を見ているのであり、呉と越が同じ舟に乗っているようなものである。たとえば、性交は男がやることで、女がやられることになったのもその一つの例である。人間の性交においては、女体とその性的魅力が中心的役割を演じ、男にとって女性器が性的道具、一種のフェティッシュとなった。男は主体、女は客体（対象）となった。言語が何よりもそのことを証明している。性交において男と女は「する－される」「する－させる」「やる－やられる」「やる－やらせる」「犯す－犯される」「許してもらう－許してあげる」「してやる－してもらう」「やらせてもらう－やらせてやる」「抱く－抱かれる」「奪う－奪われる」関係にある。オマンコという卑語が性交と女性器とを同時に意味することも、性交は男が女性器を使ってするものであることを示している。

この前提に基づいて、たとえば、かつて性交は男が求めれば彼の妻か恋人か愛人か情婦である女は応じるのが当然だとされていた。それが当然だというのでは、女はたまったものではなかったが、男に一方的に好都合なこの前提には、男の不能に対する対策という面もあったと思われる。男が求めれば女は応じなければならないとされていたのは、いつでも任意に勃起させることができるわけではないペニスが勃起しているチャンスを優先せざるを得なかったという事情もあったであろう（せっかくペニスが勃起していると き、ただの一本、ただの一回でも性交に利用しないで見過ごしてしまうのは「もったいない」と言っていた女の子がいた）。もちろん、ペニスが勃起していれば、そのチャンスを逃がさないために、女は、たとえそのとき性交したくなくても、性交に応じなければならないという観念はまさに男根中心主義的・性差別的観念であるが、しかし、そもそも性差別は男の不能対策のためでもあったというわたしの考えからすれば、この二つのことは同じことである。

もちろん、不能対策として止むを得ない点もあった性差別が、いったん容認されると、男がそこにつけ込むか、つけあがるかして、必要な限度を超えて拡大強化されたことは間違いないが、女がこの点で譲歩したのは、男の権力に屈したというより、男に対して強く出ると、男がしばしば不能に陥ることを女は心のどこかで知っていて、男に不能になられては元も子もないので、むしろ女のほうから折れたということではないかとも考えられる。つまり、一歩引き下がって男を立ててやらないと性交が成り立たないから、女は男に同情し妥協して男の支配というか、男が性交において主導権をもつことを認めたのではないか。言い換えれば、男は、まかり間違えば不能になるという弱点を利用して支配権を握ったのである。いわば、弱者の脅迫である。その結果、性交において人間の男女は不可避的に不平等になり、その不平等の不利な面はもっぱら女の側に押しつけられ、ここに女が一方的に差別される性差別文化が成立した。

売買春について

このように、性交が男がやること、女はやられることになったため、本来なら二匹またはニ人の共同作業であるはずの性交が人類においては男に対する女のサービスという奇妙な意味を帯びることになった。サービスということになれば、女の側に性交を「やらせてやる」からにはお金とか品物とかの何らかの代償を取ってやろうという発想、男の側に「やらせてもらう」からには何かを払わねばならないという発想が出てくるのは当然である。とにかく、どちらかが一方的に不利なのでは、人間関係一般、とくに性関係は持続しないから、この不平等は何とかしなければならない。不利な側に対してその不利を埋め合わせる必要がある。ここに売買春の起源がある。売春は女の最古の職業であると言われるが、売買春の萌芽は本能が壊れて人類の歴史が始まった遠い昔にあったと考えられよう。性差別文化のため、不平等な性交の不利な面はもっぱら女に押しつけられたので、売買春においてお金を払うのは男、受け取るのは女というのが通例になったのであろう。売買春が始まると、性交は男の権利、女の義務となった。

いずれにせよ、少なくともこれまで売買春の撲滅に成功した社会は存在しないらしいから、売買春はよほど根の深い現象なのであろう。もちろん、同じ売買春と言っても、民族によって、また時代によってさまざまに異なり、他のことと結びついていて売買春かどうかはっきりしないものや、売買春とは言えないような軽い程度のものから、資本主義社会におけるような、露骨にお金とセックスを交換するものまでいろいろあるが、いずれにせよ、性関係は無償の関係ではなくなった。人類の歴史においては、女の身体(女体)は多かれ少なかれ売り物となり、ごく広い意味で言えば、性交はすべて不可避的に売買春となった。そのため、女はみんな娼婦であるというような極論を吐く者も出てくる（金完燮『娼婦論』李幸子訳、二〇〇二、日本文芸社）。

このような前提に立てば、あからさまな売買春だけでなく、特定の男が特定の女にプレゼントを贈ったり着物を買ったり食事を奢ったりしていろいろサービスし、それに感謝してしばらくのちに彼女が彼に身体を「許す」のも、あえて言えば一種の売春であると言えよう。お金はもらわなくて、ただ男に気に入られたいためにセックス「させる」のでも、厳密に言えば、売春であろう。結婚にはいろいろな機能があるので、一概には決めつけられないが、状況によっては、結婚すらも売買春の一形態ということになろう。かつて処女を失った女は傷物、中古品で、処女よりも安くしか売れない（条件のいいところ——高く買ってくれるところ——にはお嫁にゆけない）ということがあったが、それは、言うまでもなく、女体が売り物で、結婚が売買春だからであった。そうであれば、処女でないことを隠してお嫁にゆくのは、中古品を新品と偽ることで、一種の詐欺であった。したがって、かつては、結婚後、処女でなかったことがわかった妻に対して、夫が離婚請求の裁判を起こすと、勝訴したのであった。

売買春は、言ってみれば、生産物の商取引に譬えられよう。生産者が生産物を家族や顔見知りの親しい人など、好意や愛情を感じる身近な人たちに無償で与えるだけだとしたら、人類は、それぞれ小さな集団であちこちに散らばってバラバラに孤立して暮らしているだけの状態にとどまっていたであろう。売買春（取引結婚・打算結婚なども含めたもっとも広い意味での）は、セックスを介して人類の社会を拡大する手段の一つだったのではあるまいか。露骨な売買春が出現する以前のいわゆる未開社会においても、部族と部族とのあいだで交換されるのは女であって、交換するのは男であるというのは、売買春と同じ原理で説明できるであろう。A村からB村へ一人の娘が嫁に行き、B村からA村へ何匹かの豚が贈られるというのも、とにかく取引であって無償ではない。カンボジアのポル・ポト政権は貨幣のない理想社会をめざし、貨幣をすべて廃棄しようとしたとのことであるが、貨幣のない社会と同様、売買春のない社会は実現不可能ではあるまいか。セックスや生産物に値段をつけないと、見知らぬ無関係な人たちとつながりをもつことはできないであろうからである。おたがいに自ずと湧き起こる愛情と性欲を感じた男と女が無償の性交をするだけで、それ以外の性交はしてはならないとしたら、人類社会は成立しないのではあるまいか。

強姦について

そして、強姦とは、相手の女を無理やり犯すというより、お金を払わないで売り物を強奪することであった。したがって、妻というのはすでに結婚という代金を払って自分の所有物にしてある女であるから、嫌がる彼女を無理やり犯しても、眠っている彼女の上に勝手に乗って行って性交しても強姦にならなかった。同様に、売春婦を無理やり犯しても、あとからちゃんとお金を払えば、強姦にならなかった。古代のユダヤの律法では、処女が強姦されたとき、彼女の家族は強姦した男に補償を求めたり、彼女との結婚を強いたりする権利があったそうである。現代でも、インドのある地方では、処女を強姦しても、彼女と結婚すれば強姦の罪は問われないそうである。エジプトでは、男は強姦してもそのあと被害者の女と結婚すれば免罪になるという法律がこのあいだ廃止されたばかりだそうである。

日本のことを言えば、人妻と寝ることが非難されたのは、他人の所有物を無断・無料で使用したからであった。かつて「一盗・二婢・三娼・四妻」という言い方があった。女の味がいちばんいいのが人妻で、次が下女、次が売春婦、いちばんよくないのが自分の妻ということであるが、人妻と寝るのは「盗」なのであった。これは男の性的対象としての女の分類であるが、この分類には男と女が対等の関係で自発的に行う性交は含まれていない。そういう性交は想定外なのである。したがって、女が男への愛情か好意に基づいて対等の関係で自発的に性交したつもりであっても、このように女を分類する男は、彼女を「二婢」に分類して下賤な女がおれに奉仕したと思うか、または、「三娼」に分類して運よく無料売春婦がいてタダでやれて得をしたと思うであろう。

おたがいに気に入れば男と女が自由に性交する現代から見ると、信じられないような考え方であるが、昔は結婚するつもりがなくて素人女・素人娘と寝る男はお金に汚い、しみったれたケチな野郎だ、お金が惜しいので、タダでやらせてくれる女としか寝ないのだと見なされた。食堂に入ってめしを喰い、お金を払わずに逃げる喰い逃げ男と同列に見られたのである。わたしが子供から若者になりかけのまだ女を知らなかった頃、男の心得として周りの「おとな」たちから、タダで女を抱こうなんてケチな根性を起こすと、変な女に摑まってしまうなど、あとで必ずひどい目に遭うと諭された記憶がある。女に関しては「タダほど高いものはない」のであった。女が欲しいのなら、料亭にでも通って散財し、お抱えの芸者の旦那になるとか、それほどお金持ちでなければ女郎屋に行ってちゃんとお金を払って女を買うこと（女郎買い・姫買い）が、男として最低守るべき道徳であった。今ならお金で女を自由にする卑劣な行為と非難されるところであるが……。

ことほどさように女体は売り物だという観念は徹底していた。要するに、非難されるべき唯一の悪事は、男が女と性交して代償（お金、プレゼント、結婚など）を払わないことであった。どれほどひどい形で性交しても、それ自体は悪事ではないのであった。昔なら、お金に汚いケチな行為が、現在は男女平等の自由な性関係で、昔なら、道徳に従っているとして容認される行為が、現在はお金で女を自由にする卑劣な行為であるという変化がここ何十年かに起こったのである。

女に性欲があっては困る

かつて女には性欲がないという奇妙な観念があったが、この観念も性差別であるとともに男の不能に対する対策の一つであったと考えられる。そもそも女性器が男の使用する道具であるとすれば、道具が自ら欲望をもつというのはおかしいから、そこから論理的に女には性欲がないという結論が出てくる。性交において女が受動的客体（対象）であることが女に性欲がないことの根拠にされた（女が本能的に受動的であるわけではないし、また、受動的ということと性欲がないということとは何の関係もないのであるが）。この観念もまた、男が求めれば女は応じなければならないとの前提に添ったことであって、実際、男の都合のいいときにいつでも応じるためには女に性欲があっては困るわけである。女に性欲があるのなら、男は女の性欲が喚起されたときにしか、性交できないことになる。もしいくらか譲歩して女に性欲があることを認めるとしても、せいぜい、女は皮膚感覚的であり（つまり、男のように観念的ではなく、「動物的」だということ）、女の性欲は男に抱かれ刺激されて初めて生じる（つまり、男の都合のいいときにしか女の性欲は生じないから恐れる必要がない、あるいは、女は抱いてやりさえすれば言うことを聞く）というところまでしか認めなかった。つまり、内発的・自発的には生じないというのであった。女にまったく性欲がなく、いつも性交を嫌がるのでは困るので、男の都合のいいときに都合のいい程度にもつのなら、認めようというわけであった。それなら、思わぬときに女から激しく求められて困るということにはならないからであろう。

いずれにせよ、女から性交を求めるのははしたないとされ、かくも女に慎み深さが押しつけられていたことは、男が女の性欲を、とくに能動的性欲をいかに恐れているかを示している。言うまでもなく、男が女の能動的性欲を恐れるのは、それを満足させる自信がないからであり、不能がばれて恥をかくのが怖いからである。そのため、性欲の強い女というか、性欲を隠さない女を「淫乱女」「尻軽女」「蓮っ葉女」「させ子」「のせ子」と非難し、軽蔑し、遠ざけようとしたのである。もちろん、都合のいいときには軽蔑しながら近づけて利用したが……。それから、おとなの女を避けて、幼女を性的対象にする男がいるが、それは性欲をもつおとなの女が怖いからであろう。またさらに、性倒錯が女より男に多いのも、女が男の性欲を恐れているよりもはるかに強く、男が女の性欲を恐れているということが一因かもしれない。性倒錯とは正常な性交を回避することだからである。

動物の雌にとって性交が屈辱的でないように、人間の女にとっても性交が屈辱的ということはないはずである。男と同じように、女も能動的に自分の性欲を満足させるために性交するのであれば、言い換えれば、性欲が自我に組み込まれていれば、性交は女にとっても自我の表現となり、屈辱的であるはずがない。それなのに、屈辱的となるのは、能動的に性交することが女に許されていないからである。男に「やられる」こととして女の性交があるからである。要するに、女の性欲が抑圧されているからである。

女の性欲が抑圧されたもう一つの理由は、母性愛と矛盾するからであろう。本能が壊れていない動物においては、子育て中の母獣は雄を受け付けない。「性欲」は消失している。子育てが終わるか、子が何らかの原因で死亡するかすれば、母獣は「性欲」を回復し、雄を受け付けるようになる。たとえば、ライオンやハヌマンラングールにおいては、雄は、雌が子育て中だと相手にしてもらえないので、雌が育てている他の雄の子を殺すことがあるそうである。すると、雌は発情し、雄を受け入れるようになるとのことである。

しかし、人間においては、性欲も母性愛も文化的構築物であるから、性欲がいったん構築され容認されると、自然の条件に左右されず、子を育てていても、相変わらず満足を求め続ける。したがって、一般に、女だって男と遊んでいるほうが子を育てているより楽しいから（女によるが）、子育てはないがしろにされがちである。児童虐待や子殺しで逮捕された母親には子の父親以外の男と暮らしている者が多い。母親が子を殺すのは、情事の邪魔になるからであり、あるいは、自分の子ではない子が死ねばいいと思っている彼氏の思いに彼女が迎合するのかもしれない。世の中には、彼氏を引き止めるために、容色が衰え始めた自分の代わりに、そろそろ「女」になりかかった自分の娘を彼氏に提供する、または、彼氏が自分の娘に手を出すのを黙認する母親が少なからずいるが、このことは、いったん性欲に目覚めれば、母親は子より彼氏のほうが大事になることがあることを示している。この問題は子供の性的虐待の問題とも絡むので、その観点からあとでもう一度取り上げることにする。

もちろん、すべての母親が子育てより性欲の満足を優先するわけではないが、そのようなことを容認していれば、人類の存続にとって致命的であるから、女を子育てに専念させるため、母性愛の神話をつくり、性欲はもっぱら男のものとし、女、とくに母親の性欲は抑圧され、ないことにされたのであろう。若い娘が男と遊ぶより、子育て中の母親が情事に耽るほうがはるかに変な目で見られたのも、そのためであろう。

女には性欲がないと思っている男

さて、昔は（と言っても、近代以降であるが）本当に、女には性欲がないと本気で信じている男がいたのである。もちろん、遊び人などは女もけっこうスケベでセックス好きなことを知っていたが、まじめで世間が狭く、その上モテない男の多くは、嫁をもらう前に知った女といえば安女郎屋の女郎ぐらいで、そういう女は客を少しでも早く射精させて仕事を了えることしか考えていないから性欲なんか示さないし、もらった嫁も女には性欲がないと信じさせられているから同じようなもので、女の性欲というものを体験的に知るチャンスはほとんどなく、本当に女に性欲があることを知らなかったのである。女の上に乗って行ってさっさとすませるのがそういう男の性交であった。女に嫌なことをがまんしてもらっているのだから、なるべく早くすませてやるのが親切というものであった。そして、嫁もそういうものだと思って文句を言わなかった。男というものは、なぜだかよくわからないけれど、女の身体の変なところに興味をもち、いやらしいことをやりたがるから、お嫁にゆけば、炊事や洗濯をするほかに、夫のやりたがるいやらしいことにじっと耐えるのも妻の務めの一つだと聞かされてきていた。

女も性本能は壊れており、性交という形で満足を求める性欲は後天的に構築されるのだから、女自身、女には性欲がないと信じさせられていれば、性欲はなかなかはっきりした形に構築されにくく、貞淑な妻が、夫の性欲に付き合わされる以外、性的快感に関係のない人生を送っても不思議ではなかった。そして、女には性欲がないと思っている夫が妻を楽しませようとするわけがなく、やみくもに突然ペニスを突っ込まれる性交が楽しかろうはずはないので、性交が苦痛だとする女たちの思いは現実に裏づけられるのであった。実際、一時代前の妻たちの話を聞くと、性交が嫌で嫌でたまらず、夜というものがこなければいいのにと思い、願いもむなしく夫が性交を始めると、早く射精して終わりになることだけを念じながら、ただただじっとがまんしていたというような人がけっこう多かったようである。それでも、妻が性交を拒否しなかったのは、それが妻の務めだと思っていたからであろう。あるいは、夫の性欲を満足させることに自分の存在価値をおいていたからかもしれないし、拒否すれば夫が浮気するのではないかと恐れたからかもしれない。しかし、性交が耐えがたいほど苦痛なため、夫に「やられる」回数が減るのならと、夫が誰かと恋愛するのは嫌だが、どこかの売春婦で性欲を処理してくれるなら、そのほうがいいという妻もいたらしい。

もちろん、売春婦や人妻だけがやりたくないセックスをがまんしてやらせるのではない。現代でもまだ、女たちは、したいときだけするわけでもないようである。家出して泊まるところがないので、ちょうど口説いてきたある男のところに転がり込んで同棲を始めたが、やりたくないのに毎晩のように「やられる」セックスが嫌で嫌でたまらず、とうとうがまんできなくて何カ月か後に逃げ出した女の子がいた。わがままだと言われる現代の女子学生でも嫌なセックスを何カ月もがまんする者がいたことにちょっと驚いたが（やりたくないのに「やられ」ても、少しのあいだなら、がまんできないほどの苦痛ではなかったということか）、何はともあれ、嫌で気が進まなくても、がまんしてセックス「させる」という女の「伝統」は容易には消滅しないらしい。しかし、そういう女がいるということは、それに対応する男がいるということであり、女が嫌がっても気にせず、膣に射精することが性交だと思っているという男の「伝統」もまだ健在のようである。

性解放後のアメリカでも事情はあまり変わらないようで、R.T.Michael et al., *Sex in America.* 1994（『セックス・イン・アメリカ』近藤隆文訳、NHK出版）によると、三千四百三十二人の面接調査で、セックスを強要されたことがある女は二二％もいて、相手は親しい関係にある男がほとんどだったとのことである。ところが、強要した覚えのある男はごくわずかであった。男は強要していても強要しているとは思わないようである。

しかしもちろん、女もリビドーの量の点では男と違うはずはなく、どれほど女には性欲がないと言われても、あるものはあるから、ないとしておけばそれですむというわけにはゆかなかった。女においても、性本能は壊れたとはいえ、なくなったわけではないから、はっきりした形を成さない性衝動のようなものは身体のどこかに疼《うず》いており、女たちは、何かそのような疼きをいささかでも感じると、自分は淫乱な変な女ではないかと心配したそうである。

女の性欲がないとされたことにも、それなりの理由がないことはなかったのだが、それがもたらした被害は大きかった。第一に、そのため、女が性交を楽しむ可能性を奪われる。女が長いあいだ性的不満の状態におかれていても、平気で見過ごされる。第二に、女に性欲がないとなると、強姦や売買春が正当化されかねない。強姦や売買春までゆかなくても、女はどうせ性欲がないのだから、性交を楽しむことはないとされて、性交の際に女の意向を配慮する必要はなく、男がやりたいときにいつやってもいいということになる。第三に、性欲がないふりをしなければならない女は不可避的に偽善者になるよう追い込まれる。そのため、女はいろいろな不幸な目に遭うことになる。この問題については、のちほどまた取り上げることにする。

否定できなくて女の性欲を嘲笑する

とにかくあることはあるのだから、女の性欲を否定したい男たちも否定し続けるわけにはゆかない。しかし、男たちは女の性欲を認めざるを得ないときには、嘲笑的な形で認めるという卑怯なやり方をするのが常であった。たとえば、男たちは猥談などで、陰ではヒソヒソと女もけっこうスケベであるとニヤニヤしながら話していた。女学生が茄子でオナニーをするので、どこそこの女学校の便所（昔の便所は汲み取り式であった）には茄子がいっぱい捨てられているとか、どこかの女の子はガラスの試験管でオナニーをしていて興奮し過ぎたために途中で試験管が割れ、あそこに大怪我をしたとか。昔のことで恐縮だが、この種の話はわたしが中学高校生の頃、周りの男たちがよくしていた話である。

そのほか、あの女がいつも顔色がわるいのはオナニーのやり過ぎだとか、あの喫茶店のウェイトレスは清純そうな顔をしているが、セックスが大好きで、二回やってやってやっても三回目をせがんで男を困らせるそうだとか。また、ポルノ小説にはやってもやってもまだやりたがる淫乱女が登場するし、アダルトビデオでは、強姦されて初めのうちは嫌がって抵抗していた女が、そのうち快感に悶えてよがり声をあげ男にしがみつくといったシーンが懲りもせず繰り返されるし、男性誌にたびたび出てくる漫画に（最近は見掛けないが）、強盗が入り、女を縛りあげ、あれこれ金目のものを奪って帰ろうとすると、女が「わたし（の貞操）は（奪わないの）？」と不満そうな顔をするというのがある。このように、女の性欲は思う存分、嘲笑されるのである。

「女の嫌よ、嫌よは、いいのうち」という言い方があるが、これも、女が本当はセックスしたがっているのに、口では否定する矛盾を嘲笑するためのものであろう。女がセックスを欲していても、そのことを正直に表明できず、嫌がっているかのような、その気がないかのようなふりをしなければならないのは、女の性欲が抑圧されているからであり、あるいは、性欲なんかないかのような顔をしている清純そうな女を好む男の趣味に迎合せざるを得ないためであると考えられる。女はそういう事情に追いつめられて不正直になっているのであろうが、「女は嘘つきだから、嫌がっていても本当はやられたいのだ」と、ある種の男たちはそれを女の本質的偽善からきているかのように嘲笑し、本当に嫌がっている女を無理やり犯しても、それは彼女の、口には出さない本当の気持ちに添っているのだ、彼女がやられたがっていたからやってやったのだとして、強制猥褻や強姦を正当化する口実にするのである。

しかしまた逆に、男が強引に押してくると期待して、女が「嫌」なふりをしたら、気の弱い男に、ふりの「嫌」を本気にされ、彼を受け入れるつもりなのに、彼とセックスしたいのに、遠慮されてしまったりすることもあるであろう。

実際、女が「嫌、嫌」と言うとき、本当に嫌な場合と、本当はしたい、またはしてもいいと思っているのに嫌なふりをする場合がある。そのいずれであるかは、その言い方や態度ですぐわかると思うが、なかには、このようにその区別ができない鈍感な男、取り違えてしまう男がいるので、女は困ってしまうわけである。

女の性欲を嘲笑する問題に戻ると、嘲笑的な形で女の性欲を認めることは、決して、一般的な意味での女の性欲の是認につながるものではなかった。女の性欲は、特別の淫乱な女に特有のものとして認められただけであり、したがって、このような形で性欲を認められた女は、人間として当然の欲望をもつ存在として尊重されるのではなく、勝手に性的対象として使用してよい便利な女、誰とでもセックスしたがっていて、セックスしてやりさえすれば喜ぶ女として軽く見られた。論理的道筋として当然そうなるが、いやらしい性欲はそのようないやらしい特別の淫乱な女だけがもっているわけだから、普通の女・立派な女に性欲はないということは疑われず、女一般は相変わらずその性欲を無視されたままであった。

これは、女を性欲のある女と性欲のない女、やらせる女とやらせない女に二分する作戦であった。もちろん、これは、女を聖女と娼婦、清純な乙女と淫乱女に二分する作戦の一環であった。女たちは、正直に性欲を表明すれば、娼婦や淫乱女のカテゴリーに入れられ、貶《おとし》められるのであった。男たちに人間として尊重されるためには必死に性欲がないふりをしなければならなかった。性欲のある女・やらせる女は、性欲のない女・やらせない女より価値が低いというか、人間として価値がないのであった。これはいかにも馬鹿げた現象であるが、男は自分の性欲を蔑視しているのだから、それを満足させる女を蔑視するのは、論理的必然であった。

女を二分するこの作戦は成功し、女の立場に立ち、女のためを考えているつもりのまじめな男は、女に性欲があるなどと言うのは、女を貶めようとする、いわれのない失礼な中傷であるとして、そんなことを言うふまじめな男をたしなめるのであった。自分が恋人に手を出さないのは、彼女にセックスを求めないのは、彼女に対する残酷な仕打ちであることに気づかず、逆に、人間として彼女に敬意を払っているからであると思っていた。そして、敬意を払っていないスケベ女には手を出すのであった。

女の性欲を無視する男が女の人格を尊重する立派な男であるという実に奇妙な観念が通用していた。このような状況の下では、女は、女を「淫乱女」と蔑《さげす》んでいる男によってしか性欲を満足させてもらえないという何とも馬鹿げたことになるのであった。この問題はあとでまた取り上げる。

文化や時代によって異なる性差別

以上、「かつては」とか「昔は」とかの副詞を付けて、性交とは男がやるもので女はやられるものであるとか、性交は男に対する女の売春だとか、結婚も売春だとか、処女の商品価値とか、女には性欲がないとか、いろいろなことを語ってきたが、もちろん、あらゆる文化を通じあらゆる時代を通じて「昔は」一様にそうであったわけではない。これらの考えがもっとも強く打ち出されるのは西欧近代と、西欧近代の影響を受けた日本近代においてであって、言うまでもなく、他の文化では状況は大いに異なるし、西欧や日本においても近代以前は、これまた異なる。たとえば、イヴがアダムを誘惑する聖書の物語や、主として性的なことで男を迷わしたとして火あぶりにされた魔女の事件からもわかるように、「昔のそのまた昔」は西欧においても、女は、セックスが好きで、いつも男を誘惑しようとしていると見られていたようである。女に性欲がないという観念は西欧における近代産業社会の成立と関係があると考えられるが、この問題はのちに論じる。

また、現在の日本では処女はあまり価値がないようであるが、これは「昔のそのまた昔」に戻っただけのことで、日本における処女の尊重はたぶん明治以降の一時的なことに過ぎなかった。わたしによれば、性差別の諸観念は男の不能に対する対策である面があり、そして本能が壊れた人間の男は基本的に不能であるが、この不能がどの程度、問題にされるかは、文化によって時代によって異なり、それに応じて、不能対策としての性差別も文化によって時代によって異なる。簡単に言えば、男の不能がもっとも問題になるのは、男の権威と権力に最大の価値をおく家父長制社会、男の力の行使としての労働を基盤とする資本主義社会においてである。

ただ、人間の基本的不能と、それに対する対策としての性差別という、動物の雌雄関係には見られない、人類の男女関係に特有な歪みがもっとも露骨にはっきりした形で見られるのが西欧近代、およびその影響を受けた日本近代であるから、主として西欧近代の性文化、そのさまざまな性観念を問題にしているのである。

フロイドが言ったように、病気の本質を知るためには、軽症の患者より重病人を診るほうが手っ取り早い。たとえば、マリノウスキー（B. Malinowski, *The Sexual Life of Savages in North West Melanesia*. 1929.『未開人の性生活』泉靖一ほか訳、新泉社）が調査したトロブリアンド諸島の文化は西欧文化と比べて性的に非常におおらかで自由で、子供が性交のまねごとをしていても、性交そのものをしていてもおとなたちは笑って見ているだけである。原住民のあいだには売春婦は存在しない。女の性欲は抑圧されておらず、女も大いに性交を楽しんでいる。ところが、性交が男に対する女のサービスであるという観念はいくらかはあるようで、男と女が仲がよく、好き合っている場合でも、性交するときには男が女に何かのちょっとした贈り物（亀の甲のリングとか貝の円盤など）を与える。贈り物をケチって与えない男は女に相手にされなくなる。ただ、結婚が決まると、男は女に性交の代価として贈り物をしなくてもよくなる。これも売春だと言えば言えなくもないが、やはり、男と女の一つの関係の形としての売春を考察するには、巫女とか歌姫とか踊り子とか遊女とか芸者とかの他の職能とはいっさい関係なく、また、男と女のあいだに何の情緒的つながりもなく、ただ純粋に身体を売る（性器を一時的に賃貸しする）だけの売春婦が出現し、お金と性的サービスとの露骨な交換という売春の本質がはっきり出ている西欧近代の売春を例に取るのがいちばんいいであろう。売春の問題はあとでまた詳しく論じるつもりである。

「イッタ」ふりをする女たち

さて、話をもとに戻そう。性に関する情報が解放されたためであろうが、淫乱な女を除き、普通の女、とくに清純な乙女とか貞淑な妻とか子育てをする母親とかには性欲がないという奇妙な観念が疑われ始めたのは、三、四十年前であろうか。ある間違った観念が間違っていることに気づくのは、もちろん、そのために被害を受けている層で、その頃、婦人雑誌などに、「夫は勝手にわたしの上に乗ってきて自分が射精すると、さっさと横を向いて寝てしまう。わたしは夫の精液の受け皿なのか」といった類いの人生相談をよく見かけたように思う。男たちは鈍感で、まだ、女には性欲がないのだから自分だけ射精し終わればいいと思っていたが、女たちはそろそろ文句を言い始めたのである。しかし、その後、その種の男はいなくなったであろうか。

やがて、女にも性欲があり、女もオルガスムに達するということが広く知られるようになり、性交とは膣のなかに射精することだと思っていた男が非難され始めると、性交の際の男と女の関係のあり方が微妙に変わり始める。男たちは、時代遅れの馬鹿な奴とは思われたくないからか、あるいは、それまでの身勝手さを反省したからか、女の性欲とオルガスムのことを気に掛けるようになり、一部の者は、何でも業績にしたがる男の悪い癖で、かつての男たちが多くの女と寝たことを業績にして誇ったように、それだけでなくさらにその上に、女を「イカせる」（オルガスムに達させる）ことを誇るようになった。

女にとって、そういう男は、とにもかくにも女が性交によって快感を得る可能性を認めたわけで、勝手に上に乗ってきて自分が射精すると横を向いて寝てしまう男よりははるかにましであり、これまで女が男を射精させる役を引き受けてきたのだから、男も女を「イカせる」役を引き受けて当然であるが、いいことばかりでもなかった。そういう男は、女がオルガスムに達しない限り、性交をやめようとしないので、時と場合によっては、女にとって煩わしいこともあった。かつてのように、男に勝手にやられるだけというのも馬鹿げていたが、今や、オルガスムに達していないのに達したふりをするという馬鹿げたことをする女が出現した。『モア・リポート』（一九八六、集英社文庫）の調査によると、そのふりをしたことのある女は、性交経験のある五千六十七人（無回答百四十一人）中、三千四百五十六人（六八％）いたとのことである。その動機は、がんばっている男を喜ばせるためとか、不感症と思われたくないからとか、性交を早く終わらせるためとかが主で、性交が主として男のために行われ、女が男のために男に合わせるという点では、勝手に上に乗ってきた男に合わせるのとそれほど変わりはないのではないか。

しかし、女を「イカせる」ことを誇る男がいる一方では、さっき例に挙げた女子学生の相手の男の例にも見られるように、現代でもまだ、性交の際に女の性的満足に配慮しない男が少なからずいるようである。情報時代の現代において、彼らだって女の性欲の存在を情報として知らないはずはないから、知ってはいるのだが、配慮するのが面倒なのであろうか。鈍感なので、女が嫌がっていることに気がつかないのであろうか。また、まだ女もそれでも仕方がないとあきらめることが多いのであろうか。

現在も依然として、性交は男が射精したら終わりになるのが普通である。射精したのだから、男はオルガスムに達したのである。かつては、そのときに女の「務め」は終わったのだから、女が満足したかどうかはどうでもよかった。今、女の性欲が認められ、女もオルガスムに達するのが当り前だということになって、男がそれをめざすようになると、今問題にしたように、オルガスムに達したふりをする女が現れた。ということは、やはり性交は男中心に行われているのである。

現在でも、「イク」とはどういうことかわからない、「イッタ」ことがない女はけっこういるとのことである。酒井あゆみ『快感のいらない女たち』（二〇〇〇、講談社）には、セックスとは「男の人を喜ばせるためのパフォーマンス」「基本的に男のためにやってるようなもん」で、自分がイクことに興味がなく、「イカなくってもなんとも思わない」という女とか、「来るもの拒まず」で、「男の人数なんか覚えてない……多分、軽く三桁はいってるとは思」うが、「ヤリまくってた時期はイクことなんか考えてなかった」という女とかが出てくるが、これはどういうことであろうか。二人で行う行為なのに、一方は必ず快感を味わい、他方は必ずしも快感を味わわないということが普通に行われているというのは、どういうことであろうか。売春しているわけではないのだから、もちろんお金のためではなくて、それで自分は快感を味わわないのだから、性欲の満足のためでもなくて、男たちに「やらせまくる」女は何のために性交するのであろうか。

第四章　女体は特殊な商品である

女たちの戸惑い

女は自分の身体が男たちの性欲なるものの対象であるということ、自分の乳房やお尻や太股や脚が男たちにとってかくも魅力ある対象であるということ、とくに性器が男にとってフェティッシュであるということなどがなかなか理解できないらしい。というより、最終的に理解できないというか、実感できないのではないか。いずれにせよ、戸惑うというのが男の性欲に対する女の最初の反応であると思われる。これも男の性欲が本能ではないことを示す証拠の一つではなかろうか。すなわち、男の性欲が本能であれば、雄の求愛行動に本能的に応じるか拒否するかする雌のように（クジャクの雄が羽を広げれば、クジャクの雌にはそれがどういうことか本能的にわかっているであろう。つまり、雄の本能に対する予期は雌の本能に組み込まれているし、逆もそうである）、男の本能に対応して、女の側にも自然な反応として、それほどの困惑や驚愕なしにそれをそういうものとして間違いなく知覚し、受け入れるなり拒否するなりする本能が備わっているはずであるが、男の性欲に対する女の反応は（かなりの男体験をした女は別であろうが）無警戒・無理解で、いかにもぎこちなく、ちぐはぐで、しばしば場違いである。性差別文化において、男の性欲処理用の女を特別に養成し、調教しようと男が企てるのは、そのためではないかと思われる。

不用心に男の部屋に遊びに行ったり、ドライヴの誘いに乗ったりして処女を奪われる女の子が跡を絶たないが、そういう危険はうるさく情報としては教えられていても、男がどうしてそのようなことをしたいのかがいまいち腑に落ちず、なかなか実感として感じられないので、つい油断するのであろう。紳士的でおとなしそうなこの男が突然襲ってくるなんて思い及ばないのである（もちろん、そのようなことをするのはごく一部の卑劣な男であるが、彼らと、強姦などしない普通の男とは段階的に繋がっているのであって、断絶しているわけではないであろう）。昔と違って今や処女を失っても大したことはないかもしれないが、こちらがそのつもりではなかったのに、思ってもいない男に男の勝手で一方的に無理やり処女を奪われたのでは、やはり深い心の傷として残るであろう。アメリカでは、不用意に強姦されるのは十代の少女が圧倒的に多く、とくに十歳から十五歳の少女の被強姦率は他の年代の八倍だそうである（J. Mackellar, *Rape:the Bait and the Trap*.1975.マックウェラー『レイプ《強姦》異常社会の研究』権寧訳、現代史出版会）が、このことは、強姦されるのは、やはり、被害者の性的魅力ではなく、無警戒や防衛力のなさが原因であることを示しているであろう。

あるいは逆に、「男はみんな狼」とかで過度に男に怯え、男との接触をむやみに避けようとする女もいる（「男はみんな狼」だなんて男を買いかぶり過ぎているとあざ笑う女もいるが）。また、昔からそこにあるので、自分にとってはありふれたものに過ぎない自分の身体の一部、自分としては恥ずかしい身体の一部、すなわち乳房や性器を男があたかもめずらしい宝物のように感激して眺めたり触ったり吸ったり舐めたりするのを見て、奇異の感に打たれ、不思議でたまらなかったとか、男はこんなことをするのかとびっくりしたとか、何か別世界に連れて行かれてとんでもないことをされたようだったとか、「この人、変態ではないか」と思ったとか言う女もいるが、男がどうしてこんなことをしたいのか理解できず、男の性欲というものがどういうものか見当がつきかねるため、性の場面をすんなり自分の気持ちのなかにというか、慣れ親しんだ世界像のなかにうまく収められないのであろう（もちろん、小学生の女の子でもアダルトビデオやDVDを見たことがあるという近頃の性情報の氾濫で、事情は変わってきているようであるが）。それは、何度も繰り返すように、男の性欲が女とは無関係に文化的に形成されるからである。動物の雌が、最初に雄の求愛行動に接したときや、最初の性交のときに戸惑うということは考えられない。

また、一部の売春婦は、女体を見たり触ったり、ペニスを女性器に入れたり出したりするだけのたかがセックスごときもののために大金を払う男たちをつねづね馬鹿にするが、女を買う男がそのことによってどれほど大きな心理的満足（単なる肉体的満足ではない）を得ているかがわからないので、心底から客の男たちが馬鹿に見えるのであろう。昔、遊女は傾城《けいせい》とも傾国とも呼ばれたが、実際、女のために城や国を傾ける男がいたし、『椿姫』には高級娼婦に貢いで破産する貴族がたくさん出てくるし、現代でも、女の色香に迷って家族を捨てる男、ホステスに入れあげて公金を横領したり資産を蕩尽したりして破滅する男にこと欠かない。チリの売春婦に十四億円とかの公金を横領して貢いだどこか東北地方の男がいたが、彼もその一人であろう。そういう男が女には馬鹿としか思えないのは当然であろう。

男に入れあげて破滅する女もいないではないが、女に入れあげて破滅する男よりははるかに少ないと思われる。それは、女も男に幻想を抱かないわけではないが、男のほうがはるかに多く強く深く女に幻想を抱くからであろう。こういうことから、男は女より純情だとする説があるが、男が女に現実離れした過大な幻想を抱き、身が破滅するほど過剰に貢ぎ、献身的に尽くすことは、振られたとき相手を殺すのは女より男が圧倒的に多いことや、男が女を人格ぬきの単なる性的道具として扱い、女をないがしろにすることなどとは正反対のことのように見えるかもしれないが、実は起源を同じくしている。いずれもともに、幼児期において自分とは別の人格ではなかった母親との関係の形がのちの性関係に色濃く残る男にありがちな現象であって、男が純情だからではないであろう。

それで結果的には、女にとって好都合で女が大儲けすることもあり、また逆に女がひどい目に遭うこともあるが、これらのことはすべて、相手が自分とは別の人生をもっている別の人格であるという認識の欠如を前提としている。女が現実の男を見ているほどには、男は現実の女を見ていないらしい。

男の性欲を支える幻想のメカニズム

また、男の性欲は幻想に基づいており（女も同じであろうが）、その幻想には多くの男に共通なありふれた、ごく単純で一般的な要素もあるが、個々の男によって実に多種多様に変動する要素もあり、それが女にとって侮辱的な幻想であるかもしれないし、奇妙奇天烈で信じられないような幻想であるかもしれないし、笑いたくなるような馬鹿げた幻想であるかもしれないし、女には相手の男の自分への性欲がどういう幻想に支えられているのかなかなか見当がつきかねるであろう。たとえば、本番をするわけではないから売春ではないと単純に考えて、ごく普通の女子大生などが気軽にアルバイト気分である種の風俗店に勤めたりするが、彼女は、そういう店にやってくる男たちがどのようないやらしい幻想を抱いて店の女の子をどうかしようとしているかが、たぶん、わかっていないので、平気で勤めていられるのであろう。男がどのようないやらしい幻想を抱いていようが、それは男の勝手で、そのために被害を受けるのでなければ、女には関係ないと言えるが、そのように男の幻想を軽く考えていると、不用意に被害に遭うことがある。男は、チャンスがあれば、その幻想を行動に移すかもしれないからである。

また、幻想であるがゆえに、ちょっとしたきっかけでもろくも崩れることがあり、そのとき女は、それがなぜなのか、これまで会う度に他のことは差し置いていつもあれほど熱心にセックスを求めてきた恋人がいつからか全然求めなくなったのはなぜなのか、いくら考えてもわからないであろう。幻想が崩れたきっかけというのが、何でもないささいなことであることが多いからである。しかし、不用心に犯される処女も、過度に男に怯える女も、男を変態ではないかと思う女も、客を馬鹿にする売春婦も、何も知らずに風俗店に勤める女子大生も、わけもわからず男にセックスを求められなくなった女も、男の性欲というものがよくわかっていない点では同じであろう。そして、わからなくて当然なのである。しかし、男の性欲のよってきたる源泉はわからなくても、それを支える幻想のメカニズムをいくらかでも心得ていれば、これほどつけ込みやすく利用しやすいものはない。その弱点を突いて男をのめり込ませるのは意外に簡単である。美人スパイが敵国の首脳や外交官を誑《たぶらか》して重要機密を手に入れるなどというと国際スパイ小説になるが、業者が芸者を使って役人を籠絡する話は聞いたことがあるし（たとえば、業者に言い含められた芸者が役人と寝る。サービス満点に尽くす。役人が彼女に執着し始めた頃、彼女は役人に着物や宝石をおねだりする。その値段をだんだん高くする。それが役人が自腹では賄いきれなくなった頃、業者は役人に彼女が欲しがっている着物や宝石にちょうど見合う額の賄賂を送る。賄賂に何回か手を出せば、もう役人は業者の頼みを断れない）、そういうことは可能なのである。

それほど大々的なことでなく、スケールをぐっと小さくすれば、売春婦でもスパイでも芸者でもないごく普通の素人娘（変な言葉だが）でも、その種のことをやっている人は周りに容易に見つけることができよう。誘いに応じそうで応ぜず、やらせそうでやらせず、もしかりに一度やらせても、決して男に二度目を予定させるようなことはせず、媚態を示して男に期待を抱かせ、触れなば落ちん風情で落ちないという曖昧で微妙な雰囲気を振りまいて（そのようにじらしているうちに男の幻想は膨れあがり、彼女への思いは募るのである）、男たちにモテにモテて、いろいろ楽しんでいる一見清純そうな女の子というのはそれほどめずらしい存在ではない（「一見清純そうな」というのがミソである）。それで自分がモテることを確認して楽しんでいるだけならまだいいが、セックスをさせないで男がどれほど自分に熱をあげたか、男にどれほどサービスさせたか、貢がせたかを自慢する女もいて、これはいささかさもしいと言えよう。もっと悪質なのは、何かがあって男に恨みを抱いているのかもしれないが、いかにもセックスさせそうな態度を示し、ためらい迷っていた男がやっとその気になって迫ってくると拒否して面白がる女である。そういう女たちは、はっきりと拒否すれば男は近寄ってこないが、逆に簡単に誘われてすぐ許すのもかえって男を逃がすことになることが、たぶん、心のどこかでわかっていて、その間隙をうまく泳ぐ術《すべ》を知っているのであろう。モテない男はこの種の女によくからかわれる。他方、セックスした女の数を数えて悦に入っているさもしい男もいて、そういう男とこの種の女とが出会うと面白い勝負となるであろう。

しかしまた、本人はあまり自覚していないかもしれないが、自ずとコケティッシュな媚態が身についていて多くの男がいかにも誘われているような気になる点では同じだが、上記の女の子のようにやらせそうでやらせないのではなく、彼女自身、セックスが好きで、誘われると、いや誘われなくても自分から言い出して簡単に寝る女の子もいる。この種の女の子たちは、女好きの男には便利であるが、彼女自身、女好きの男たちを便利な男として使っているところがあって、相身互いというわけで、別に「便利な女」として利用されているとは思わないらしい。彼女たちは、一人の男を守る気はあまりないようで、次々と男を換えたり、ある男と付き合っていながら別の男とも寝たりするので、ロマンティックな恋愛をするつもりの男には向かない。彼女たちは、いろいろな男とセックスを大いに楽しんでいるようなので、それはそれでいいのであるが、このような生き方をつづけるには、まだ残っている性差別的偏見に負けないことが必要だし、また、精神的・経済的自立も必要で、その上、不可欠の条件として、よくモテる魅力的な女であることが必要なので、一般の女の子にはなかなか難しいであろう。

いずれにせよ、人間の女には男の性欲に対して本能的に備わった構えはなく、いろいろ教わったり経験を積んだりしてある種のイメージを作り上げ、男の性欲を好んだり嫌ったり、恐れて避けたり、刺激して利用したり、いろいろ対処するのであろうが、男もみんな一人一人違うので、これが正しい対処法というのはないであろう。もちろん、まったく同じことが、女の性欲に対する男についても言えよう。

強姦と擬似強姦

さっき不用心に犯される処女のことを問題にしたが、強姦の問題は難しく、一筋縄ではゆかない。一部のフェミニストは、強姦はすべて被害者の女にまったく責任がなく、全面的に加害者の男が悪いと決めつける。確かに、幼女強姦、薬品で眠らされて犯される強姦、夜道で突然見知らぬ男に襲われる強姦などはそうであるし、いわゆるデート・レイプと言われる、一応、恋愛もしくは恋愛に近い関係にある男に安心していてついスキを見せて犯される強姦にもそういう強姦があるが、被害者の女に責任がないとは言えない強姦もある。

被害者の女に責任があると言っても、よく男が強姦を正当化するために口実として使う「スキを見せた」ということではない。女がオッパイが覗けるような服を着ていたり、太股が丸見えのミニスカートを穿いていたりしても、あるいは、媚態を示して男を誘ったとしても、「強姦されても仕方がない」という論理は成り立たない。そういう服装や媚態は、男に自分の性的魅力を見せつけて男の関心を惹き寄せるためであろうが、男だって女に自分の性的魅力を見せつけて女の関心を惹き寄せようといろいろ努力をするわけで、そういうことは女の専売特許ではない。彼女は「魅力的でありたい」「男に関心を持たれたい」「男にモテたい」「口説かれたい」と思っているのであって、「強姦されたい」わけではない。

スキがあれば女を襲う男を責めないで、スキを見せる女を責めるのは、スリに財布を掏《す》られたとき、スリを責めないで、被害者を責めるようなもので、本末転倒である。スキを見せてはいけないなら、それがスキかどうかは第一に男が判断することだから、女はどういうことがスキなのかよくわからず、男のように自由に行動できないことになり、女の行動範囲はえらく限定される。女だからといって、いつも安全なところに引っ込んでいなければならないということはないであろう。女は、女に生まれたからといって、とくに美人に生まれたからといって、スキを見せまいといつも緊張して生きていなければならないのであろうか。

女だって、当然、男を誘惑したいわけで、誘惑した男が心やさしいいい男で、それからすばらしい恋愛へと発展するか、それとも、あわよくば強姦しようと思っているとんでもない変な男であるか、あるいは、女を誑かして財産をかすめ取ってやろうと思っている欲深い男であるかが、あらかじめわかるとは限らない。変な男に取り憑かれる危険をすべて避けようとすれば、いい男に口説かれるチャンスをもすべて取り逃がすことになる。強姦されるのを避けるためには、媚態を示して女から男を誘ってはいけないのなら、女はみんな、「白馬の騎士」を待つ「眠れる森の美女」のように性欲のない清純な乙女のふりをして、男が口説いてくるのを静かに待っているしかないことになるのではないか。女に男を積極的に選ぶ権利と自由はないのであろうか。男を積極的に求めたということを、「強姦されたい」と解されては、女はたまったものではない。腹が減っているからといって、嫌いな食べ物をいきなり無理やりに口の中に押し込まれたくはない。

女だって、男と同じく、性的に興奮するためにいろいろな空想をする。どのような空想で興奮するかは人によって異なるが、強姦される場面を空想して興奮し、オナニーをする女もいる。また、合意の上で普通にセックスしているのに、その最中に「わたしは今、強姦されているのだ」と空想するとか、強姦される演技をして興奮を高める女もいる。それを「強姦されたがっている」と勘違いする馬鹿な上に鈍感な男がいるらしいが、彼女は強姦されたがっているわけではない。彼女は、好きな男や理想の男に彼女の好みに合うような場面と手順で「強姦される」ことを空想して興奮するのであって、とんでもない場面で、思いもしない時に変な男に、とくに、彼女は「強姦されたがっている」と勘違いするような鈍感な男に無理やり犯されたいわけではない。

擬似強姦のメリット

女に責任がある場合とは、女が男を誘惑したり、不用意にスキを見せたりして図らずも犯されるのではなく、女が意図的に「スキ」を見せて男を誘い込み（それにはいろいろな方法があり、女の知恵の見せどころである）、あたかも無理やり「やられてしまった」かのような形を取る「強姦」である。「強姦」事件において、その事件の発生に女側の意図が、多かれ少なかれ、何割かは関与している場合である。そういうことをする女もいないではないのである。

なぜ女がそのような回りくどいことをするかは、個人の性格にもよるが、主な原因は、性差別文化・女の性欲を抑圧する文化のせいである。女としては、女の性欲を抑圧する性差別文化のなかでの性関係においてできるだけ不利を被るのを避けようとするのである。そのメリットは、

(1) 女から積極的にセックスを求めれば、淫乱女・安っぽい女と見られ、女としての商品価値が下がる。
(2) 自分から求めたのではなく、男に強いられ「やられてしまった」のであれば、控え目で清らかなつつましい女というイメージを自分に対しても人に対しても維持できる。
(3) とくに女の性欲をいやらしいとする文化のなかで、自分の性欲を自覚しないで済む。
(4) セックスの責任・関係が始まった責任を全面的に男に押しつけることができる。したがって、男との関係を続けるとすれば、そのなかで気楽で無責任でいられるし、関係が破綻したとしても、男のせいにしておけばいい。
(5) 自分はやりたくなかったのに「やられてしまった」、すなわち、セックスが男の一方的な満足のために行われ、その後のセックスも男だけが満足して自分は嫌なの

にがまんさせられているという被害者意識を根拠にして、男に罪悪感を抱かせるとか、男より優位に立てるとか、男に何らかの要求をするとかができる。

（6）「スキ」を見せて男が襲ってくるかどうかを試してみる。襲ってくれれば、男に対する自分の性的魅力を確認することができ、自信がもてる。自分に対する男の今後の長続きする関心が期待できる。

（7）女から積極的にセックスを求めて拒否されれば恥を掻くことになるが、「スキ」を見せるだけなら、男がひっかかってこなくても、大して恥を掻かずに済む。

（8）男と別れたくなったときには、関係が無理やり強いられて始まったことを根拠にして容易に別れることができる。男を利用するだけ利用して棄てるつもりのときは、とくに好都合である。

以上のようなさまざまなメリットが考えられる。

女の性欲が男の性欲と同じように当然のこととされていれば、女はこのような策略を用いる必要はなく、また、用いても効果がないであろう。しかし、そうでない現状において弱い立場にある女にとっては、一方的に無理やり「やられてしまった」形で性関係に入ることは、弱い立場を埋め合わせる、このように多くのメリットがある。これらのメリットに惹かれる女がいないとは言えないであろう。実際、自分の意志と人格を尊重してくれる男とセックスするのは堅苦しく窮屈で楽しくない、強引な男のほうが楽でいいという女もいる。セックスする前に、いちいち、自分がセックスしたいかどうかをあらかじめ確認してくれなくてもいいという女もいる。そんなことをされると、白けてしまい、する気になっていても冷めてしまうそうである。自分の意志と欲望と責任に基づいて積極的に性交を要求するのは、近代女性としては正しいのかもしれないが、そのようなことは気が重くて疲れるし、「やりたがっている」と男に思われ、足元を見られるので嫌だという女もいる。男のなすがままにさせていると、男の都合が優先され、自分の身体が勝手に使われる感じがすることもないではないが、しかし、まさに無抵抗に「身を任せる」幸福と安心感もあって、「やられる」性交のほうが気楽でいいという女もいる。それから、「やられる」形、「犯される」形（演技として）の性交が性的興奮・オルガスムと結びついている女もいるであろう。

また、女が積極的に性交を要求してくると怖じ気づいてしまう男、女が本気で拒否するのではないが、すんなりとは従わず、いくらかためらい嫌がっているかのような風を見せると興奮する男もいるので、そういう男側の事情を汲んで、強引な男に屈する形を取る女もいるであろう。

そういう女が存在しているのは、女が男との性関係においてずっと発言権とイニシアティヴを封じられてきた長い歴史的背景があってのことであるから、一概に非難するわけにはゆかないであろう。

しかし、そういう場合、女は「やられた」としても、強姦されたとは言えないであろう。気が重いのは、何よりもまず、性交に責任があることで、それを避けるために、あえて「やられる」性交を選ぶのであるが、場合によっては、そういう女は「やられる」性交を選んだ責任をも回避し、主観的には本当に「やられてしまった」と思っているかもしれない。

実際、意識的にせよ無意識的にせよ、女がとにかく意図的に「やられてしまった」形を取った場合、彼女が自分のその意図をどの程度、自覚しているかは人によって非常に大きな違いがあるであろう。「やられてしまった」形にするメリットを十二分に心得た上で、意識的に計画し、男を誘惑して自分を「犯す」ように持って行ったことを明確に自覚している女を右端とし、（第三者が見れば、意図的なのは明らかなのに）自分の意図を無意識へと抑圧してまったく自覚せず、主観的には一〇〇％被害者で、一方的に無理やり強姦されたと思っている女を左端とすると、この左右両極端のあいだに、あらゆる段階の女がいるであろう。

強姦する男たち

問題は難しい。意図的に「やられてしまった」形を取る「強姦」の場合の、その意図についての本人の自覚に関して、人によって非常に大きな違いがあるのと同じように、意図的に「やられてしまった」形を取る擬似「強姦」と、被害者にまったく責任がなく、不可抗力的に不用意に一方的に犯された強姦とを、黒か白かにはっきり区別するのも非常に難しい。これまた、この両極端のあいだに、女側の意図が「強姦される」ことにどれぐらい関与したか、そのような意図はまったくなかったかによって、さまざまな程度の「強姦」が無数に並んでいるであろう。「強姦」された被害者の女の主観的意識も決定的指標にならない。もちろん、嘘をついているのでなくても、男の主観的意識もなおさら当てにならない。男の責任が一〇〇%で女の責任が〇%の強姦でも、女がぜんぜん誘ってなんかいなくても、誘われたと思い込むことができる男がいるからである。

実際、強姦するような男は卑怯者が多く、「女が求めていた」とか、「女だって気持ちよかったはずだ」とか、「あんなに魅力を振りまいて俺をその気にさせたのだから」とか、「おれのところにやってくるなんて、やってくれというようなものだ」とか、「あの女は嫌がっていたが、女はやりたくても嫌がってみせるものだ」とか、「やっているあいだ、あの女は何も抵抗しなかった」とか、ありとあらゆる口実を使って女に責任を押しつけようとする。他方、さっきから問題にしているように、女のなかには意図的に「やられてしまった」形で男を性関係に引き込んでおきながら、そのことを否定する者がいる。要するに、男の側にも女の側にも嘘つきはいるし、自己欺瞞をする者がいるので、強姦かどうかの判定は本当に難しい。

それにまた、「強姦」に関して、個々の女だって明確に決まった考えをもっているとは限らない。命を賭けても「されたくない」女、強姦されたことを恥じて、あるいは恨んで自殺する女もいるし、「されたって、どうということはない」と思っている女、「されたくはないが、状況によっては、されても仕方がない」と思っている女、酒井あゆみ(『快感のいらない女たち』)のように、「男は興奮したのか、私に襲いかかってきた。抵抗はしなかった。殺されるよりはマシだと思っていた。レイプも初めてではなかったし、別に処女じゃなかったし、素直にヤラせれば大人しくなるのは解っていたからだ」と、すぐあきらめて強姦させる女もいる。どの程度「されたくなくて」、どの程度「されても仕方がない」と思っていたかに関しては、個々のケースで微妙な差がある。

男だって強く抵抗されれば止めるつもりだったが、抵抗が弱かったので、女が容認したと誤解し、強姦を強行するということもあるかもしれない。女の抵抗が弱かったのは、怯えたためかもしれないし、あきらめたからかもしれない。女が怯え、あきらめて性交を受け入れたからといって、強姦でないことにはならない。性交を望んだのではないのだから。このようなケースも明らかに強姦であるが、男が弱い抵抗を口実にして強姦でないと言い張るかもしれない。

昔は、それこそ女が命を賭けて抵抗した証拠がなければ、裁判でも強姦と認められなかったらしい。ちょっとでも男に協力した証拠があれば(たとえば、スカートが汚れるからと、お尻の下にハンカチを敷いたとか)和姦とされたらしい。もちろん、舌を嚙み切って死ぬ覚悟で抵抗すれば、強姦を防ぐことはできたかもしれない。しかし、強姦されかかった女にそこまで要求するのは無茶である。強姦される場合、さっきも言ったが、女は、初め抵抗したとしても、たいてい途中で抵抗をあきらめるのである。圧倒的に腕力がかなわないということがある。殺されるよりは、あるいは、顔を殴られて顔に傷が残るよりは性器をちょっとのあいだ使われるだけのほうがまだましだと思うこともある。女が途中であきらめて、そのあと無抵抗に身を任せることはよくあるから、それで、強姦と認められないというのであれば、強姦なんてめったにないことになる。

男に襲われると初めから抵抗せず簡単に強姦されてしまう女も多いようである。J・マックウェラー『レイプ《強姦》異常社会の研究』に出ている例を挙げると、カリフォルニア大学で、女子学生がレポートを提出しようとして英語学部の建物に急いでいた。レポートの提出締切り時刻は四時、すでに三時半をまわっていた。彼女がキャンパスの木立ちを抜ける小径を通っていると、不意に背後から襲われ、灌木の茂みに引きずり込まれた。彼女は両腕を背中で組むようにねじあげられ、恐怖とショックに息を切らせながら横たわっていた。お願い、やめてという彼女の嘆願にも男は耳を貸そうとしなかった。だが、こんなところではとうてい恥ずかしくて嫌、わたしの部屋に行こう、と彼女が言うと、男は同意して彼女の体を放した。彼女が英語のレポートを四時までに提出しなければならないと言うと、これにも彼は同意した。彼女はレポートを提出した。数分後、二人は女子学生の住んでいる下宿に着いた。部屋に入ると、彼女は服を脱ぎ、言われるままに性交を行った（一〇‐一一頁）。

同書に載っているもう一つの例。ゴミ集めの黒人の人夫がフィラデルフィアの繁華街で八カ月の間に担当地区の主婦九人を強姦した。それは相手の女たちの寝室においてであった（二二頁）。彼の説明によれば、彼女たちは、ひっくり返った灰皿のように、いったん事がはじまると実に従順だったそうで、彼女たち自身、そのことを否定していない（一一六頁）。さらにもう一つの例。男は拳銃を手にある食料品店に入った。店内には店主と三人の客、計四人の女がいた。男はズボンのジッパーを下ろし、四人の女にペニスを触らせた。それでもまったく抵抗がなかった。それから十分間に、男は第一の女は立ったまま、第二の女は床にころがして拳銃をその頭部にあてて強姦した（三二―三三頁）。強姦されたこの四人の女は従順にも連れが一人また一人と強姦されるのを眺めながら、おとなしくやられる順番を待っていたのであった（一一六頁）。

これらの例の性交は彼女たちの意志から始まったのではないのだから、疑う余地なく強姦であるが、彼女たちが突然襲ってきた暴漢に、あたかも絶対的支配者に命令されたかのように、簡単に「やられてしまう」のはなぜであろうか。襲われて脅かされると、蛇に見込まれた蛙のように、神経が麻痺してしまうのであろうか。言う通りにしないと、恐ろしいことになると怯えるのであろうか。

一九九三年五月、アメリカで、E・X・ウィルソン（女）がJ・R・ヴァルデス（男）に強姦されるという事件があった。この事件は「コンドーム事件」として有名になったが、それは、彼女が抵抗しても無駄だとあきらめて、やるならコンドームを使ってくれと彼に頼んだからである。そのあと、彼女は彼を強姦罪で告訴した。彼は、彼女がコンドームを使ってくれと頼んだのは性交したかったからであると主張した。最初の陪審員団の判断によって、彼は起訴されないことになり、釈放された。警察と、原告のウィルソンと女性弁護士たちが抗議し、事件は第二の陪審員団に送られ、ヴァルデスは起訴された。そして、この「コンドーム事件」の被告は四十年の刑が宣告された。彼の再審請求は上訴裁判所で拒否された、というのが事件のあらましである（ウィスコンシン大学の栗林智子教授の報告による）。わたしも、被害者がコンドームを使ってくれと頼んだのは性交したかったからであるという強姦犯の主張は通らないと思う。裁判で彼女はコンドームを使ってくれと頼んだのはエイズなどの性病を防ぐためであったと証言しているが、これは当然のことで、それで強姦ではないことにされるなんて論外である。コンドームを使おうが使わなかろうが、これは文句なく強姦である。彼女はナイフを突き付けられたそうで、その男とやりたかったはずはなく、強いられてセックスに応じたのだから。さっきも言ったが、「応じた」からといって強姦でないとされては女はたまらない。殺されるか強姦されるかの二者択一を迫られれば、ほとんどの女が強姦されることを選ぶであろうが、それは性交を望んだということではない。

この事件で、被害者がちょうど運よくコンドームをもっていたことを変に思う人がいるかもしれないが、アメリカでは、夜、女は一人歩きができないと言われるほど強姦事件が非常に多く、とても防ぎきれないので、強姦されるときの用心のために、女たちは、これから恋人とセックスしようというときでなくても、強姦されてエイズをうつされたり妊娠させられたりするのを避けるため、つねづねコンドームを携帯しているそうである。また、強姦された被害者（survivor「生き残った者」と言うらしい。強姦されることは生命の危険に曝されることに等しいと考えられているのであろう）に対するカウンセリングが盛んに行われているとのことである。

また、女があきらめてセックスを受け入れたあと、快感を感じることがある。強姦されて快感を感じたことに女は強い屈辱感をもつ。ひょっとして自分はこの男とやりたかったのかと自分を疑う。しかし、この疑いは間違っている。また、さっきも言ったように、女が快感を感じたことをもって、強姦ではなかったと強弁する男がいるが、性器が適当に刺激されれば快感があり得ることは生理現象として当然であって、生理現象が強姦でないことの根拠にはならないことは言うまでもない。

快感を感じたことを相手の男に女が「気を許した」証しと見る見方がある。確かに、気心の知れた男とのセックスのほうが女が「イク」可能性が大きいようであるし、冷感症の女が快感を感じていても感じていないと言い張るのは、それを男への屈服だと思うからであろうが、この点はあまり厳格に考える必要はないであろう。男だって相手の女が「イカナイ」としても、「おれのことが好きではないのではないか」と気にする必要はないであろう。ましてや、相手の女を「イカセル」ことにプライドを賭ける必要はないであろう。

それから、強姦された女が強姦されたがゆえに、不本意ながら二度目のセックス、それ以降のセックスを合意の上で許すということがある。裁判では、そのあとで合意のセックスがあれば、最初のセックスは強姦と認められないとのことであるが、わたしはかねてから、それは間違っていると主張している。次のときに合意のセックスがあっても、最初の強姦は強姦である。

この問題については、あとで取り上げるが、ちょっと言っておくと、次に合意のセックスが行われれば最初のセックスは強姦ではないとされるのは、日本の裁判においてであって、アメリカでは、必ずしもそうではないらしい。ミネソタ大学の教員だった友人から聞いたことだが、同大学で何年か前、教授と女子学生が性関係を続け、子供まで生まれたが、仲が悪くなって別れたあと、女子学生が最初のセックスは強姦だったと告訴し、勝訴したそうである。

さて日本に問題を戻して、かつては、強姦された女は、強姦されたことを恥じて、またば、訴えてもどうせ認められないとあきらめて、泣き寝入りすることが多かった。それで図に乗って、男たちはほしいままに強姦していた。それではたまったものではないので、女が強姦されたと訴え出ることは恥ずかしいことかもしれないが、勇気をもって訴えるべきである、訴えないのは強姦犯の味方をすることであり、強姦を奨励することになると強調されるようになった。そして、恥を忍んで訴え出た女が嘘をついているはずはないということになって、女が強姦被害を訴えると、たいてい認められることになった。すると、これまた弊害があり、強姦されていないのに強姦されたと訴える、または、訴えるぞと男を脅かす女が出てきた。

ついでながら言えば、これは痴漢の場合も同じで、かつては痴漢された女の多くは泣き寝入りしたものだが、「痴漢は犯罪です」と痴漢の被害が声高く叫ばれるようになって、それを訴えた女は、従来の偏見に負けず勇を鼓して訴えたのだから、嘘をついているはずはないと信じられ、痴漢だと指差された男は、頭からやったに違いないと決めつけられ、抗議しても聞き入れられなくなった。すると、そこにつけ込んで、痴漢されていないのに、されたと訴え、少々のことで済むならとすぐお金を出す、ことなかれ主義の気の弱い男からお金を脅し取る女が現れた。しかしもちろん、悪質な痴漢をする男も依然としているわけで、男と女のあいだに実際にどういうことが起こったかを知ることは、ことほどさように非常に難しい。

女の性欲の抑圧は諸悪の根源

さっきも問題にしたが、女を男の性欲処理用の女とその他の用途の女に二分し、一方的に女体を対象化・商品化・道具化し、女を下にみる性差別文化は依然としてまだ根強く続いている。この性差別文化のなかでは男と女の関係はどのように歪んでいるであろうか。

性欲を抑圧してなどおらず、性的に解放されていて、ある男がカッコいいとか、イケメンだとか、気が合うとか、話が面白いとか、趣味や考え方が共通しているとか、その体臭が好きだとかで性的魅力を感じ、彼と寝てみたいと思う女、ある男を愛していて彼を喜ばせたいと思い、彼に愛されることを願う女、あるいは、彼によって性的満足を得たいと願う女が、彼をセックスへと誘うのは、あるいは、彼のほうからセックスを求めてくれれば、喜んですぐ受け入れるのは、いちばん自然で素直なやり方であろう。ここで、そういう女を仮に「自由な女」と呼んでみよう。彼女は、いい男と出会い、男との関係がうまく行って当然だと思うが、なかなかそうはゆかない。なぜであろうか。

　男もいろいろではあるが、やはり性差別文化のなかに育って、それをあまり疑わず、そのまま受け入れている男は多い。もちろん、今言ったように、この文化は批判され、タテマエとしては女を人格として尊重することが当然のこととされているため、意識的には性差別などしていないつもりの男でも、いったん身に付いた性差別観念を心のどこかに引きずっていて、それからはなかなか抜けられないもので、実際に女たちと接するときには無自覚に自ずと差別的にふるまってしまいがちである。ここで、そういう男を仮に「差別男」と呼んでみよう。

　現代において、女が男と出会うとすれば、そういう差別男である可能性は非常に大きいであろう。「自由な女」が「差別男」と出会い、気に入ったからといって、簡単に性交を「許す」とどういうことになるか。

　もし、「自由な女」が知的で人格識見において優れた人物であるとしても、女を性的対象としての商品価値でしか評価しない「差別男」には、彼女のそういう面は見えない。

「自由な女」は、自分を商品として高く売り込もうという気がないから、常識的には商品価値が下がるようなこと（たとえば、自分がしたければ簡単にすぐセックスする）を平気でやる。すると彼は、すぐ「やらせる」彼女を性欲処理用の便利な女と見てしまう。彼女は、「させ子」、「のせ子」、安っぽい女と見られ、悪くすれば、無料売春婦のように扱われてさんざん「使われ」たあげく、飽きられて逃げられてしまうことになりかねない。もちろん、彼女も彼を一時の性的対象にして楽しむつもりなら、それでいいかもしれないが、彼が気に入っていて、彼との関係を長続きのする確かなものにしようという気があるのなら、簡単に「身を任せる」のは彼を引き止めるためには、そして、彼にまともに扱われるためにはもっとも拙劣なやり方である。差別男が差別男であることは男にはすぐわかるが、女にはなかなかわからないらしい。

このような状況は、男にとっても女にとっても実に不合理である。男にとって不合理であるというのは、こういうことである。差別男は、あまり気づいていないかもしれないが、女を差別することによって得をしているわけではなく、むしろ損をしているのではないかと思う。彼は、身から出た錆ではあるが、差別観念に支配されて不可避的に、彼を男として求めてくれる女、愛してくれる女を、それゆえにかえって軽く見て冷たく扱うことになる。そして、彼を愛しておらず、男心を心得ていて性交を許しそうで許さず、うまく男を手玉に取り、自分を高く売り込むことが巧みな女、彼をカモにして利用しようとする女が魅力的に見え、彼女に引っかかり、彼女に尽くし、貢ぐことになってしまう。

そして、女にとって不合理であるというのは、男への愛情や性欲に基づいて主体的に男を選び、自由にふるまうと安っぽく見られて冷たくあしらわれ、安っぽく見られないで、自分を高く売り込むためには、彼女自身の性的好みや性的満足のことはないがしろにしても、もっぱら、たとえ嫌いでも彼女を高く評価し、強く求めてくれる男を相手に、いろいろかけひきをしなければならないからである。まさに不合理であるが、しかし、性差別文化における男と女の関係・男の性欲・女の性欲は、女体の対象化・商品化・道具化を基本としており、そうならざるを得ない不合理な構造になっているのである。

男にとって女体はさまざまな幻想が纏《まつ》わりついた特殊な商品であり、売り手が簡単に与えてくれれば、幻想が剝がれて商品価値が下がり、商品としての魅力がなくなる。手に入れるのが難しければ難しいほど商品価値は上がる。もし男の性欲が本能に基づく自然な欲望であれば、そのようなことになるはずはない。女体という商品は、良質で安ければよく売れる日用品ではない。安ければ、劣悪品ではないか、どこかに欠陥があるのではないかと疑われる。この商品は、べらぼうに高い値段をつけたほうがよく売れたりするある種のブランド品や化粧品、あるいは骨董品とよく似ている。このように、性差別文化のなかでの女体は商品価値で評価され、男と女の性関係は、たとえ売買春と意識されていなくても、多かれ少なかれ売買春の色彩を帯びざるを得ない。そして、売買春のもっともよくない点は、女の性的満足とは無関係なところで性交が行われがちなことである。要するに、この文化のなかでは、女は、性的満足を得るか、自分を高く売るかの二者択一を迫られる。

しかし、男女の性関係のこういう構造は人類に等しく普遍的なものではなく、性的なことの禁止が男の性欲を高める主要な手段となっている文化、すなわち西欧とくに近代西欧の文化に特有とまでは言わないが、優勢な構造ではないかと思われる。この文化の男たちが、性的なこととは無縁のように見える清純そうな乙女や、近寄りがたい貴婦人や、セックスなんか許してくれそうにない貞女などに情熱を掻き立てられるのは、その種の女に性的なことの禁止を見るからであり、彼らの性欲の出発点が禁止を打ち破ることにあるからである。彼らの誇りは禁止を打ち破ることができるおのれの力にあり、したがって、彼らにとって、女を口説き落とすことは征服することである。

その嚆矢《こうし》が十八世紀後半のカザノーヴァであった。また彼は、次から次へと新しい女をものにすることに情熱を傾けたわけで、これは、手持ちの製品で間に合っていても、次から次へと新製品を欲しがる資本主義的人間と共通なメンタリティであり、その意味でカザノーヴァは資本主義的人間の嚆矢でもあった。

このような差別男に対しては、女は、自分もセックスしたいからといってすぐ「許し」たりすれば、安っぽく見られて大損することは間違いない。したがって、前述の「一見清純そうな」女の子のように、「許しそうで許さない」（そのタイミングが難しいが）微妙な態度が、自分を高く売り込むために必要なのである。しかし、そうは言っても、女にとって自分の売値を決めるのは非常に難しい。もともと値段のないものであるから、高値をふっかけても、意外とすんなり通ってしまうこともあるが、しかし、あまり高値をつけ過ぎると売れ残り、賞味期限が切れてしまう危険があり、かといって、売り急いで一度でも安く売ってしまい、そのことが知られてしまうと、それ以上の値ではもう売れない。女を商品と見なしている差別男は、他の男に安く売った女をそれ以上の値では決して買わないからである。

これは必ずしも売春婦の場合のことを言っているのではなく、素人娘の場合も、彼は、他の男と性関係に入るまでに男に大したコストを掛けさせなかった女を口説くのにそれ以上のコストを掛ける気にならないのである。他の男（客）に千円で売ったのに、なぜ俺に千百円で売るのかというわけである。千百円で買えば、千円で買った男（客）より馬鹿な男（客）ということになるからである。差別男は、当然、ケチであって、素人娘を口説くときも、できるかぎり低いコストで「やる」ことを心掛ける。できるかぎり「安く」買うことが自分の腕前なのである（もちろん、女のために気前よく大金を使う男が差別男でないとは限らない。彼は女の商品価値を高く評価しているだけかもしれない）。そういう差別男と、できるかぎり自分を高く売り込もうとする女とがさもしくも見苦しい駆け引きを繰り広げるのは、性差別社会では、どこかのホステスと客とのあいだでも、素人娘と彼氏とのあいだでも、よく見られる光景である。差別男に対しては、女は自分を安売りしないようつねに緊張していなければならないから大変なのである。別に高値をつけてもらわなくてもいいと鷹揚に構えていれば、思いもよらぬ安値をつけられる危険がある。もちろん、女が商品でなくなれば、女はそのように緊張していなくてもいいわけで、時代はその方向に向かっていると思いたいところであるが、しかし、性差別は性本能が壊れたことに対する一つの対策だったのだから、別の対策を考えないで、性差別を非難・攻撃・弾劾しても始まらない。性差別を廃絶すれば、隠され抑えられている本来の正しい男女関係が姿を現すわけではない。

損得などということは、本来、男女関係・性関係と何の関係もないはずであるが、資本主義社会、性差別文化においては、男女関係・性関係はこのように損得の基準に支配されているのである。

戦果の記録

性差別の例をまたもう一つ挙げると、これまでにセックスした女たちの名簿をつくり、セックスのときのことや、彼女たちの性器の特徴を記したりした(その写真を撮らせてくれたときは写真を添付した)ノートを大切に保存している男がいるが(わたしの知人にもいた)、彼にとっては、セックスした女は狩猟の獲物であり、輝かしい戦果であって、新たにセックスした女の名前を名簿に加えるとき、彼はまさに新たに撃墜した敵機の絵を胴体に書き加える戦闘機のパイロットのような心境なのであろう。そして、彼はときどきノートを開いて戦果を確かめてみては悦に入っている。

そのようなことをするのは、女を自分がモテることを証明する実験台に使っているわけで、男として実にさもしい、いやらしいことだと、男にはすぐわかるが、女にはなかなかわからないらしい。彼氏の家に泊まったとき、ノートがあったので何気なく開いてみると、それがこれまで彼氏が寝た女たちの名簿で、そのいちばん新しいページに自分のことが載っていたと話してくれた女の子がいた。彼女に、狩猟の獲物の一人にされて腹が立たなかったのかと聞いてみたが、別に気にしていないふうであった。また、彼氏が性器の写真を撮りたいと言うので断ったところ、顔と一緒に写すわけではないから誰の性器かわからないと説得され、なぜそのような写真が欲しいのかわからなかったが、まあ、自分のことに関心があるということだからむげに断るのもどうかと思って撮らせたと言っていた女の子がいたが、彼女もそのことを別にいやらしいこととは感じていないようであった。

　そう言えば、清水ちなみの本のなかにも、「おれは今、千人斬りを達成中だ。寝た女の記録を一人増やしたいから、おれと寝てくれ」と頼まれて、応じた女の例が出ている。わたしはびっくりしたが、女のいやらしさに男が気がつかないように、男のいやらしさに女は気がつかないということであろうか。彼女たちは、狩猟の獲物にされたことに気がつかないのであろうか。それとも、気づいても気にならないのであろうか。気づいていて、嫌な気がするが、がまんしているのであろうか。あるいは、狩猟の獲物にされて、かえって面白がっているのであろうか。男の変な趣味を笑っていられるほど余裕があるということであろうか。それとも、彼女たちは自分だってその男とセックスして楽しかったのだから、それでいいと思っているのであろうか。

一般論として言えば、男のほうが男としてのアイデンティティについて不安が大きく、自分がモテる男であることを証明したがるのではないかと思うが、女は女を「戦果」や「獲物」視する男のそういう傾向をそれほど気にしていないようである。「戦果」や「獲物」視されても、女としてのアイデンティティは揺るがないということであろうか。

しかし、女にもたくさんの男と寝て、それが自慢で記録する者がいないではない。ペニスは一人一人違うと楽しんでいる女もいる。ある有名な作家であるが、一日に三人の別々の男を別々に口説いて寝たと誇らしげに言っていた女がいた。女が、性交を男に「やられる」ことではなく、自分の性欲を主体的欲望として自我に組み込み、魅力を発揮して男を性交へと誘い込んだことを「戦果」と見なすようになれば、「戦果」を誇るようになるのは不思議でも何でもない。しかし、こういうことに関してまだ女は男ほど熱意が続かないようである。

いずれにせよ、性差別文化のなかで、女は、おのれの性欲を当然のものとして意識することが許されない。性欲は抑圧される。女は自分に性欲がないと思っている。しかし、抑圧された性欲は無意識のなかで存続し続け、無意識の背後から彼女の態度や行動を動機づける。無意識的性欲が意識を裏切って、彼女との性交を望んでいる男についい協力してしまう。それを彼女は性欲の表れとは自覚しない。その結果、女がいかにも誘ってもらいたそうな顔をしているので、男が誘うと、女は誘った自覚はないから、喜ぶどころか、びっくりして怒るということが起こり得る。もちろん、女が意識的にも無意識的にも誘っていないのに、誘われたと勝手に思い込んで強引に女に迫る無神経な男もいるので、こういう場合のすべてが、女の抑圧された性欲のせいだとは言えない。

性欲を抑圧しているということは、性欲が彼女の自我に組み込まれていないということである。したがって、彼女は、自分の主体的行動として性的満足を求め、味わうということができず、彼女の主観では、彼女の性行動はつねに、つい誘惑に負けてやられてしまったとか、男に強いられて屈したとかの結果でしかない。そして、あのとき自分はどうかしていた、どうして防げなかったのかとあとから後悔することになるが、後悔してもまた繰り返すのである。彼女が性欲を自分の欲望として自我に組み込めば、そのように後悔することはなくなるであろう。事態はだんだんとそのようになっていっているようである。

清純派の反動

「清純な乙女」の問題を考えてみよう。「清純な乙女」が意図的に商品としてつくられることもある。清純派女優とかアイドル歌手とかがそれである。彼女たちはこの世にセックスなんかないような顔をしていて、本当にオナラやウンコやオシッコをするのかと信じられないほどである。映画ファンの男たちはスクリーンのなかの彼女たちを見て大いに心楽しく幸せのようであるが、彼女たち自身は清純派女優であることを息苦しいほど窮屈に感じ、多大の無理をしているのではないかと思われる。

そう言えば「吉永小百合の処女を守る会」というファンクラブがあった。彼女のファンたちは、「吉永小百合の処女を守る会」ということで、彼女に憧憬と愛情を捧げ、彼女のためにいいことをしているつもりであって、それがいかに残酷なことであるかに気がついていなかったようであるが、吉永小百合を誰か男優に置き換えて、ある男優の「童貞を守る会」をつくったと想像してみれば、彼女の処女を守るということは、彼女に性欲を表明することも性交することも許さないということなのだから、その残酷さがわかるであろう。それに気がつかないということは、女の性欲を抑圧する性差別文化がいかに根強いかを示している。女には性欲はないという前提に立てば、論理的に言って、性交は男の性欲を満足させるために女が身を捧げる自己犠牲的行為、男への女の奴隷的サービス、女に対する男の侮辱、男が女を穢《けが》すことであることになる。したがって、「吉永小百合の処女を守る」ことは、彼女が男に穢されることを防ぐことであり、彼女のためによいことであるということになる。「清純な乙女」とは性差別文化の土壌に花開く徒花《あだばな》なのである。

「清純な乙女」たちのなかから、年を喰って清純派をやっていられなくなると、突然、逆の極端に走り、それまでのイメージをわざわざぶち壊すような過激なことをする者がときどき現れるのは、長いあいだ耐えていた窮屈さへの反動とでも考えなければ、理解できない。「清純な乙女」という、現実には存在しない代物を存在しているかのように見せかけ続けるのは、大変なエネルギーを要することだったのではないかと推察される。その反動がくるのである。入江たか子は化け猫女優になり、天地真理はみっともないヘアヌード写真集を出し、松田聖子は世界を股にかけて男を漁る奔放な女になった（原節子のように、自分のイメージを崩すまいとして決して人前に現れない女もいるが）。清純派の殻を捨てたとき、彼女たちには何とも言えない爽快な解放感があったのではなかろうか。

『夢を与える』

綿矢りさ『夢を与える』（二〇〇七、河出書房新社）は「清純な乙女」のイメージに縛られてあがいた女の子の物語と読むことができる。ヒロインの夕子は赤ん坊のときから可愛らしく、幼稚園に通い始めた頃、母親の友人にチャイルドモデルになれるのではないかと言われ、紹介されたスタジオのスタッフたちにたちまち気に入られ、衣料品のモデルになる。小学校に入ると、大手の食品会社のＣＭのキャラクターに起用され、その後も引く手あまたでいろいろなテレビ番組に出演して全国に知れ渡る売れっ子の芸能人になってゆく。

母親は夕子のマネージャーになり、すべてを取り仕切るので、夕子は母親の人形じゃないと腹を立てたり、もう高校生なのに視聴者のロリコン趣味に合わせて幼女向きのドレスを着せられたりして不満の日々を過ごす。そうこうするうち、夕子はテレビで見掛けた田村正晃というストリートダンサーに好感をもち、会いにゆく。正晃は、芸能人としては夕子よりはるかに格下の下っ端であるが、夕子は彼と会うたびにますます彼が好きになり、のめり込んでゆく。

母親も所属事務所もそのような下っ端の男と付き合っていては夕子のイメージが傷つくので、猛烈に反対するが、夕子は断乎として恋を貫く。しかし、それは一方的な恋で、正晃のほうは別に夕子を愛していない。ただ、有名で高収入があって魅力的な十代の女の子を便利な女として利用しているだけである。しかし、夕子は正晃に棄てられたら生きてゆけないとばかりに彼に尽くす。処女を失うときは、息もできないくらいの痛みに襲われていながら、「気持ちいいか」と聞かれれば目をつぶったまま頷き、その後、夕子が費用を全額負担して都内の高級ホテルで密会を重ねる。

正晃はセックスのやり方も勝手で、終わるとすぐ横を向いて眠ってしまう。夕子は、ベッドの上でまだ下着もつけていない自分が使用済みの人形になったみたいで悲しく、彼がしたいだけのセックスに付き合わされるのは嫌だと思う。しかし、次のときも、やはり同じことが繰り返される。それでも、夕子は正晃に抱きしめられたときの幸福感が忘れられず、二、三日するとまた逢いたい気持ちでいっぱいになり、どんなやり方でも、セックスしてくれさえすればいいと思う。

もちろん、正晃が夕子に逢いたがるのは、夕子を愛しているからではない。夕子はそれを知っている。「男の子の性欲は規則正しくて、尽きたと思えばまたきちんと湧いてきて、なんて安心させてくれるものなんだろう。……過信してはいけないだろうが、少なくとも正晃のそれは果てても果ててもくり返し芽吹き、正晃をホテルへと連れてきてくれる。……正晃の何を一番もっとも本能的に信用しているかといえば、毎週ちゃんと湧いてくるあの人の性欲だ」「この頃の正晃は交わり終わるとすぐに眠ってしまう。やりきれない哀しみとともにその単純さを微笑ましく思う気持ち、それは……定期的に訪れる性欲というものに対しての安心感だった。一週間経てば彼はまたホテルにやってくるだろう、これがやりたいがために」。すなわち、夕子は正晃が夕子の肉体を一週間経てば溜まる精液を排泄するための受け皿に使っているだけなのを知っているのである。しかし、性欲が消えれば、正晃が自分に用がなくなるのはわかっているので、彼を惹き寄せるには彼の性欲を当てにするしかないのであった。

しかも、夕子は正晃の意に添って避妊具を使用せず、しかも中出しされるため、朝、彼がホテルから出て行ったあと、産婦人科へ行き、特殊な薬を処方してもらわなければならない。それは、同意なしで強要された性行為のあとなどの緊急避妊に服用する薬で、避妊なしの性行為のあと七十二時間以内に、そしてさらに十二時間あとにもう一度飲めば妊娠の確率が低くなるとのことであるが、あとから、吐き気がするという副作用がある。夕子は想像以上の吐き気で舌がふくれたようになって苦しむ。夕子は、これほどの屈辱に耐え、卑屈の極みを尽くしても正晃にセックスしてもらいたがる。しかも、それならもうセックスしてやらないと言われるのを恐れてであろうか、彼に避妊してくれと言えないのであった。

あるとき、正晃がホテルの部屋に友達を連れてくる。友達は正晃に頼まれて二人のセックス場面をビデオに撮ると言う。正晃は前の女とのセックスをビデオに撮らせたことがあり、撮られていると興奮するのだと友達は言う。正晃に興奮してもらいたい夕子は、彼の前の女に嫉妬したということもあって、承知する。

それからしばらくあと、夕子は事務所に緊急に呼び出される。母親も呼び出されていた。何事かと駆け付けると、正晃の友達が撮ったビデオがネットに流れたという。夕子は事務所のテレビでそれを見る。

テレビに映し出された夕子の身体はたしかに成熟しきって女の身体をしていた。……健康的な首には汗が流れて……腰はみだらに動いて、その恥のなさはほとんど犬の交尾と変わりなかった。むしろ正晃の顔のほうが変わっていて、苦しいのか気持いいのか歯をむき出しにして顎を二重にさせながら、自分と夕子がつながっている部分を凝視している。つながっている部分は夕子が跳ね上がるたびに、陰茎の付け根が見えた。……十分ほど夕子は男の身体の上で跳ね続けて、ある瞬間からしつこく短く早く腰を上下に振るようになり……。夕子の額からは汗が落ち、夢中で動かしている下半身は貪欲に快楽を追い求めているのが見てとれた。……「あ、イく」、夕子は目をつむってまっすぐ上を向いた。そして内ももを引き締めて電流でも走っているかのように身体を激しく細かく身震いさせた……（二六二－二六三頁）。

可愛い少女モデルとして売り出している十七歳の「清純な乙女」のこのような映像がネットに流れたのである。事務所は絶望し、母親は動転した。母親はまだ夕子を芸能界で生き残らせようとして、雑誌記者に映像の女の子は夕子本人ではないと主張し、夕子にもそう言わせようとする。しかし、夕子は記者の質問に何一つごまかさず答え、母親のもくろみを挫折させる。

この物語は、男は加害者、女は被害者という性差別的な伝統的見方に従えば、純真無垢な少女が好きになった男がたまたま運悪くとんでもない卑劣漢で、彼に犯され、さんざん利用され、揚げ句の果てに手酷く裏切られる物語と読むこともできるであろうが、夕子という女を自分の意志をもつ主体的人間と見れば、別の読み方をすることもできる。夕子は、可愛い少女、清純な乙女という母親が勝手に決めた鋳型に嵌められ、母親の思い通りに操られ、人間としての自分の自由と独立を奪った母親を憎み、母親の支配からの解放を求めていた。しかし、母親は夕子を生み、育て、愛してくれる掛け替えのない人でもあって、今も母親の世話と保護の下に生きているわけだから、母親を憎むなんてとんでもないことであり、母親に面と向かって堂々と反逆するなんてことはとてもできない。母親への憎しみは無意識へと深く抑圧され、夕子は表面的には母親の期待通りに芸能界で活躍し、全国的に有名な芸能人になってゆく。しかし、無意識へと抑圧された母親への憎しみが消えることはなく、意識的、直接的な道での表現を妨げられたその憎しみは無意識的な回りくどい道で表現されることになった。すなわち、夕子は、たまたま運悪く卑劣漢を好きになったのではなく、夕子を愛しておらず、夕子を裏切って芸能界での夕子の地位と名声をぶっ壊すような卑劣漢をわざわざ恋人に選んだのである。正晃が夕子を身勝手な性欲の満足のために利用したというより、むしろ、夕子が正晃を母親の支配を打倒するための踏み台に利用したのである。その証拠に、夕子は、彼が夕子とのセックス場面をネットに流したあとも、彼を恨むどころか、彼との関係が終わったことを知りながらも、彼にまだ未練を残すのである。

セックス場面が人々に見られたことによって夕子はひどく傷ついたであろうが、それは、思いも寄らないことではなくて、そうなることによってしか母親から解放され得なかったのだから、そうなることを、無意識的にせよ、夕子が意図したと考えられる。それにしてもやはり、母親の期待を裏切ることには子として罪悪感があるため、敢えて自分が傷つき苦しむ状況に陥ることで自分を罰し、罪悪感を鎮めようとしたのであろう。正晃との「恋愛」は屈辱に継ぐ屈辱の連続であって、母親に「もの」化されていた夕子が毒を喰らわば皿までもと敢えて自ら進んで正晃に「もの」化されたのである。それは、第一の地獄から逃れようとして第二の地獄に飛び込むようなものであった。そもそも夕子には楽しい普通の恋愛をすることは許されなかったのである。夕子と正晃の悲惨な「恋愛」の一部始終の筋書きを書いたのは夕子であり、それは、母親に対する反逆と、その反逆にまつわる罪悪感による自罰との矛盾し葛藤する二つの動機をともに隠微な形で同時に満足させる悲劇的物語であった（精神分析的には、葛藤する二つの衝動の妥協形成としての神経症的症状であると言えよう）。正晃は主役の夕子が演じる芝居の小道具に過ぎなかったと言える。夕子は「正晃の気を引くことに心をくだき続けたが、正晃に自分と同じ熱さを感じたことは一度もなかった」（二九〇頁）ことが示しているように、この芝居は夕子だけがやりたかった芝居だったのである。

綿矢りさ『夢を与える』は母親に支配されて「清純な乙女」に祭り上げられることが、女の子にとってどれほど大きな苦痛であるかを如実に示した作品である。少なくとも夕子にとって、その苦痛は、夕子の肉体を溜まった精液を排泄するための受け皿に使うだけで、夕子のことなど何も考えず、勝手に中出しをしてあとから夕子を苦しい副作用がある薬を飲まざるを得ないところに追い込む正晃との屈辱的セックスから受けた苦痛、および、夕子のセックス場面をネットに流して全国の視聴者の目に曝《さら》してしまう正晃の裏切りから受けた苦痛よりも大きな苦痛だったのである。重くのしかかる「清純な乙女」のイメージをぶっ壊すためには、男の上に乗り、貪欲に快楽を追い求め、ペニスを咥え込んで夢中で上下に動かしている夕子の裸の下半身が衆目に曝される必要があった。

そして、田村正晃に関して言えば、自分にこの上なく献身的に尽くしてくれる夕子に対する彼の裏切りは卑劣の極みであるが、おたがいの自由意志に基づいて取り結んだ長期的人間関係においては、人間は相手が自分に対して行っていると思っている（誤解であることもあるが）ことからそれほどかけ離れたことを相手に対して行うことはできないものであって、彼が夕子に対してあのようなひどい卑劣なことをしたのは、夕子だって彼を利用しているだけであることを感じ取っていたからであろう。あるいは、正晃は夕子に期待された役割を演じただけかもしれない。

清純な乙女を愛する男

男たちのあいだでは、女優やアイドルだけでなく、一般の若い女の子を清純な乙女視する傾向もけっこう強いようである。恋人を清純な乙女と見なし、彼女にセックスを求めないことを自分の誠意と純情の証しとし、それで彼女を真に愛しているつもりの青年というのは、日本においては、近代に出現したと思われるが、いまだに存在し続けているらしい。その種の男は、さっき問題にした吉永小百合のファンと同じで、恋人を大切にし、恋人のためにいいことをしているつもりで、実は、女の性欲を嫌悪する性差別文化を押しつけていて、しかもその自覚がないのである。

世の中には、「純情」男と差別男との二種類の男がいるように見えるが、このように男が二分されていることは、性差別文化において女が聖女と娼婦とに二分されていることに対応しており、いずれの二分も、現実の事態を反映しているのではなくて、性差別を正当化するための観念的・空想的二分である。実際には、女を清純な乙女視してセックスを求めない「純情」男は、同時に、女を性的道具視する差別男でもある。この二人の男は同じ男の二つの面であるとも言える。彼は、「聖女」「清純な乙女」に純情を捧げ、「娼婦」でいやらしい性欲を処理する。言い換えれば、「娼婦」でいやらしい性欲を処理できるからこそ、彼は「いやらしい性欲」から解放されて「清純な乙女」に純情を捧げることができるのである。彼の恋人は、純情を捧げられて、一見、大切にされているかのようであるが、実は、彼には基本的な欲望である性欲を認めてもらえないし、彼が彼女に求めているのは幻想のなかの「清純な乙女」であって、彼女自身ではないことがそのうちわかるであろうから、いずれ彼から去るしかない。彼から去ったあと、彼女は、彼とは心が通じ合ったことが一度もなかったことを改めて悟るであろう。

第五章　売る女たち

なぜ売買春するか

人間の男女のあいだに売買春という現象が発生したそもそもの大もとの原因は、わたしによれば、すでに述べたように、人間の性本能が壊れ、性交における男と女の自然な調和的関係が崩れたということである。そのため、人間は本能によっては性交できない。心の底から湧き起こり、純粋に性交それ自体を求める自然な自発的な衝動のようなものは存在しない。性交は自我の行為となり、人間は何らかの幻想に基づいて、何らかの目的のための手段として性交することしかできない。金銭欲や自己確認欲や支配欲などの不純な動機に汚染されていない純粋な性交そのもののようなものは存在しない。本能が壊れた人間の男女には、性交を愛情や好意を表現する手段として用いる可能性はもちろんのこと、お金などの何らかの利益を得るための手段として用いる可能性も、相手を支配し侮辱する手段として用いる可能性も、さまざまな動機が混在する可能性も開かれており、個々の男または女がそうした可能性を選択するのを防止することはできない。

性本能を満足させるためでないとしたら、男は何のために買春するのであろうか。たとえば、ミレット（K. Millett, *Sexual Politics.* 1970.『性の政治学』藤枝澪子ほか訳、自由国民社）は「行きずりにふと知り合って、金銭の負担なしに性関係をもてる男たちでも、やはり売春制度を必要とし、ときには経済的必要に迫られていない女たちからまで、その必要を充足してもらうことができる。このような売春の相手方、つまり女を買う側の場合、女に屈辱を与えることによって、男性優位を『宣言し』、あるいは少なくとも主張したいというある欲求が、主な役割を果たしているように思われる」と言っているが、ガールフレンドがたくさんいて、いくらでもタダでやれる男でもときにはお金を出して女を買いたいらしい。買春は男のある種の心理的必要を満たすらしい。

つまり、タダでやれるガールフレンドにはいろいろ気を遣わねばならないが、それが面倒で、いっさい気を遣う必要がなく単なる道具として扱っていい女、平気で侮辱していい女、思うように支配できる女とときにはやりたい、恋だとか愛だとかその他いっさいの人間関係の煩わしさがなく、ただ性器にしか用がない関係で性交してみたいという男がいるのである。ここに男の性欲の一つの本質的傾向を見ることができよう（もちろん、そういう傾向には文化や時代の背景があり、個人差も大きい）。買春は、タダで「やらせてくれる」女がいない、モテない男が性に飢えて止むを得ずやることでは必ずしもなく（そういう場合もあるであろうが）、買春する男はセックスにお金を払うことにある種の心理的満足を見出しているのである。また、妻や恋人には頼みにくい奇妙なこと（たとえば、女に変な下着を着せるとか、女を縛るとか、女がオシッコをしているところを見るとか、女のオシッコを飲むとか）をしたいために、あるいは、自分の弱みをさらしてしまうような恥ずかしいこと（たとえば、犬とか痴漢とか強姦犯とか赤ちゃんの真似をするなど）をしたいために、変な男と見なされて恥を掻いても差し支えがない売春婦を必要とする男もいるであろう。売春婦に救いの神を見てのめり込むとか、その他いろいろな幻想を動機とする買春もあるであろう。売春していたある女の子が、性欲を満足させるためならわからないでもないが、男はこんなつまらない馬鹿げたことをしたいがために安くはないお金を出すのかと、しきりに哀れがっていた。

しかし、そういう点では女も同じであって、常識的で、きまじめな夫とか、清純な乙女とロマンティックな恋愛をしているつもりの恋人とかの前では表現しにくい倒錯的趣向を、どう思われようが構わないホストや売春夫などの特定の男相手に満足させる女もいるであろう。彼女は、その特定の男との一風変わったセックスでしかオルガスムスに達し得ないのかもしれない。酒井あゆみ『売春論』（二〇〇五、河出書房新社）に出てくる、売春している二十一歳の男子学生によると、女のお客さんには「別にブサイクでもない……普通に可愛いコが多く……理由を聞いてみると『彼氏とのセックスは気を遣わなくちゃいけないから疲れる。たまには気を遣わないエッチがしたいから』と言ってたコがい」たそうである。また、ヨーロッパのことを言えば、ケッセルの『昼顔』などの小説や、精神医学者のP・ジャネの臨床例などには、貴婦人とか上層階級の人妻とかがどこかで隠れ売春婦をしていたという話が出てくるが、彼女たちは売春婦として扱われる性関係で特殊な性的満足を得ていたのかもしれない。要するに、セックスは非日常世界の出来事として存在しているのだから、そこでは、日常性においては表現されないさまざまな変な欲望や趣味が日常的関係にない人を相手に表現されるのであろう。

自己表現でもあり得る

売春は、身体を売る（あるいは性器を一時的に賃貸しする）以外にお金を稼ぐ手段がない哀れな女がお金に困って止むを得ずやることでは必ずしもなく（そういう場合もあるであろうが）、一部のフェミニストは怒るかもしれないが、売春することそれ自体が好きな女が間違いなくいると思われる（もちろん、売春する本能なんてものはあるわけがないから、そういう女がいるのは、それなりの歴史的・社会的背景があってのことであるが）。売春する女というと、われわれは、知能の低い・無教養な・下層階級出身の女を思い浮かべがちであるが、それは差別的偏見であって、売春するのが好きかどうかは、女の知能とか教養とか出身階級とか学歴とかには関係がないらしい。それは、買春する男がそれらのことと関係がないのと同じである。

にもかかわらず、男が売春婦を知能の低い・無教養な女と思いたがるのは、女をお金で買うことにいささか後ろめたさを感じるので、そう思っているほうが気が楽だからであろう。実際には、知的にかなり高いと思われる女も売春したりしていて（大学教授を兼業している売春婦というか、売春を副業にしている大学教授もいるそうである）、好きでやっているのに、客のなかには、彼女は馬鹿だから誰かにいいように騙されてこんな世界に身を堕としているのに違いないと信じ、ここから早く抜け出すよう教え諭す者がいるようで、笑い出すのを堪えるのが大変だということもあるそうである。売春婦としては、客に馬鹿だと思われていれば、そのほうが仕事がしやすいというか、客が安心するようなので、そう思わせておくのだそうである。

逆に、いろいろな点で自分より上にあると思われる女をお金で買いたがる男、それで興奮する男もいるようである。そういう男は、性交とは男が女の上に立つことだと思っているので、性交によって、自分より上にあると思われる女を下に引きずり下ろすことによって劣等感を解消し、征服と支配の快感を覚えるのであろう。明治の初め、武士が没落し、多くの武家娘が売春婦に転落したそうだが、客は大いに喜んで買ったそうである。フランス革命やロシア革命のあとでも貴族の令嬢に同じことがあったと聞いている。

あらゆる女にとって売春は例外なく屈辱であると一部のフェミニストは主張するが、売春が屈辱であるのは、貧乏とか暴力とか脅迫とかの何らかの抵抗しがたい圧倒的な外部の力に強いられて不承不承、男の性欲の満足のために自分の身体を道具として提供させられ、他律的に使われる場合であって（それなら、売春でない性交だって屈辱である）、自分の身体とその性的魅力を手持ちの資源と見なし、その資源を自分の才覚で主体的に活用して男たちを魅了し操り、男たちを支配し、男たちからお金を絞り取るのであれば、売春は屈辱どころではなく、一種の自己表現・自己実現・自己確認であり得る。買春はお金を払ってする強姦であるとする説もあるが、確かに強姦と変わらないような買春も一部にはあろうが、強姦でない買春もある。給料のために嫌な仕事をする労働者はどこにでもいるが、彼らが奴隷ではないのと同じように、売春婦が売春しているとき、嫌々ながらがまんしていても必ずしも強姦されているとは言えない。勤務中の全時間に働く意欲と歓びを感じていて、嫌だと思う時間はまったくないというのは労働者の理想であろうが、そうでなければ奴隷であるというわけではないのと同じように、性交中の全時間に性的快感と満足を感じていて、歓喜に満ち溢れているのでなければ、強姦されているというわけではない。お金を稼ぐための労働が楽しくなくてもしかたがないが、他の労働より売春のほうが効率よくお金が稼げるからと考えて売春を選んだ女は、強姦されているわけではない。

たとえば、OLをやってお茶汲みとかコピー取りとかのつまらない仕事をしていた女や、夫の世話だけをしていた女が、一転、風俗業界に飛び込み、それまで抑圧され埋れていた、男を魅了し操る才能を発揮する機会に恵まれ、大いに解放感・充実感を味わうということは考えられないことではない。彼女は、少なくともこの世界において、他の世界では発揮できなかった才能を発揮できたのであり、他の世界では価値を認められていなかった自分の身体に、男たちに欲しがられ、高く売れるという新たな価値を見出したのである。社会的にいろいろな面で差別されている女にとって、売春は、使いようによっては、差別に対して反逆し、奪われた主体性を回復する絶妙な手段となり得る。

また、上野千鶴子は『発情装置』（一九九八、筑摩書房）のなかで、勤めの帰り、夜の渋谷で街娼をしていて、アパートの空き部屋で殺された、慶応大学卒の東京電力のＯＬは、お金のために売春していたのではなく、「男があとくされのないセックスを求めるのと同じように、女にもあとくされのないセックスをもとめる欲望があり」、彼女の「売春」はそういうことだったのではないかと言っているが、そういう関係で多くの男と性交したい女もいると考えられる。売春していたある東大生は、宮台真司のインタビューに答えて、彼女のパーツ（彼女は性器のことを「パーツ」と呼んでいた）にしか用がなく、パーツをいろいろ褒めてくれ、彼女の内面を見ないでいてくれる客との心が通じない関係がラクで気持ちいいと言っていたが（宮台真司ほか『〈性の自己決定〉原論』一九九八、紀伊國屋書店）、彼女も東電ＯＬと同じような心境だったのであろうか。それが、男がお金を払い、女がお金を受け取る売春という形になったのは、上野も言うように、男と女の関係の非対称性のためでしかないであろう。

多くの女と寝たい男は、売春婦を買うこともできるし、顔見知りの多くの素人女を相手にすることもできるが、多くの男と寝たい女は、顔見知りの多くの男と寝れば淫乱女とか言われて社会的に疎外されかねないし、あるいは、こちらは自分の性欲を満足させようとしているだけなのに、タダで「やらせる」と、「おれに惚れている」と誤解する己惚《うぬぼ》れ屋がいたり、あるいは、タダで「やらせてもらう」からには、好きでもないのに好きだと言わねばならないと思い込んで「好きだ」ということを無闇に強調する男がいたりして面倒なことになりかねない。したがって、多くの男と寝ようとすれば、お金なんか欲しくなくても見知らぬ男たち相手に売春する以外に適当な方法がなく、それが手っ取り早いのである。たとえ安くてもとにかくお金を取れば、男はこちらを売春婦というカテゴリーに入れ、いろいろお飾りなしに単刀直入にセックスしてくれるので、煩わしくなくていいのである。お金を取らないで見知らぬ男のセックス相手を見つけようとすると、訝《いぶか》しがられたりして、かえって難しい。東電ＯＬの事件はジャーナリズムが飛びつき、一大スキャンダルになったが、それはこの事件が、売春は知能の低い下層の女がお金に困ってするものだという通念を覆したからであろう。

「貞女、二夫にまみえず」とかで生涯にただ一人の男としか性関係をもたない女はめったにいないであろうが、少なくとも、同時に複数の男と性関係を維持する女や、多くの男との情緒の絡まないセックスを求める女は、やはり、同時に複数の女と性関係を維持する男や、多くの女との情緒の絡まないセックスを求める男と比べて圧倒的に少ないようである。それは、女本来の傾向なのか、それとも、女の性欲を抑圧する文化のせいなのかは、よくわからない。人間の本能は壊れているというわたしの説によれば、「女本来の傾向」なるものはないのであるが……。

一種の麻薬のようなもの

さらに言えば、もちろんすべての女にとってすべての売春がそうではないが、一部の女にとってある種の売春は一種の麻薬のようなものではないかと思われる。麻薬が危険なのは、通常なら多大の努力の結果としてたまにしか得られない喜びと快楽が簡単に得られ、それに溺れて日常生活に戻れなくなるからである。売春も場合によっては、通常なら男との愛情関係を築くとかの一定の過程を経てからしか得られないセックスの快感が、何の責任も負わずにすむ気楽な関係のなかでその場で簡単に得られ、それと同時に、通常なら汗を流して働かなければ得られない額の大金が楽々と手に入り、麻薬のような効果をもち得るのである。客もひどい男ばかりとは限らず、なかには、最大限にチヤホヤしてくれ、やさしく尽くしてくれる男もいたりするので、女にとって売春している時間がこの上なく楽しいということもないではない。そのため、売春しなければ生活できないなどの客観的条件はいっさいなく、それどころか、階層・身分・学歴・職業などの点で社会的にかなり上のレベルにあって、売春しているということになれば、大いに体面が傷つき、多大のものを失う危険があるにもかかわらず、売春にのめり込み、いわば売春中毒になって、麻薬中毒者が麻薬をやめられないように、誰に強制されているわけでもないのに、売春をやめられない女が少なからずいるそうである。女は売春に「嵌められる」こともあるが、みずから「嵌まる」こともあるのである。

実際、風俗業界のある人の話によると、いったんこの業界に入った女は、足を洗って結婚したりしても、七、八割は舞い戻ってくるそうである（いのうえせつこ『買春する男たち』一九九六、新評論）。まさに、麻薬中毒者が、決心して麻薬をやめても、また麻薬に手を出すのと同じである。「援助交際」という名の売春をしている女子中高生の多くは、そのうちやめて普通の結婚をするつもりのようであるが、もうすでに「売春中毒」という毒素が身体に回ってしまっているかもしれない。売春それ自体はある意味で非常に楽なことなので、いったん売春に踏み切ると、今日から止めようと決心する日はなかなかこない。売春に対する非難には、見当違いの馬鹿げた根拠に基づくものもあるが、売春にタブーがあるのは、そのタブーの一線を超えれば、中毒になって元へ戻れない危険があることがわかっていて、女たちをそのタブーの手前で押しとどめようとする「暗黙の知恵」と見ることもできる。

そのように言うと、売春にタブーがあるのは、そして、売春が身も心も磨り減らす苦しい屈辱的な仕事とされているのは、あたかも女たちを売春という地獄の世界から守るためであるかのようであるが、それはまた、売春へと流れやすい女たちを脅かして思いとどまらせようとする「暗黙の知恵」かもしれない。すなわち、女たちを売春の世界から遠ざけようとするのは、売春の世界が地獄の世界だからではなくて、甘い蜜の世界だからかもしれない。しかしまた、それは、女を聖女と娼婦とに二分する性差別文化の一環かもしれない。この問題については、さらに考えてみる必要がある。

売春へのブレーキとアクセル

売春婦が賤業婦・醜業婦と呼ばれたのは、売春という仕事が賤しい醜い仕事とされていたからであるが、そうされていたのは、事実の客観的反映ではなく、売春婦は一定数は必要であるが、それ以上多くても困るからであり、そしてまた、売春すれば大金が得られるとしたのは、売春婦のなり手がいなくなっても困るからであったと考えられる。要するに、売春がどれほど屈辱で、どれほどプライドに抵触し、どれほど賤業・醜業であり、どれほど苦しい仕事であるとされているか、それと同時に、どれほどお金が稼げるかということは、現実に売春が屈辱であるかどうか、売春という仕事がどれほどの賃金に値する労働であるかということを反映しているのではなく、社会において、女のどれほどの割合が売春婦である必要があるかということに対応しているのである。いわば、売春へのブレーキとアクセルを設けて女の全人口のなかの売春婦の割合を調整してきたのである。これが、これまでの、とくに近代社会のシステムであった。

しかし、今やこのシステムは崩れかかっているらしい。近頃は、売春のタブーが薄れ、売春へと踏み切るために超えなければならなかったかつての高い敷居がだんだん、ますます低くなり、多くの女の子がバイト感覚で気軽に売春するようになったようである。かつては、売春するためにはプライドを捨て世間から疎外され屈辱に甘んじなければならないとされていたが、今や売春はそれほど破廉恥でないことになり、「セックスは愛する男とのみするべきである」という観念から解放されて売春に踏み切ってみると、「なあんだ、これだけのことか」というわけで、別にどうということはないことがわかってしまった。そのためか、供給が需要を上回り、経済原則に従って、女体という商品の値段が下がり気味だそうである。酒井あゆみ『売春論』によると、「ここ十年で商品としてのセックスは極端な供給過剰となり、値崩れを起こして」いるそうである。

以前は、一千万円、二千万円の借金を背負った女が一大決心をして売春の世界に入り、しばらく目をつぶってヒモをつくらず「まじめに」働けば、借金を返せたものだが、今では売春ではそれほど稼げないそうで、また、女の子も当座のちょっとした小遣い稼ぎとか、気に入った服が欲しいとか、引っ越し代が要るとかの程度の安い料金で売春することを、あるいは、家族と喧嘩して家出し、泊まるところがないのでしばらく泊めてもらうだけぐらいのことで好きでもない男に売春するというか、自分はやりたくなくても「やらせる」ことをためらわなくなった。消費社会になってちょっぴり贅沢の味を知り、親からの仕送りと奨学金だけでは普通の生活しかできないので、ときおり売春していたところ、ちょっとした違いなのだが、生活水準をもう下げられなくなって売春をやめられなくなった女子学生もいるようである（このようなことを話すと女子学生がみんな「ふしだら」になったかのようであるが、言うまでもなく、処女で結婚するに違いないと確信できるような女子学生もたくさんいる）。

要するに、売春に対するブレーキもあまり利かなくなったと同時に、アクセルもあまり作動しなくなったらしい。その結果、売春は限りなく軽いこととなり、宮台真司によると、今や東京六大学のどの大学にも売春する女子学生がおり、他の大学も推して知るべしで、女子高校生・女子中学生にも何％かは「援助交際」という売春の経験者がいて、女子学生・生徒と売春婦との境界がボヤけてしまった。『週刊プレイボーイ』にはときに「女子大生を抱ける店」という記事が出て、女子大生がヌード写真と学生証（氏名のところは黒塗りしてあるが）つきで紹介されているが、彼女たちは、本物の売春婦になったつもりはなく、一時のバイト感覚でやっているのであろうか。

同時に、売春婦の側においても、かつては売春の世界に入ると、先輩の売春婦からプロとしての技倆や心構えをたたき込まれたものであるが、今やそういうことはなくなり、売春婦が限りなく素人娘っぽくなった。妾とか芸者とか、いわゆる玄人筋の女たちも、「日陰の女」としての分をわきまえるということをしなくなり、「口が固い」というこの世界の戒律なんか気にせず、「旦那」との情事を堂々と喋り、お手当てが安過ぎたなどと文句を言い、週刊誌に公表したりするようになった。いつバラされるかわからないので、「旦那」は世間に知られずに安心して花柳界でオチオチ遊んでいられなくなった。要するに、素人娘が売春婦に、売春婦が素人娘に限りなく近づいたのである。

売春婦に近づく素人娘

素人娘が売春婦に近づいたということは、プロの売春婦でもないのに気が向けばというか、チャンスがあれば臨時に気軽に売春する素人娘がいるということから言えるだけでなく、これはお金を取らないのだから売春ではないが、性行動において売春婦と変わらない素人娘が現れるようになったことからも言えるであろう。昔の素人娘は、処女を守るのが当然とされ、女の慎みとか恥じらいとかが強調されていたこともあって、結婚前は性関係をもつまいとしたか、恋人がセックスを強く求めてきて、もし性関係をもつとしても、ただじっとしていて、恋人が終わるのを待つだけのおとなしい「正常な」セックスを受け入れるという形を取るのが一般であった。しかし、性解放の結果、女もセックスの快楽を追求して当然ということになり、そうなると、男が求めてくるのを待つだけでなく、女のほうから積極的にセックスを求め、あれこれ動き回るようになった。

ここでも、男は女が性的に興奮していなくてもセックスできるが(その極端な形が強姦である)、女は男が性的に興奮しペニスが勃起していないとセックスできないという男女の生理学的非対称性が絡んでくる。積極的にセックスを求めるようになると、女は男が勝手に性欲を催してセックスを求めてくるのを待っていて受け入れていればいいというわけにはゆかなくなる。セックスの快楽を追求する女は、従来にも増して積極的に男の性欲を刺激し、喚起しようとするようになった。とくに、現代は、男の性欲が弱くなったと言われているのだから、なおさらである。かつては、客のなかなか勃起しないペニスを勃起させるのはプロとしての売春婦の腕であるとされたが、今や素人娘が同じことを心掛けるようになった。

そこで、どうやって男の性欲を刺激するかが問題となるが、これまで強調してきたように、男の性欲は（もちろん、女の性欲もであるが）、幻想に支えられており、その幻想は実にさまざまであって、性倒錯の例に見られるように、千変万化・奇怪至極・奇妙奇天烈なものが多い。男はそれらの幻想をどうにか満足させないと性的に興奮できない。セックスのとき、男が耽るいろいろな趣味はそれらの幻想の満足と結びついているのである。かつては男はそれらの変てこな倒錯的趣味を売春婦で満足させていた。そのような趣味には、慎みと恥じらいを教え込まれていた素人娘はなかなか応じてくれなかったが、売春婦は、お金さえ出せば、何でもやってくれたからである。

ところが、性のタブー、慎みと恥じらいから解放されて、セックスの快楽を追求するためには男の性欲を刺激しなければならないことを知った現代の素人娘は、大したためらいもなく男の変てこな倒錯的趣味に応じるようになった。かつての売春婦はお金のためにたぶん嫌々ながら男の倒錯的趣味に応じたのであろうが、現代の素人娘は同じことを当然のことながら無料で、しかも自ら進んでというか、心をこめてというか、自分も面白がってというか、自分が興奮するためにもやるのである。ストリッパーの真似をして、性交の前に、着ているものを一枚一枚全裸になるまでゆっくりと脱いで見せてくれる。そのほか、張り形（ヴァイブ）でオナニーして見せるなど、ストリッパーがやっているような過激なことをやってくれたりする。とにかく、どんな変なことでも、男が求めると気軽にやってくれるだけでなく、男が求めなくても、かつて他の男に求められてやったことがあるのか、あるいは、アダルトビデオかＤＶＤかレディスコミックで見たことがあるのか、あるいは、創意工夫の成果か、自分から進んでやってくれる素人娘がめずらしくなくなったようである。

ついでながら言えば、変てこな性的嗜好を楽しむ素人娘が現れたのと、昔ならいい歳をした男しか楽しまなかったようなさまざまな趣味や遊び事を若い娘がおおっぴらに大いに楽しむようになって、オヤジギャルとか呼ばれたのとはほぼ同じ頃からのようである。居酒屋に通うとか、競輪・競馬・競艇とか、温泉とか。性的嗜好と競輪・競馬・競艇とは関係がないように見えるが、よいか悪いかは別にして、両者とも女の子としての慎みと恥じらいのタガが外れた結果と考えれば納得できるであろう。わたしの若い頃は、女の子たちはどれほどお腹がすいても独りではレストランに入らないと言っていたが、近頃は、居酒屋に独りで飲みにゆく女の子はめずらしくないようである。

男の性欲の衰退と過激な倒錯的趣味

何はともあれ、素人娘が昔の素人娘なら決してやってくれなかったような過激な倒錯的趣味を進んでやってくれるので、女の性的興奮のことはまた別に論じるとして、現代の男たちは、昔の男よりもはるかに大きな性的興奮と満足を得ていると思う人がいるかもしれないが、意外とそうではなくて、大して変わっていない、あるいはかえって貧困になったのではないかと思われる。というのは、過激な倒錯的趣味は、過激であればあるほど、それに単純に比例して、男の性的興奮と満足を高めるというわけではないからである。過激な趣味は、むしろ、現代の男の性欲の衰退を補償するために要請されたものではないかと考えられる。すなわち、男の性欲が衰えれば衰えるほど、ポルノが過激になったのであり、セックスにおいて男と女がますます倒錯的趣味に耽るようになったのである。いやむしろ、男の弱い性欲と女の過剰な性的サービスはどちらが先かわからない鶏と卵の関係にあるのかもしれない。

要するに、性的唯幻論が説いているように、性欲・性的興奮は幻想に基づいており、どれほど些細な刺激からでも、想像力が豊かであれば、多大の興奮が得られるのであり、想像力が貧困になった現代の男は過激な刺激がなければ興奮できないというだけのことではないかと考えられる。昔の旧制中学生が女学生の手を握ったときの興奮と、今の中学・高校生が同級生や下級生や上級生の女の子とセックスしたときの興奮とはどちらが大きいであろうか。愛する女の浴衣の裾が乱れて太股がチラっと見えたときの男の興奮と、愛する女が全裸になり大股を開いてオナニーしてイクところ（これはある女の子が話してくれたことで、あまりにも何なので、念のため、本に引用していいかと訊いたところ、「どうぞ、どうぞ」ということであった）を正面から堂々とビデオ撮影する男の興奮とはどちらが大きいであろうか。

どちらが大きいかは、幻想の持ち方次第である。ただ、現代では、浴衣の裾の乱れに想像力が飛揚するのは非常に難しくなっている。いったん大股を開いてオナニーしているところを男に見せた女の浴衣の裾が乱れても男は興奮しないであろう。ここには悪循環がある。すなわち、女の性的サービスやポルノが過激になればなるほど、男の想像力が使われなくなって衰え、想像力が衰えると、それに支えられていた性欲が弱くなり、男の弱くなった性欲が興奮するためにますます女の過激な性的サービスやポルノを必要とするという悪循環である。

過激なことを平気でやる素人娘の問題に戻ると、何年か前の『週刊現代』のグラビアに東大・早大などの女子学生のヘアヌード写真が掲載されていたが、その東大生は、ミュージシャンと同棲していて、彼とは目隠しをされたり縛られたりしてセックスするそうで、もちろん、彼に強いられてではなく、自ら面白がっているようであったし、早大生は三十代半ばのサラリーマンの彼氏とセックスするとき、カメラやビデオを三脚にセッティングしてスポットライトを当てて撮影するとのことで、むしろ、それで彼女のほうが興奮するそうである。わたしが驚くのは、彼女たちが、そういうことをするのもさることながら、そのことをヘアヌード写真つきで週刊誌に公表することである。

さっきも例に挙げたが、わたしが個人的に知っているある女子学生は、彼氏が性器の写真を撮りたいと言うので撮らせたと言っていたし、別の女の子は遠距離恋愛中の彼氏がオナニー用に使うから性器の写真をメールで送ってくれと言われて送ったそうだし、彼氏に頼まれて陰毛を送ったという女の子もいたし、ハメ撮りやスカトロやアナルセックスや3Pを嫌わない子もいるようだし、そのほか、彼氏がガーターで留める長い黒靴下と性器が透けて見えるレースのパンツをデートの前にはいつも下着店から送ってきて、デートのときにそれを穿いてきてくれと頼むので、その通りにしているという子もいた。それに、その彼氏は彼女を「○○子姫」と呼ぶとのことで、びっくりしたわたしは、ガーターの黒靴下とレースのパンツを穿くなんて、ヨーロッパの売春婦の典型的な装いではないか、「姫」というのは、売春婦を買うのを「姫買い」と言うように、男たちのあいだでは売春婦の「敬称」であるが、君は知らないのか、君はお金をもらっているわけでもないのに、彼氏に売春婦扱いされているではないか、それでいいのかと咎め立てしたが、それはとんだお門違い、要らぬお節介であった。そんなことは彼女は先刻ご承知で、それで彼氏が興奮するのだから、そして、彼氏が興奮すればするほど楽しくセックスできるのだから、それでいいではないかと思っているようであった。

女が積極的にセックスを求め、セックスの快楽を追求するようになったのは非常にいいことであるし、それで男の性欲を刺激することが必要になり、そのため、男の倒錯的趣味を満足させなければならないというのも、論理的にはわからないではないし、現実問題として必要かもしれない。セックスしたいのに、男が性欲を催してくれなかったら、元も子もないからである。勃起したペニスが欲しいというのはわかる。しかし、男の倒錯的趣味のなかには、女性差別的・女性侮辱的なものも多いのである。女は、男の女性差別的・女性侮辱的趣味を、そんなのは男が勝手に抱いている幻想であって、気にしたって始まらない、自分には関係ない、とにかくどのような幻想であれ、それが男を興奮させるのに役立てばいいのだと割り切ることができるのであろうか。割り切ることができる女もいるが、割り切れない女もいて、彼氏とラヴホテルで一緒に風呂に入ると、ソープ嬢がしてくれるという泡踊りをするよう要求されて腹を立てていた女の子がいた。

以前の素人娘は、さっきも言ったように、もし彼氏の求めに応じて身を任せるとしても、部屋を暗くしてくれとか、わたしの裸を見ないでくれとか言い、わたしを愛してくれているわねとか念を押し、両掌で顔を隠したりして自分からは何もせず、彼氏が終わるまでじっと体を固くして待っているのが一般であった。現代の素人娘は、自分の性的快楽のために彼氏の興奮が必要であり、彼氏の興奮のために必要だということで積極的に彼氏の倒錯的趣味に応じたり、あるいは、彼女自身、その種の倒錯的趣味で興奮するので自ら進んでやったりする。現代の素人娘（もちろん全員ではないが）は、気が向けば、売春婦やAV女優やストリッパー顔負けのどんな変なことでもしてくれるが、売春婦と違ってお金をもらっているという弱みがないのだから、当然のことながら、何かを強いられるのだけは拒否するようである。この前はしてくれたことを次のときにはしてくれなかったりする。自由奔放で気紛れである。

女が男の趣味に付き合う問題とはまた別に、男の性欲と同じく、女の性欲だって興奮するためには何らかの幻想に支えられることが必要である。男ほどではないようであるが、女だって何らかの倒錯的趣味をもっており、興奮するためには、男に女の趣味に付き合ってもらう必要がある。これからセックスしようとする女の倒錯的趣味が男のそれと一致していて、男と女が同じ趣味を共有しているのなら、まさに理想的であるが、そのような幸運な偶然はめったにないであろう。両者が喰い違っている場合、セックスを遂行するためには、やはりペニスを勃起させるほうが優先され、男だけが満足するということになりがちであろう。男と女のこの不平等をどう解決するかの問題は最終章で論じる。

ふたたび売春について

すでにどこかで述べたことであるが、大学でのわたしのゼミで売春が話題になったとき、ある女子学生が街角で男に「五万円でやらせてくれないか」と声をかけられたことがあると言うと、「わたしも」という学生がほかに何人かいた。彼女たちは見るからに女子学生で、男が街娼と間違えたのではないことは確かである。そういう男がいるということは、なかには応じる女子学生がいるということであろう。そして今や、売春する女子学生がいるということがある種の男たちのあいだで広く知られているのであろう。

先日、キム・ギドク監督の『悪い男』という韓国映画を見たが、それは清純な女子学生がやくざの罠に嵌まって売春婦に転落するという筋であった。日本では、女子学生が売春するというのはありふれたことになってしまったので、このような筋の映画は観客の興味を惹かないのではないかと思われるが、韓国ではまだ女子学生幻想が擦り切れていないのであろう。

ついでながら言えば、日本の恋愛観と韓国のそれとはかなり違っているようである。呉善花《おそんふあ》『韓流幻想　「夫は神様」の国・韓国』（二〇〇八、文春文庫）によれば、振られても振られても女を愛し続け、熱烈に求める男は、日本ではストーカーとしてうるさがられ嫌われるが、韓国では純情で情熱的な男として好まれるとのことである。この違いは、恋愛関係・性関係における女の積極性をどう評価するかの違いにかかわっている。女が積極的であることが肯定されていれば、女が何度も断っているのに、しつこく口説いてくる男は女の主体性を無視し、女を馬鹿にしていることになるが、消極的な女には強引な男が必要であり、好ましいということであろう。この違いから、韓国ではまだ女が積極的に男を追っかけるようなことは好ましくないと思われていると推測できる。

さて、売春のことであるが、「手を使って稼ごうが、頭を使って稼ごうが、性器を使って稼ごうが、同じ労働だ」という論理はどのような論理で崩せるであろうか。この論理を打ち破る論理は立てられるであろうか。売春は屈辱だからよくないと言うが、性器を使った労働が屈辱で、手や頭を使った労働が屈辱でないというのは、どういう根拠なのか。売春が不本意なことを無理やりやらされることだからよくないと言うが、強制売春は確かによくないが、合意の雇用契約に基づく、手や頭を使う労働だって不本意なことを無理やりやらされる場合があるではないか。一般の労働でも、嫌で気が進まないことをやらされることはよくあるではないか。これ以上は嫌だと思うとき、止める自由があればいいのではないか。性器は、とくに女性器は、身体のもっともプライベートな隠された部分であり、そこを他人に勝手に使われるのは屈辱であるというのは、確かにそうだと思うが、それでは、強姦は屈辱であるということになっても、自由に選んだ売春はどうなのであろうか。

わたしも若い頃、売春婦を買ったことがないわけではないが、あるとき、どういうわけか売春婦に興味がなくなり、買春がアホらしくなってしまって、それ以来、何十年か買春したことはないし、もう買春するつもりはない。したがって、もう売買春と個人的にかかわることはないと思うが、しかし、わたしは、いろいろな条件つきであるが、基本的に売買春に反対ではない。売買春をするかしないかは本人の勝手であって、売買春を法的に禁止するのはもちろん、道義的に非難するのもよくないと思う。ある女（男）が一時的に性器を賃貸ししたいと思い、それを借用したい男（女）がいるなら、二人が勝手に貸し借りすればいいのであって、傍らから文句をつける必要はない。わたしは、売買春は公的に認可したほうがいいと思っている。売買春の禁止は、実際上不可能であり、強行すれば弊害があまりにも大きい。条件というのは、未成年者の売買春、強制売買春、私人または私企業による売春の斡旋《あっせん》や売春宿の経営の禁止、などのことを考えている。

幼児期の性的虐待

売春婦になる女は、貧乏という要因を別にすれば、家庭の愛情に恵まれずに育った人とか、幼児期に虐待とくに性的虐待を受けた人とかが多いというが、そういうことは必ずしも必要条件ではない。そういうことがあっても、売春婦にならない女はならないし、そういうことがなくても売春婦になる女もいるであろう。

確かに、幼児期に性的虐待を受けた女の子が大きくなって、かつての体験を屈辱的だと感じた場合、極端なセックス嫌い、セックス恐怖になるか、あるいは逆に、男たちと簡単に寝る「やりまくり」女になるかのどちらかになりがちだと言われる。「やりまくり」女になった場合、彼女は、性的快感・性的満足を知ってセックス好きになり、のびのびと自由に多くの男たちとセックスを楽しむというのではなくて、一種の神経症的症状としてかつての屈辱的体験を強迫的に反復しようとする。そのため、嫌で苦痛なセックスとしての売春をあえて選ぶということは十分考えられる。彼女は、売春という屈辱的行為を自ら能動的に選ぶことによって、受動的に味わわされたかつての屈辱を克服しようとしていると解することができる。もちろん、はっきりと意識しているわけではないが、彼女は売春しながら「たかがこのように自分のなかにペニスを入れられるだけのことではないか。男の身体の一部と自分の身体の一部が接触するだけのことではないか。これこの通り大したことではない。子供のときのあのことも、別にどうということはないことだったんだ」と自分に言い聞かせているのである。しかし、そう言い聞かせても屈辱感は残り、いまいち納得できないので、彼女は限りなく売春行為を強迫的に反復するということになる。このような神経症的症状としての売春行為もあることは否定できないであろう。

また、幼児期に性的虐待を受けたということは、最初の性体験において、自分の身体が男によってその一方的な性的満足のために性的対象として「もの」として道具として扱われたということである。要するに、その女の子は、人格を無視され、性的身体としてきわめて低く評価されたのである。この性体験に対してどう反応するか、屈辱と感じるか、感じないか、どれほど感じるかは、時代や文化、個人によって異なるであろうが、虐待者が女の子にとって重要な人物だったりして、部分的にせよこの性体験を受け入れて是認した場合、彼女において、自分の性的身体に関して低い評価が固定する。その結果、成長しておとなの女になったとき、彼女は、男に人格を無視され、その性的身体を低く評価され、単なる性的道具として扱われることに抵抗感がないか、あったとしても非常に弱い。彼女は、売春婦になるとは限らないとしても、これは、売春婦になるのに非常に好都合な素地である。自分の側に性欲や性的満足がなくても、男に性器を勝手に使用させて平気でいられるからである。売春婦にならなかった場合でも、彼女は、自分はそれほどやりたくなくても、男に求められれば、簡単に「やらせる」女になるであろう。

やられる女

たとえば、内田春菊の場合、彼女はいろんな職を転々としたが、売春だけはしたことがないのに、人によく売春をやっていたのではないかと思われると不思議がっている。彼女には、平気で売春をやってきたような顔に見えるからではないかと言っている。それは、売春婦のようにいかにもすぐ「やらせてくれる」雰囲気があるのであろう。その原因は、彼女が中学生の頃から母親の情夫、養父に犯されつづけた過去の性的虐待体験にあるのではないかということを、彼女は『ファザーファッカー』(一九九六、文春文庫)のなかで記している。実際、彼女は「やられ女」と自称している(『やられ女の言い分』二〇〇一、文春文庫)。また『ファザーファッカー』の続編と言える『あたしが海に還るまで』(一九九七、文春文庫)には、主人公は「いかにもがらの悪いその男に声をかけられ……店の外へ連れ出された。壁に押しつけられてキスされ、スカートの中に手を入れられた。『そんな……ここでそんなこと』と言うと、『でも、濡れてるぜ』と耳元で言われた。それがからだの中まで響いて行って、あたしは抵抗するのを止めた。表で立ったままセックスしたのは、それが初めてだ」とか、「靖史はあたしが他の男とベッドにいるところにいきなりやってきたかと思うと、あたしを引っ張り出して無理矢理ラブホテルの部屋へ押し込み、『あいつと何回した。どんなふうにしたんだ』と言いながらあたしを突きまくったりするくせに、避妊はいっさいせず、いつも中で出してしまっていた。……靖史のいかにもやくざ風なふるまいが面白かったので、しばらくはつきあっていた」などの文章がある。また、主人公が三人の男に袋叩きにされ、ある店に逃げ込んで泊めてもらった場面では「何度も殴られた顔はあとからあとからふくれあがり、夜中には目が開かなくなった。……板前の男の子は、最初こそ心配そうにしていたが、そのうち本性をあらわしてきた。みなが寝静まった頃になって、あたしはぶよぶよに腫れた顔のまま、そいつにやられた。こんな顔の女とセックスして楽しいのかなあ、とあたしはやられながらぼんやり考えた」とかの文章がある。これは小説なので、事実そのままではないであろうが、内田がこの主人公と同じような心理的状況、つまり、もしこの主人公が直面したような場面に直面すれば、自分はこの主人公と同じように男のなすがままに「やられる」ことになったのではないかと思える心理的状況にあったと、推測しても間違いはないであろう。

こういう小説を書くことができたということは、内田がそのような心理的状況をすでに克服できたからであろうが、いずれにせよ、かつてそうであった背景には、彼女が自覚しているように、過去の性的虐待体験がある。この小説を読んでいると、主人公が、これらの「がらの悪い男」や「靖史」や「板前の男の子」にこれほどひどく侮辱的に扱われて拒否する素振りすら見せず、無抵抗に簡単に「やられてしまう」または「やらせてしまう」のが奇異な感じがするが、かつて母親の情夫に一方的に単なる性的道具として使用され、性的身体として最低の自己評価を植え付けられた内田がこの主人公のような心理的状況に陥ったとしても、何ら不思議ではない。内田は、このような最低の自己評価を克服しようとがんばっていたら、ある日ふと気がついてみると、漫画家・小説家になっていたのであろう。

内田春菊のように、女の子が幼いときに母親の夫とか彼氏とかに犯される、または犯されそうになるケースはかなり多いらしい。内田の場合もそうだが、さっきも言ったように、歳を取って容色が衰えかけた母親が男を引き止めようとして、そろそろ色気づき始めた娘を男に提供する、または、男が娘に手を出しても見て見ぬふりをするのである。親に依存している女の子は抵抗することなど思いつかない。男に乗っかられても、拒否するとどういうことになるかと恐ろしくて身動きできず、じっとしている。そのあとも、薄々、母親は男の味方かもしれないような気がするので、母親に訴えることはできない。恐ろしい孤独のなかに突き落とされ、黙って誰にも何も言えず、自分一人で悶々とする。

内田春菊だけでなく、母親の男からこの種の性的虐待を受けた女の子をわたしはまだほかにも知っている。そのうちの一人は、小学生の頃、寝ているとよく母親の再婚相手の男に布団の中に入ってこられたそうである。思春期に彼女は、男性恐怖のため、レスビアン（「タチ」役だったらしい）になっていた。しかし、レスビアンであり続けることには抵抗があり苦しんでいたが、大学卒業後しばらくして、彼女はいかにも可愛らしい年下の男の子を見つけ、彼と結婚して娘も生まれ、今は幸せに暮らしている。年上のがっちりした男らしい男には虫酸《むしず》が走ったのであろう。いずれにせよ、世の中には、娘なんかのことよりもというか、娘を餌食にしても、男が大事な母親がけっこういるようである。

そのほか、幼女の性的虐待の加害者に多いのは、実の兄のようである。まさかと思うので家人は警戒しないが、兄と妹が家で二人だけになる機会は多く、思春期になって性的なことに興味を持ち始めた兄が、まだ幼くて言うままになる手近な妹に「いたずら」をするということはよくあることらしい。わが大学ではなく、他大学の女子学生であったが（他大学の教員のほうが気楽なのか、性的経験の話をしてくれるのは偽学生に多かった）、小学二年生のときに中学生の実の兄に「やられた」子がいた。小学二年生の女の子に挿入できるなんて信じがたいが、彼女は最初に「やられた」ときのことは何のことやらわけがわからなくてよく覚えていない。彼女によれば、それから繰り返し、兄は彼女の「部屋に入ってきて、下着を脱がし、性器をいじり回して興奮して……ペニスを入れて……射精したあと、ティッシュで性器を拭いて部屋から出て行った」とのことである（それが射精だとはあとからわかったことだが、彼女はまだ生理が始まっていなかったので、妊娠する危険はなかった）。彼女は、何だか気持ちがよかったので、またやってくれと兄に頼んだりしたこともあった。また、興奮して声が出そうになったこともあったが、がまんした。それは、二年間ぐらい続き、ほとんど毎日やられた時期もあった。しかし、あるとき彼女はそれがとんでもないことだと知り、怒り狂って兄を遠ざけた。その二、三年あと、兄とのことが原因かどうかはわからないが、彼女は、夜中に過呼吸の発作を起こし、ときに幻覚を見、幻聴を聞いたそうである。いつか、兄とのことで何とかセンターに相談したところ、相談員が彼女を慰めるつもりか、上の兄三人に末の妹が輪姦されたケースがあると話してくれたそうである。それから十何年経った今でも兄のことを思い出すと口惜しくてたまらず、兄とは絶交しているとのことである。彼女は、大学生になっても、男性恐怖が残っていたが、それでも、やはり人並みにセックスしたいと思って何人かの男に頼んでみた。しかし、これまでどの男も挿入に失敗した。彼女は、産婦人科に行って手術してもらおうと思って調べてもらったが、身体的には何の欠陥も異常もなく、手術するようなことではないと断られた。男が挿入しようとすると、彼女は主観的には受け入れようと努力するのだが、膣が反射的に固く閉じてしまうらしい。そういうわけで、兄とのことを別にすれば、彼女はいまだに処女である。彼女はわたしに、何かの機会があったら、世の中には兄にこういうことをされた女の子がいるのだということを是非ともどこかに書いてくれと言っていた。

兄のほか、父親、父親の友人、祖父や伯父（叔父）が加害者になることもあるようである。近親者だけでなく、下宿している大学生とか近所の男なども油断できない。小学生のとき、塾の先生から被害を受けたという子もいた。いずれにせよ、思春期以前に何らかの性的「いたずら」をされた女の子は非常に多く、統計を取ったわけではないが、「いたずら」をされなかった女の子のほうが例外の少数派ではないかと思われるほどである。少なくとも、わたしに幼いときのことを話した女の子たち（ということは偏った特殊なサンプルであろうが）のほとんどがその種のことをされていた。男たちの多くが、スキさえあれば女の子に性的「いたずら」をしたがっているのは確かなようである。彼らは、その一時の戯れがその子の女としての生涯に重大な傷を残すことがわかっていてやっているのであろうか、わかっていなくてやっているのであろうか。相手は幼い女の子なのだから、そのうち忘れるだろうと思っているとしたら、とんでもない間違いである。たとえ、一回こっきりのことであろうと、のちのどんな事件よりも鮮明に心の傷として記憶に刻みこまれ、一生、忘れることはなく、のちの性的逸脱行動の原因になることも少なくないのである。

売春婦のプライド

話を元に戻すと、女が幼児期に性的虐待をされたトラウマに起因する病的コンプレックスのために売春婦になるというようなことばかり強調されるのは、歪んだ環境に育った歪んだ人格の持ち主という特殊な女しか売春婦にならないと考えたいからかもしれない。それは、売春する女を穢れた特殊な女として普通の女から切り離し、普通の女を清潔に保つためかもしれない（敗戦直後、日本政府が「良家の子女」の貞操を守るために占領軍兵士に慰安婦を提供したように）。「歪んだ環境に育った歪んだ人格の持ち主」など、どこにでもいっぱいいそうな気がするし、それと売春とを結びつけるのは、これまで述べてきたような、女を男の性欲処理用の女と、その他の目的（家事、出産、育児など）用の女とにわける性差別文化の一環かもしれない。

しかし、そういう場合だけでなく、お金で女を自由にしようとする卑劣な日本人やドイツ人の男（東南アジアに買春ツアーに行くのは日本人とドイツ人が多いそうである）に買われる東南アジアの貧乏な家の幼い女の子のように、コンプレックスも何もなく、親か誰かに売られ強いられて、ただ純粋にお金のために涙を呑んで売春せざるを得ない女もいるであろうし、幼児期のトラウマなどとは関係なく、ただセックスを軽く考えていて、そして売春それ自体が面白くて気軽に売春する女もいるであろう。

いずれにせよ、売春婦のなかには、ほかの女たちの身体はタダでやらせるしかない無価値な身体だが、自分の身体はお金になる価値ある身体だということにプライドの根拠をおいている女、こんなにお金になるのに、タダでやらせてやってスケベ男にいい思いをさせてやるなんて馬鹿にもほどがあると素人女を蔑視する女もいるとのことである。また、少なくないお金を出して、彼女の身体を必死に欲しがる男の姿が、彼女のプライドを支えるのであろう。こちらは醒めた気持ちで性器を貸して使わせてやっているだけなのに、社会的な地位も名誉もある、いい歳をした男がほかでは決して見せない見苦しい格好をしてのしかかってくるのを見ていると優越感を感じて気分がいいそうである。そうだとすれば、この場合、売春行為は彼女が生きるために、自分が生きるに値する存在、優越した存在であると信じるためにかくも必要不可欠なプライドを保つ手段としても繰り返さざるを得ない、一種の強迫行為かもしれない。生き甲斐となるプライドの根拠を何におくかは個人によって千差万別であって、自分の身体が男に高く売れるということにプライドの根拠をおく女がいてもおかしくないと言えるかもしれない（そういうことにしかプライドをもてない女がいるのは、性的対象としての価値が女の価値であるとする性差別文化のためであるとも言えるが）。

売春して、たとえお金をもらうとしても、お金は二の次のことで、お金を得ることが、売春の主たる目的ではない場合もあることは、さきの東電ＯＬだけでなく、別にお金に困っていなくても売春する女が大勢いることからも証明されよう。現実に売春していないし、したこともないし、する気もない女のなかにも、自分の身体を売るとすれば男がどれほどのお金を出すかちょっと確かめてみたいという好奇心をもっている者が少なからずいるように思われる。『週刊プレイボーイ』か何かの記事で見たと思うが、女を「競《せ》り」にかける秘密の高級売春クラブがあるそうである。そこでは、売春する気がある女たちが一人一人順番にヌードになって小さな舞台に上がってポーズを取り、周りの男たちが彼女を観察して値をつける。彼女はまったく自由であって、最高値をつけた男と寝るのがほとんどだが、その男が気に入らず、もっと安い値をつけた男のほうが気に入れば、その男と寝てもいいし、その値では売らないと言って寝なくてもいい。なかには、自分の値を知っただけで満足し、売春しない女もいるそうである。これはわたしの推測だが、男たちが争い値を競り上げて高値が出ると、彼女たちは非常にいい気分なのではなかろうか。

中世にはヨーロッパの女たちがイスラム世界に（貧しかった中世のヨーロッパでは、女は外貨を稼ぐための重要な輸出品であった）、戦前には日本の女たち（からゆきさん）が東南アジアに、現在は東南アジアの女たちが日本に出稼ぎして売春していた（いる）が、経済的事情によるそれらの売春を別とすれば、要するに、売買春は基本的には経済ではなく、セックスにかかわる幻想の問題ではないかと思われる。

一部のフェミニストによれば、女が見知らぬ男にすぐ股を開かなければならないような売春を好きでするはずはなく、女はみんな本質的に売春が嫌であって、それでも売春する女がいるのは、親に売春宿へ売られたとか、貧乏で売春する以外に生きる道がないとか、ヒモの男に強いられたとかの止むを得ない状況に追いつめられたからでしかなく、つねに不本意であって、売春するとき、女はつねに惨めさに打ちひしがれているとのことであるが、必ずしもそうではないことはあまりにも明らかなのである。

「好きで売春する女はいない」というのも一種の神話であり、それは「女には性欲がない」という神話と一対のもので、ともに近代において成立したものであると考えられる。のちに述べるように、近代とは売春が大繁盛したと同時に、極端に蔑まれたという矛盾した時代で、近代においては、売春婦は以前の時代の売春婦と比べるとはるかに惨めな状態に追い込まれており、売春婦に押しつけられる不利な条件もはるかにひどくなっている。その結果、女たちは売春婦になることを以前の時代より強く嫌がるようになったわけで、「好きで売春する女はいない」というこの神話は近代においてはある程度は現実であった。そのため、女を売春婦に引きずりおろすためには、女衒《ぜげん》などが貧乏につけ込んだり、何らかの強制や脅迫の手段を用いたりすることが必要であった。

しかし、性解放の結果、「女には性欲がない」という神話とともに「好きで売春する女はいない」という神話も崩れ、今や風俗業界には、お金に困ってもおらず、誰に強制されたわけでも脅迫されたわけでもない女たちが自ら進んで陸続と参加してきている。また、通信手段がめざましく発達したために、売春しようとする者も、売春しようとする者を見つけようとする者も、人に知られず簡単に相手を見つけることができるようになった。よいか悪いかという問題はさておき、性解放は女の性欲・性的趣味だけでなく、「売春する自由」の解放でもあった。

このように性的に解放され、自ら進んで売春する女たちが増えてきている現代の状況を鑑みると、昔、女たちを売春の世界に引きずり込むために貧乏に付け込んだり、脅迫や強制の手段を用いることが必要だったというのは、どういうことだったのか、売春地帯に女たちを閉じ込めて逃げられないように監視し、嫌がる女に無理やり売春を強要したのは何のためであったか、と不思議な気がしてくる。

これは、女をして売春させるためにそのようなことが本当に必要だったからではなく、男たちが嫌がる女を犯すという形の性交を好んだからではあるまいか。男だって女と好意的な関係を築き、合意のもとに性交するほうがはるかに楽しいはずであるし、そして、それが可能なのにもかかわらず、男たちのなかには、あえてわざわざそうはしないで、嫌がる女を無理やり犯すことを好むというか、強姦する形でしか性交することができない変質者がいるが、十九世紀、二十世紀の近代という時代は、どういうわけか、性交とは男が女に強いることである、すなわち女は男に強いられない限り性交に応じないという共同幻想が成立し、男たちの多くが、多かれ少なかれ、広く蔓延したこの共同幻想に囚われてこの種の変質者であった時代だったのではあるまいか。つまり、近代という時代は強姦の時代だったのではないか。そして、この時代は、この共同幻想に基づき、強姦を好む男たちの変質趣味に迎合し、あえて性交を嫌がる女たちを集めて巨大な売春組織を建設したのではあるまいか。そして、この巨大な売春組織を支える礎石として、女には性欲はなく女にとって性交は苦痛でしかないという観念とか、「清純な乙女」の幻想とか、男は定期的に精液を排泄する生理的必要があるとかのさまざまな嘘を張り巡らせたのではあるまいか。この策は成功し、実際に性交は女にとっては苦痛な義務となり、男にとっては膣のなかに射精するという面白くもない単純な作業となった。このような事態においては、あらゆる買春は強姦であるという一部のフェミニストの主張は必ずしも誇張ではなかった。なぜそのようなことになってしまったのか、あるいは、そのようなことにしてしまったのかはよくわからない。それは、近代という時代の精神だったのであろうか。このことは、これらの世紀が侵略と植民地化と戦争の世紀であったことと関係があるであろうか。

しかし、今や、女たちが売春する自由を獲得して、強制されなくても売春するようになり、それらの嘘が嘘であることがバレてしまい、強制売春に基づくこの巨大な組織は、まだ崩壊していないとしても、崩壊しつつあるように思われる。二十一世紀が戦争の世紀でなく強姦の世紀でもないことを望む。

裸を見せる女と見る男

ついでながら言えば、これは売春ではないが、性解放の結果、自分の身体の性的魅力を表現したいという女たちの欲望も解放された。たとえば、ある婦人科カメラマンが言っていたが、昔はヌードを撮るためには、お金を払って女たちに頼み込まねばならなかったが、今は逆に女たちのほうからお金を払ってヌードを撮って欲しいと頼んでくるのことである。彼氏に見せるためだけでなく、自分のためにも、歳を取る前のまだ美しい現在の身体の写真を記念として残しておきたいそうである。また、女子大生やOLなど、ごく普通の女の子が女のヌードが売り物の男性誌に自分のヌード写真が載ったことを誇りにして喜んでいる。ヌードを美しく魅力的に撮るのがうまいと評判のカメラマンは引く手あまたださうである。自分のこの均整のとれた美しい裸がセックス相手の少数の男にしか知られていないのは惜しく、広く多くの男に見てもらいたいらしい。たくさんの男性誌に毎週・毎月、無数の女の子が次々とヌード写真を披露しているし、次々と無数に製作されるアダルトビデオやDVDに無数のAV女優が登場するところを見れば、男たちがヌード写真や性交写真を見たがっているのに優るとも劣らず、女の子たちは裸や性交場面を見せたがっていることがわかる。

あるビデオ会社は、約百三十人の女子高生が服を脱いで全裸になり、水着に着替える様子をビデオに撮り、販売用に保管していて摘発されたが、モデルを募集すると「困るぐらい大勢来た」そうで、初めモデル料を二万円としていたが、応募者が殺到してきたので、一万円に減額した。それでも女子高生たちは応募してきたそうである（毎日新聞朝刊、二〇〇三年一月一一日）。

近頃の女子高生のスカートにはパンツが見えるかと思えるほど短いのがある。何はともあれ、わたしは彼女たちの脚線美を大いに楽しんでいるが、女子高生の制服のスカートが短いのにはわけがあって、『女子高生制服図鑑』などによると、制服に長いスカートを採用する高校は不人気で受験生に敬遠されるので、私立高校だけでなく、公立高校も募集対策として制服のスカートは許容範囲ギリギリまで短くせざるを得ないのだそうである。

また、読者からの投稿写真を掲載しているあるポルノ雑誌の編集者がわが家に取材にきたが、彼らによると、自分の性器の写真や自分が性交している写真を投稿してくる女の子が無数にいて掲載写真の資料には困らないそうである。その雑誌には投稿のマニュアルを記したカードがはさんである。女の子（もちろん、一部であろうが）には、顔がボカされていたり、目線が隠されていたりしてどこの誰とわからなければ、自分のそういう写真を多くの人たちに見せたい気持ちがあるらしい。

これらの現象からわかるように、女が裸を見せるのはお金のためとか、男に強制されたためでしかないという神話、好きで裸を見せる女はいないという神話も崩れたのである。一般に男たちは、女が化粧するのは男に見せるため、男を惹き寄せるため、同じく、女が裸になったり性器やオナニー場面を見せたりするのは、男の好奇心を満足させるため、男を喜ばすためだと思っているようであるが、そう思うのは男の己惚れである。確かにそういう動機もあるかもしれないけれども、それは二次的であって、つねづねは羞恥心などのために遠慮しているものの、基本的には女自身に男に裸を見せたい、性器やオナニー場面を見せたいという積極的欲望があるのではないか。これまでは、そのようなことをすると、慎みのない女、恥知らずな女と見なされるから、がまんしていただけなのではないか。

すなわち、これまでの性差別文化において、女には性欲がないとされ、女の慎みや恥じらいが強調され、女は性的な面を示すことを極端に厳しく禁止されてきたので、一部の女たちにおいて今やその反動が起こっているようである。彼女たちは、アダルトビデオやDVDに出演するときだけでなく、個人的な性関係においても、多くの一般の男たちに、または特定の一人の男に、裸どころか、性器やオナニー場面を見せたい、むしろ誇示したいという強い衝動があるように見える。そして、それで彼女自身、性的に興奮するのではないかと思われる。オナニーこそは女に性欲があることを示すもっとも明白な証拠であるから、それを見せて、女には性欲があるんだと心の中で叫んでいるのではなかろうか。それは、抑圧されていた自分の一面の解放であり、否定されていた自分の一面を取り戻す作業ではなかろうか。要するに、女が女性器を男に見せて女自身が興奮するのは、男が女性器を見て興奮するのと同じであり、ただ、女は見せる・男は見るという違い、非対称性があるということであろう。

男好きの女は生きづらい

要するに、性本能は壊れているのだから、性に関していろいろな男、いろいろな女がいるのである。多くの女にモテたがる男、女好きの男がいる。もちろん、多くの男にモテたがる女、男好きの女もいる。人間なら誰でも（同性愛者を除き）異性にモテたいのは当り前であるが、しかし、どれほどモテたいかは、個人によってかなり違いがあるようである。それほど異性にモテたがらないというか、あまり異性に興味がないように見える男や女もいる。また、男好きの女より女好きの男のほうが多いという、性別による違いもあるような気がするが、これは、性に関して女のほうがより抑圧されているからに過ぎず、そういう気がするだけで、実際は同じかもしれない。

いずれにせよ、今のところはまだ、女好きの男と男好きの女に対する社会的許容度は、性差別のため、依然として大いに異なるようである。現代社会においては一般に女好きの男は、「浮気は男の甲斐性」とか言われて男らしいと称賛されるか、称賛されないまでも許容されるが、女好きの男とやっていることは変わらないのに、男好きの女は昔ほどでないにしてもまだ淫乱だと非難されがちである。

実際、多くの女とやりまくっている男はそれほど変に思われないのに、多くの男とやりまくっている女は何かに駆りたてられているような病的な感じがすることがある。それは、同じような動機に基づく行動でも、社会的規範から外れていると、当人に不安と反発を喚び起こし、当人があせり、行動が歪んでくるからであろう。しかし、セックスに関して男と女に対する社会的許容度が同じになれば、そういうことはなくなるであろうし、実際、今や、日常的な普通のこととして、多くの男とやりまくっている女も現れ始めているようである。逆に、反対の極にいる男女のことを言えば、貞節な夫は「一穴主義」とか呼ばれてむしろ嘲笑され気味で、貞節な妻は称賛するまでもない当然のことと見なされる。

そういうわけで、女好きの男は大して困らないが、それに比べると、一人か少数の男ではがまんできない男好きの女はやはりまだ生きづらいのではなかろうか。そういう女がいて何の不思議もないが、彼女たちはどうすればいいであろうか。昔のことを言えば、結婚する以外に女がまともに生きる道がほとんどなく、しかも妻になれば厳しく貞節が要求され、おのれを捨てて夫のために尽くすことしか許されなかった社会、その上、女が何か職をもって自活する道がほとんど閉ざされていた社会においては、実際問題として、そういう女は自分の性的好みを生かして多くの男たちとともに過ごす人生をもとうとすれば、売春婦になるしかなかったのではなかろうか。

かつての古代ギリシアのヘタイラとか、フランスのクルティザンヌ、日本の花魁《おいらん》とかのいわゆる高級娼婦のなかには、知的・感性的に優れた素質に恵まれ、そして男好きで、そのため普通の結婚生活にはどうしてもなじめず、あえて売春婦になる道を選んだ者もいたのではなかろうか。もし男に生まれていれば、その才能を生かして何かの世界で一流の人物になれたかもしれないのに……。

井上章一『美人論』（一九九五、朝日文芸文庫）によれば、昔の高等女学校には「卒業顔」という言い方があったそうである。というのは、在学中に美人から売れてゆき（嫁入り先が決まり）、売れた生徒は中退するので、卒業するのはブスの子が多かったからである。そのため、売れそうにないブスは入学したときから「あの子は卒業顔だね」と言われたそうである。また、かなり以前のことであるが、地方で英数塾を経営していたわたしの友人は、美人の女の子は教え甲斐がない、男の子たちよりよくできるので、この子はものになる（一流大学に受かる）と思ってはりきって教えたりするが、色気づいたとたんにできなくなると嘆いていた。

要するに、女の知的その他の才能が評価され、それで女が何らかの職につき、活躍できるという社会的条件がなかった時代には、女は、たとえ素質的には優れた才能をもっていても、年頃になれば、将来、結婚するか、悪くすれば売春婦になるかしかないことが見えてきて、才能を伸ばす努力を放棄してしまっていたということであろう。以前、知的世界などで活躍する女はお世辞にも美人と言えないような人が多かったが、それは、「色気」では生きてゆけないと見極めた女しかその方面で努力しなかったからであろう。

ところが、現在では事情が変わったようである。知的世界などで活躍する女たちにけっこう美人を見掛けるようになった。東大教授の友人に聞いたことだが、昔は東大の女子学生というとギスギスしたブスがほとんどだったが、今では色っぽい美人が多いというか、美人のほうが多いそうである。昔は、東大出の女は結婚できないと言われていたし、女ががんばって東大を卒業しても何もいいことはないとあきらめていた美人の高校生が東大にくるようになったのであろう。このことと関連があるかどうか知らないが、いつ頃からか、かつては才媛の産地であった有名な一流女子大学の学生の質が落ちてきているという風評を耳にする。

現代は、一応、女も才能があればいろいろな専門職に就くことができ、あるいは、専門職に就かなくてもとにかく職があって働けば、男に頼らなくても一生喰うに困らない社会にはなっている。しかし、女の性欲はまだそれほど当然のこととはされておらず、結婚すれば、多くの場合、まだ夫が主人ということになっており、妻はやはり多かれ少なかれ家庭に縛られ、それほど自由ではない（夫によるが）。このような状況においては、恋人を一人と限定されたくない女、才能があって男好きの女は、昔のように売春でお金を稼がなくてもいいから、売春婦にならなくてもすむであろうが（売春したければ、してもいいと思うが）、では、どうしたらいいであろうか。

たぶん、そういう女は結婚しないであろう。彼女にとって結婚はデメリットばかりで何のメリットもない。妻が他の男たちと遊んでも文句を言わず、炊事も洗濯も喜んでする男がいれば別であるが、そういう男はまだめったにいないであろう。経済力のある女は今やめずらしくないので、そういう女に経済的に頼ろうとする男はいるが、女のお金を当てにするだけで、専業「主夫」のようなことはしたがらないようである。これまでは経済力のある男に経済力のない女が頼るのが普通だったのだから、男女が逆転して逆の関係があってもいいと思うが、経済力のある女に頼ろうとする男はどうも人格低劣なヒモになってしまうようである（こういうことは社会通念に左右されることであって、「経済力のある女に頼ろうとする男」というのが社会的に蔑視されている状況においては、人格低劣な男しか経済力のある女に頼ろうとしないが、それが普通の男のまともな生き方の一つだと認められる社会になれば、普通の男がそうするようになるであろう。しかし、まだそうはなっていないようである）。経済力のあるその種の独身女の一人はしみじみと「女房が欲しい」と言っていたが、そういうわけで、まだそれは無理な願いであろう。

そういう女は、独身を続け、自由に気に入った男たちと遊んで、気が向いたらセックスすればいいと思うが、それでうまくゆくであろうか。昔と比べると、女もそういう生き方ができるようにはなっており、女がそのように生きてゆける世界はだんだんと広がっていっているようではあるが、やはりまだ、男がそういう生き方をするよりは難しいようである。まだまだ男女関係は不平等であって、女は多くの女と遊んでいる男をそれほど軽蔑したり嫌ったりしないようだが、男は多くの男と遊んでいる女を安っぽい女と見て軽んじる傾向があるからである。

結局、女が一人の男と人生をともにするのが好きであればそうしていいし（相手の男も一人の女と人生をともにするのが好きでなければ困ったことになるが）、多くの男とかかわりたいのであれば自由にそうすることができるようになるためには、女が男と同じように経済力をもつだけでなく、女の性欲が男の性欲と同じように当然のこととされる社会になることが（だんだんとそうなってきていると思うが）最低限、必要である。しかしまだ、壊れた性本能をどのようにして現実の男女関係をつくってゆくかの問題は残る。これまでの性差別文化にしても、人間の壊れた性本能をどうするかの問題に対する一つの回答だったのだから。

第六章 「女」は屈辱的な役割である

女が女になる選択

いわゆる思春期になると、女の子は、自分が女というものであることを発見する。同時に、男という他者を発見する。そして、自分の身体が男の性欲なるものの対象であり、これによって男は何やら大きな喜びと快楽を得ることができるらしいということを発見する。性器とやらいう自分の身体の恥ずかしい部分、隠された部分が男たちが憧れ狙う部分であるらしいことを発見する。自分を見る男たちの視線がある種の優しさというか、憧れというか、欲望というか、いやらしさというか、これまでと違った意味を湛えていること、自分が男たちにとって性的価値という、何やらまだよくわからない価値のある存在であることを発見する。自分の身体は自分だけのものではなく、将来、男が使うもの、男用のものでもあるらしいこと、そして、子供という別の人間を生むためのものでもあるらしいことを発見する。そして同時に、自分の身体が男にどれほどの喜びと快楽を与えることができるかについて、自分の性的価値なるものについて不安とためらい、あるいは、そんなこととはかかわりたくない気持ち、あるいは楽しい期待を持ち始める。

これらの驚異的事実、なじめない不安な事実はいまいち納得できないが、どうも本当らしい。そして、これらのことはどこかうしろめたいことであって、あまりおおっぴらには触れてはいけないことらしい。何か変な世界に迷い込んだような気がしないでもないが、女の子が女になるのは主としてこうした発見を契機としてであると考えられる。

もちろん、胸がふくらむとか陰毛が生え始めるとか初潮がくるなどの身体的変化のこともある。ずっと以前から性器のあたりは何かが触れると気持ちがいいような悪いような何やら変な感覚があったが、その感覚が少し強くなったようである。それらの身体的変化が先走りして心がついてゆきかねることもあるが、この発見をなかなか承認したがらなかった女の子も初潮がくると、決定的なことが起きたような気がして、ついにあきらめるらしい。いずれにせよ、それらの身体的変化と、女としての自覚とは自ずと一致調和して進むわけではないらしい。そして、女の子には自分の身体が自分だけのものではないという感じ、他者の欲望の対象であるという感じが芽生えてくるらしいが、それは、一般に、男が知らない感覚である。

女は女に生まれるのではなく女になるのだというのは、ボーヴォワールの有名な言葉であるが（もちろん、男も男に生まれるのではなく男になるのであるが、すでに述べたように、またこれからも述べるように、女が女になるについてはいろいろ問題があるので、男が男になるほど単純ではないらしい)、まさに女が女になるのは、喜んでにせよ、あきらめてにせよ、一つの選択であり決断である。女は女であることを選ぶのでなければ、女になれないのである。そして、女は女になったあと、その「女」と自分とのあいだにある種の隔たり、喰い違い、齟齬《そご》を多かれ少なかれ感じ続けるのである。

わたしは、男根期を第一次思春期、性器期(いわゆる思春期)を第二次思春期と呼んでいるが(フロイドが言っているように、他の動物と違って人類には、性活動が始まるという意味での思春期は二回ある。三、四歳ころと、十一、二歳ころである。これは人類の胎児化の結果の一つであると考えられるが、この問題については拙文「ある一つの精神分析的人格理論」一九六七年——『最終講義』〔二〇〇六、飛鳥新社〕に収録——のなかで論じたので、ここでは触れない)、女に関して言えば、女の子は、男のつもりであったというか、男になりかかっていたというか、そういう時期にそれまでの方向を逆転させて女になるという方向転換を人生において二回遂行しなければならない。すでに述べたように、第一次思春期に女の子は自分に男根がないことに気づいて、男になるのを断念し、リビドー対象を母親から父親に切り換えて女になるわけであるが、同じ過程が第二次思春期においてもう一度、繰り返される。

男根期(第一次思春期)と性器期(第二次思春期)とのあいだの潜伏期は性的なことが抑圧されて性活動が休止状態にある時期であるということになっているが、いったん女になっていた女の子は、この時期に逆戻りし、いささか男の子のようなつもりになっているというか、少なくとも、女であることをやめている。実際、思春期（第二次）前の女の子には、お転婆娘というか、木登りなどの危ないことが得意だったり、足で喧嘩相手の男の子を蹴り上げたり、男の子を殴って泣かしたり、大声で怒鳴ったり、男の子と同じように冒険好きで慎みなく活発に動き回る元気な者がけっこういるが、彼女たちはまだ女のつもりではないのである。そのようなふるまいが彼女たちにとっては、無理のない自然なふるまいなのである。

何はともあれ、女の子は、目の前に女という役割が姿を見せたとき、それを引き受けるか、抵抗するかの岐路に立たされるわけであるが、抵抗すると大変面倒なことになるから抵抗するより、女という役割を単純に喜び、引き受けるほうが多いであろう。引き受けざるを得ないことは明らかであるし、また、引き受けたほうが楽だし、いろいろ得なこともあるからである。誰だってこれまで自分でも知らなかった自分の何かの属性が他者に歓迎され、他者に役立つことを発見すれば喜ぶのは当然である。たとえば、走るのが速いという自分の属性と言うか、才能が体育教師に発見され、国体かなんかに出場して優勝し、学校の名誉を輝かしたとみんなに褒められれば、誰だって嬉しいであろう。これと同じように、女の子は自分が女であることを喜んで女としての価値をふまえ、それを生かして生きてゆくことを学ぶ。母親をはじめ周りの人たちに「あなたは女なのだから……」と言われ、女としての規範やたしなみを教えられ、それに従って生きてゆくことを学ぶ。

しかし、女であるという属性は、走るのが速いという属性のように単純に喜べないところがある。傍目には女の子がすんなり女の役割を引き受けたように見えようとも、また、女の子自身もそれほど自覚的に女という役割を選択したのではないにせよ、女という役割は、言うまでもなく女に生まれれば本能的に女になるわけではないので、努力して演じなければならないものである。お転婆娘はつつましく、しおらしく、おとなしく、しとやかな娘にならなければならない。女の慎みと恥じらいを身につけ、それまで別に恥ずかしくもなかったことを恥ずかしがらなければならない（一部の女は、中年にでもなって男たちにモテることが期待できなくなると、反動的に、たとえば、電車の座席に少しでも隙間を見つけると、大きなお尻をねじ込んできて座ったり、人前で平気でオナラをしたりするような恥知らずの図々しいおばはんになったりするが、このことは「女の恥じらい」が無理して身につけた演技であることを示している。男たちを惹き寄せる効果がないとわかれば、アホらしくてやっていられないのである）。女の色気、性的魅力なるものを身につけなければならない（それは「身につける」ものであって、自ずと生じるものではない）。そのため、行動の自由がかなり制限されるということもあり、そこには多かれ少なかれ無理があることは否定できないであろう。

女体の性的魅力は文化の産物

ここでちょっと脇道に逸れるが、性的魅力というものを考えてみよう。性的魅力というと、何か本能的・動物的なものと思われがちであるが、わたしの見解によれば、人間の女の性的魅力こそはまさに文化の産物である。人間の女の子は性的魅力を身につけるように育てられるのである。女体の性的魅力は、人間の幼児が長いあいだ母親の世話にならなければならないという生物学的条件、すなわち、幼児にとって長いあいだ母体が満足と安心と快感の源泉であったという条件を文化的に利用してつくり上げた文化装置である。母体への幼児の執着と憧憬という基本的材料を彫琢し、いつまでもいくらかは幼児性を引きずっている男を惹き寄せる女体の性的魅力へと仕上げたのである。このように女体の性的魅力は、本来なら不能である男を奮い立たせ、男の性欲を女体または女性器を求めるという形に形成するために文化的につくりだされたものであって、これがつくりだされていなければ、人間の男は不能にとどまったであろう。文化の産物であるからこそ、どのようなことを女の性的魅力とするか（たとえば、日本の江戸時代の美人と現代の美人とは形態的にかなり異なる）、それをどの程度評価するか（たとえば、井上章一『美人論』が言うように、「美人」が高く評価されるようになったのは近代においてである。この問題についてはのちに論じる）が文化によって時代によって異なるのである。人間の男女関係が動物の雌雄関係と逆になっており、人間においてのみ異性を性的魅力で惹き寄せようとするのがもっぱら雌（女）であるというさきに述べた事実もその証拠の一つであろう。本能的なものであれば、人間だけが他の動物と逆になっているということはあり得ないからである。ついでながらつけ加えれば、文化は女にとっての男の身体の性的魅力を構築することにそれほど熱心ではなかったようである。その理由は、子育てにおける父親の役割が小さかったこと、女の性欲が軽視されていたことなどにあると考えられる。

これもまたついでながらつけ加えれば、なぜ男が美人を好きかに関しては、二つの説が考えられる。美人が好きということは、要するに、美人とセックスしたいということである。第一に、男が美人とセックスしたいのは、美しい存在と一体になりたい、それによって自分を高めたいからであり、第二に、サディズムが動機であると考えられる。すなわち、ある観点からすれば、セックスするときの女の姿は、仰向けになって股を大きく広げたり、四つん這いになったり、お尻を突き出したり、馬乗りになったり、正直言って、あまり美しいものではない。むしろ、醜く見苦しい。サディストの男は、そのような観点に立ち、美しい清楚な女がセックスするときは醜い性器を曝し、見苦しい姿に転落し、いやらしい性的快感に悶えるそのギャップというか、落差を楽しみたいので、言い換えれば、美しいものを醜いものへと引きずり下ろして勝利感を味わいたいので、美人を好きなのだ、と。近代とはサディズムの時代であり、近代において美人の評価が上がったということは、後者の説が当たっているということであろうか。いずれにせよ、サディストの男がブスに興味をもたないのは、ブスはすでに醜いので、醜いものへと引きずり下ろす楽しみが味わえないからであると考えられる。

さらに、女の性的魅力が文化的なものである証拠は、化粧や服装や物腰などによってつくりだせるということ。自分を男たちに魅力的に見せ、男に我を忘れさせるのが実に巧みな女がいるかと思えば、あまりにも下手で、これでは男が寄りつかないだろうとしか思えない女もいる。その違いは、顔の美醜や身体のスタイルのよしあしもかかわりがないとは言わないが、それより、男にある種の幻想を抱かせる技術の巧拙によるところが大きい。

また、「男は度胸、女は愛嬌」と言われるように、男の性的魅力はあまり語られず、もっぱら女のそれが問題にされるということ（この点に関しても文化や時代による違いがあるが）。このことは女の性的魅力の文化的・社会的役割を物語っている。また、年老いて性的魅力を失ってしまった女を侮蔑的に「もとおんな」と呼んだりするが、これは、「女」というものが単に生物学的性別を表しているのではなく、性的魅力のある女しか「女」ではなく、性的魅力のある女というものが一つの特殊な社会的身分であることを示している。「もとおんな」とは、ある身分に必要とされる資質を失って、その身分から脱落した者である。いわば、賞味期限が切れた売り物である。また、歌舞伎の女形は本物の女より色気があって女らしいと言われるが、それは、「女」や「女の色気」が演技でつくられるものである以上、当然であって、プロの演技者である歌舞伎役者が演技者としては素人である普通の女よりはるかにうまく「女」を演じるだけのことである。

それは罠かもしれない

女は男に対して性的魅力があることによって、いろいろ有利なことも多くあるが、しかしまた、性的魅力を振りまくことは、しばしば、男がつけ込みやすい女の弱点となる。たとえば、幼い頃、愛情に恵まれなかったマリリン・モンローは「おとなになったとき、人に愛される簡単な方法を見つけたの。服を脱ぐだけでよかった」と言っていたそうであるが、愛情に飢えた女にとって男の愛情を得るために自分の身体とその性的魅力を利用するというのは陥りやすい誘惑であろう。しかし、男の愛情を得るために身体を提供した女を男が愛するとは限らない。そういう女は性欲処理用の女として、便利な性的対象として男に利用されて、それっきりということになりがちである。

男だって性的魅力があって女たちにモテるということが男としてのアイデンティティの一部ではあろうが、男は、そのほかにも仕事とか地位とか才能とかアイデンティティの根拠はたくさんある。しかし、性差別文化においては、女は男に対する性的魅力のほかにアイデンティティの根拠を求めるのが難しく、ともすれば、男たちを惹き寄せる性的魅力を女としてのアイデンティティの不可欠の根拠としがちである。すると、女には大きな危険が待っている。

その種の女の一例であろうが、世の中には男にセックスを求められると断れない女がいる。自分の性的魅力に惹かれて単に男が寄ってくるだけでは不十分で、ずばり男にセックスを求められるということが女としてのアイデンティティの根拠になっている女がいる。十代の終わりから二十代の初めにかけての何年間か、仲のいい友人だけでなく、街角や電車の中で見知らぬ男に誘われても、簡単に身体を許してしまっていたという女の子がいたが、今ではそういう「病気」を卒業した彼女に聞いてみると、その頃の彼女は、男に誘われると、起動のボタンを押された機械仕掛けの自動人形のように（彼女自身の表現）、男に言われるままにホテルへついていったそうである。男がホテル代をもっていなければ、その辺のどこでもよかったそうである。すぐ「やらせる」女を男が馬鹿にして粗略に扱うことはわかっていたので、「またか」と自分でも嫌になって踏みとどまろうと頭では思うこともあったのだが、身体がそのように動いてどうにも抵抗できなかったそうである。

これから先はわたしの解釈であるが、彼女は、もちろん、お金などはもらわないのだから、売春していたのではなく、また、その辺の男を摑まえた（に摑まえられた）のだから、相手の男に個人的に好意をもっていたわけでもなく、また、セックスそのものに快感はなかった（ときに快感があったこともあるが、それが目的ではなかった）のだから、性欲の満足を求めていたのでもなく、ただ、男が自分の身体を欲しがっているという事実だけが必要だった。自分の性器にしか用がないことがわかっていても、とにかく自分に用がある男が必要だった。彼女は、女としてのアイデンティティに深刻な不安を抱いており（たぶん、その前に手痛い失恋の経験でもあったのではないか）、男にセックスを求められるということだけが崩れそうで不安定なアイデンティティを立ち直らせ、確認させてくれたので、目の前にセックスを求めてくれる男が現れると、彼が好ましい男であるかどうか、自分のことをどう思っているかを考える余裕なく、見逃すことができなかったのではないかと考えられる。

女はお金のためでも愛情のためでもなくセックスすることがあるのである。このように、自分の身体は自分だけのものではなく、その価値は男に「使われる」ことにあるという観念をもち、男にセックスを求められるということを女としてのアイデンティティの不可欠の条件とする女もいるのである。

女を口説き落とすのは「一押し、二押し、三、四がなくて五に押し」と言われるが、押しの一手で陥落する女はその種の女であろう。自分の価値の根拠を男にどれほど強く求められるかにおいていれば、自分の好みで選んだ男、自分が積極的に好意を感じる男よりも、あまり魅力を感じなくても、強く押してくる男についてゆかざるを得ない。自分がセックスしたい男よりも、自分とセックスしたがる男とセックスするのである。その種の女にとっては自分にセックスを求める男が一人もいないという状態は不安で耐えられないのであろう。

しかし、お金のためでも愛情のためでもなく性欲のためでもなくセックスすることがあるというのは男の場合も同じなのである。たとえば、次から次へと女を漁るドンファンを考えてみよう。彼は多くの女を征服することをめざしているのであって、もちろん、お金のために女を口説くのではない。どの女でもいいのだから、相手の女を愛しているわけではない。性欲の満足のためかというと、彼は、むしろ、女を征服したという実績を挙げるために、あまりやりたくなくてもセックスを強行するのだから、そうでもない。要するに、彼が多くの女と寝るのは、多くの女に求められるというか、自分が口説けば多くの女がついてくるということによって自分の男としてのアイデンティティを確認するためであって、その点では、男にセックスを求められるということによって自分の女としてのアイデンティティを確認しようとする前述の女と少しも変わらない。

前述の女は男に誘われると断れない受動的・消極的な人で、このドンファンは女を口説き回る能動的・積極的な人と見えるかもしれないが、セックスできるチャンスがあると見境もなく飛びつく点ではまったく同じであり、表れ方は逆のようであるが、それは男と女の伝統的な行動パターンの違いに過ぎず、基本的に同じ「病気」かもしれない。男も女にモテるということにもっぱらアイデンティティの根拠をおくと同じ「病気」になるのである。

女になることへの抵抗

もちろん、そのような女ばかりではない。逆に女になることに抵抗する者もいる。みずから求めたのではなく、どこからか突然舞い込んできた女という役割をすんなり引き受けるのは何となく癪だということもあるであろうが、抵抗する理由は、基本的には、男の性欲の対象という受動的役割が屈辱的で、自尊心に抵触する面があり、そのため反発を感じるからであろう。ボーヴォワールは女を「第二の性」と称したが、はっきり言えば、人類においては女という役割は、男という役割に比べて屈辱的なのである（男という役割にも屈辱的な面はあるが）。そのためか、男になるのに抵抗する男の子より、女になるのに抵抗する女の子のほうが多いように思われる。思春期の摂食障害がほとんど女の子にしか見られないのも、そのためであろう。摂食障害の女の子は、食べることを拒否することによって、乳房がふくらむなど、身体が女らしくなるのを防ごうとしているのであろう。彼女のもくろみは成功し、生理はとまり、乳房は萎《しぼ》み、身体はガリガリに痩せて、女としての魅力はゼロになる。

摂食障害はさておき、精神分析においても女の子が女になることに抵抗するこの事実は昔から注目されている。フロイドのいう男根羨望は女の子が単に男根を欲しがるというより、男根をもたない自分への女の子の否定的見方を指した言葉であり、A・アドラーの男性的抗議という概念は女になることへの女の抗議を表した概念である。フロイドの時代には、このように女になることに抵抗する女の子が目立っていて、研究対象になったのであったが、近頃は事情が変わったようで、おとなの男にのしかかる責任の重荷を避けたいのか、おとなの男になりたがらない男の子が目に付くようになった。いい歳をしてまだ青年のつもりでいるいわゆる「モラトリアム人間」が問題になったのは、かなり以前のことであるが、今やそれは普通のことになって、とくに問題にされないようである。昔は一人前のおとなの男にならなかったらセックスを初め、いろいろなことが許されなかったが、いつの頃からかそういう「けじめ」が失われ、おとなにならないと享受できない特権がなくなったことも一因かもしれない。

レスビアン・フェミニストの主張

近代西欧、なかでもアメリカの性文化はとくに差別的傾向が強く、女という役割を屈辱的にしている性文化であると思われる。ドウォーキン（A. Dworkin, *Intercourse*. 1987.『インターコース』寺沢みづほ訳、青土社）のように、女にとっては男との性交それ自体がすなわち強姦されることであり、屈辱であるから断乎として拒否すべきであると主張する女が出てくるのも、アメリカの性文化のゆえであろう。アメリカには、男との屈辱的な性交を避けるためにはレスビアンになるしかないと主張する、いわゆるレスビアン・フェミニストのグループもいるとのことである。彼女たちによれば、男が好き放題にセックスをやりまくっているのだから、女も負けずにやりまくればいいと思うかもしれないが、セックスにおいては、しょせん膣は射精用の穴に過ぎず、セックスとは男に勝手に膣を使用されることであって、女のためのものではなく、快感は男だけにあって女にはなく、したがって、女がやりまくれば、事実上、男たちに無償の奉仕をすることになるだけで、たとえば、たいていは名も知らぬ男たちとの束の間のセックスをやりまくって安っぽい女と見られて飽きられるＥ・ジョングの『飛ぶのが怖い』（E. Jong, *Fear of*

Flying. 1973. 柳瀬尚紀訳、河出文庫）のヒロインのように、結局、無料売春婦扱いされるのがオチである。彼女たちは、クリトリスが女のセクシャリティの座であって、クリトリスこそは出産にも排泄にも転用されない純粋な性器であると言う。したがって、女同士がおたがいにクリトリスを刺激し合ってオルガスムに達することが、女の身体が男に「使われ」ない、真に女のための性行為であるということになる。

　性差別文化においては、男との性関係において女は不可避的に対象として道具として「もの」として扱われる、すなわち、身体を「使われる」感じが拭いがたいから、女がそこに多かれ少なかれ屈辱を感じるのは避けがたいのであろう。そのため、屈辱ではない性的満足の方法としてオナニーとかレズとかいろいろ考えるのであろう。

　確かに性差別文化においては、女は男との性交によってしばしば屈辱を味わわされるので、一部の女たちがこのようなレスビアン・フェミニズムに走る気持ちもわからないでもないが、しかし、男と女の性交を廃絶すれば、言うまでもなく、人類は滅亡する。これは、性交を蛇蝎《だかつ》のごとく嫌悪し、性交しなければ人類が存続できないのなら人類なんか滅亡したほうがいい、と唱えたかつてのキリスト教の狂信的教父と同じような性交否定論であるが、ただ、女が性的快感を求めることを認める点で昔の教父と違っており、「現代的」な狂信かもしれない。

　しかしまた、セックスにおいて男に自分の身体が予想もしなかった使い方をされて、予想もしなかった反応が自分の身体に起きるので、それが楽しいという女もいる。この場合、彼女が「自分の身体が予想もしない使い方をされる」ということをあらかじめ予想し、期待していて、そのことを自我に組み込んでいるとか、自ら選んで自己放棄する（一見、矛盾しているが）とかであれば、屈辱は問題にならないかもしれない。要するに、女が性行為にどれほど主体的に参加しているかが重要なのである。したがって、性交が屈辱であるというとき、ドウォーキンのように、性交を否定するのではなく、もともと性交は屈辱でないのだから、なぜ女にとって性交が屈辱となったかの原因を知り、その原因を除去し、屈辱的でない性交を回復すればいいのではなかろうか。そのためには女の性欲の抑圧を止め、女が積極的・主体的に性行為に参加することを考えるのが正解であろう。どのようなことでも、やりたくないことを無理やりやらされるのは誰でも屈辱なのだから。いや、別にやりたくないと思っていなくても、人が勝手に決めたことをやらされるのは誰でも屈辱なのだから。

女の冷感症

もちろん、女の冷感症には、興奮の条件である性幻想が満たされないとか、いろいろな原因があるようだが、シュテーケルの『性の分析』（W.Stekel, *Die Geschlechtskarte der Frau*. 1920. 松井孝史訳、三笠書房）によると、多くの冷感症の原因は、気の進まない性交を強いられる屈辱感にあるとのことである。冷感症の女たちは、嫌々ながら性交に応じはするのだが、屈辱的なことを強いられて快感を感じるのはなおさら屈辱的なので、生理的には快感を感じていても、そのことを否認するのである。その種の冷感症は、快感を感じることができない生理学的障害によるのではなく、「性器は貸してあげるからどうぞ勝手に使ってくれ。わたしは関知しない」（そこまで意識的にはっきりと考えているとは限らないが）という態度の表明なのである。性欲を満足させ、快感を得たいというのは人間として当然のことであるが、性差別文化においては、女は、その当然のことのために屈辱的な形で性交をしなければならないという矛盾というか、悲劇というか、そういう状況におかれている。冷感症はそういう状況が招く一つの結果であると思われるが、屈辱的な形の性交を拒否して、それ以外で性的快感を得ようとすれば、まさに一部のフェミニストが主張するように、レスビアンになるか、オナニーをするかしかないのであろうか。

しかし、同性愛は、治すのも難しいが、なろうとすれば簡単になれるというものでもないし（ただ、男の異性愛者より女の異性愛者のほうが、同性愛行為に抵抗が少ないように見受けられる。これは女は人生の初めにまず同性である母親に世話されることに起因しているのではないかと考えられる）、オナニーは性交とは別の楽しみだとはいうものの、性交もしていてオナニーもするというのならまだしも、オナニーだけというのはやはり、つまらないのではなかろうか。オナニーのほうが容易に射精やオルガスムに達すると言われるが、性交は、射精とかオルガスムとかの単に生理的快感を得るためだけに行われるのではなく、相手の男（女）に自分が女（男）として認められる、求められる、愛されることによって自我の安定を得るため、自分の身体が相手の性的満足のために役立っているという歓びのためにも行われるのであり、人間の性交においては、それは重要な要因なのだから。

女を侮辱するために強姦する

性交における女の屈辱感は、わざわざ性交を女を侮辱する手段として用いる（その手段になり得るということは当該の文化において性交に女への侮辱という意味が潜在的に含まれているからであるが）男がいるために倍加される。強姦である。これまで考えられていたように、強姦というものが、女にモテなくて性的不満が溜まりに溜まり、ついにがまんできなくなって相手の女のことを思いやる余裕を失った哀れな男がついやってしまう犯罪ではなく、まさに女を侮辱することこそが強姦の第一の動機であることは、いまや明らかになっているが、このことをはっきり示すのは戦争にしばしば伴う強姦である。占領軍の兵士たちは占領地の若い娘だけでなく、皺くちゃの老婆まで強姦する（コンゴが独立したとき、逃げ遅れた白人女は老婆も強姦されたとの記録を読んだことがあるし、先年、分裂したユーゴスラヴィアでも同じような強姦が行われたと聞く）。すなわち、魅力的な若い娘を犯して快楽を貪ろうということですらなく、ただただ女を侮辱したいだけなのである。侮辱できさえすれば、相手は老婆でもいいのである。男は、愛ではなく、憎悪や軽蔑を動機としても性交できるということである。

恋愛関係というか、恋愛関係とまでゆかなくてもある程度親しい関係にあるにもかかわらず、あるいは、そこにつけ込んで、女が嫌がって抵抗しているのに力ずくで無理やり女を犯してしまう男がいる（実際に、強姦は見知らぬ男より、顔見知りの男にやられるほうが圧倒的に多いらしい。アメリカのNational Victim Centerの一九九二年の報告によれば、被害者の七八％は顔見知りの男に強姦されているとのことである）。恋愛関係、あるいは少なくとも好意的関係にある女を強姦する男は「君を愛しているから、どうしても君が欲しかったんだ」などと言い訳したりするが、老婆を強姦する兵士と同じく、基本的には相手の女を侮辱したかったのであって、いずれにせよ、彼女を軽く見、彼女の性器を自分が勝手に使っていい道具と見なしていたことは間違いない。そしてその上、意識的であれ無意識的であれ、彼女についてそのような侮辱的な見方をしているということを彼女に思い知らせ、「おまえはおれの言う通りにするしかないんだ」ということを彼女にたたき込み、今後の彼女に対する支配を不動のものとしようとしたのである。それなのに、「愛」なんか持ち出して、そのような言い訳をするのは、女をよほど馬鹿にしているからである。女は「愛」に飢えているから、「愛のためだ」と言えば、喜んで何でも受け入れると思っているのである。無理やり犯すまでしなくても、セックスを求められて女がためらっているとき、「愛しているんだから、いいじゃないか」とか何とか言って、「愛」を口実に強引に迫る男も同類であり、それは、ためらう女に「減るもんじゃないじゃないか」とか言って「やらせる」ことを迫る男と変わらない。

強姦される女たち

このように、暗闇で突然、見知らぬ暴漢に襲われて強姦されるというのは、むしろ例外的な事件で、ほとんどの強姦が顔見知りの男によるものであることがわかっているが（以前は、男の言い分が通り、顔見知りの男による強姦はほとんど強姦と認められなかった）、この強姦の問題はきわめて難しい。顔見知りの男による強姦、恋愛関係か少なくともそれに近い親しい関係にある男による強姦（デートレイプなど）にも、加害者が一〇〇％悪く、被害者にまったく責任がない強姦があるが、被害者に責任がないわけではない「強姦」もあり、そのあいだには両者の責任の程度が異なる実にさまざまな強姦があることもすでに指摘した通りである。

強姦のようなひどいことをされれば、被害者の女は加害者の男に激しい憎悪と嫌悪を感じ、二度と顔も見たくないと思うのが普通であろう。たいていの場合はそうであろうが、しかし、加害者が一〇〇％悪い強姦においても、加害者が顔見知りで、多少とも親しかった場合、そのあと、被害者の女が何回も合意の上で加害者の男との性交に応じるという実に不可解な現象が起こることがある。

結婚することが女がまともに生活できる唯一の道であって、そして、処女でないと結婚できなかった、または少なくとも非常に不利な結婚しかできなかった昔、強姦されて処女を奪われた女がもうこの男に結婚してもらうしかないと観念し、そのあと、気が進まないにもかかわらず、拒否すれば棄てられると恐れて、まさに最初のときと同じような強姦されるかのごとき性交に嫌々ながら応じるというのなら、悲惨なことではあるけれども、まだしも少しはわからないでもない。

しかし、処女幻想が消滅し、処女が結婚の条件ではなくなり、男が処女と結婚したいなどと言えば嘲笑されかねない現代において、しかも、強姦されたときにはすでに処女ではなかった女が、強姦したその男と結婚したいと思っているわけでもなく、彼に性的魅力を感じているわけでも、彼を愛しているわけでもないのに、しかも、彼に生殺与奪の権を握られていて気に入られなければならない現実的必要があるというわけでもないのに、強姦されると、そのあと引きずられるかのように、彼との気が進まない性交に嫌々ながら応じ続けるということがある。強姦される前は、彼にいくらかは好意をもっていたものの、とくに好きだったわけではなく、彼を必要とは思ってもいなかったのに、強姦されたあと、彼なしではいられないような気になり、彼に卑屈にしがみつくようになることがある。まさに不可解であるが、どうしてそういうことが起こり得るのであろうか。

そういう目に遭った女の子たちから聞いたいろいろな話を、わたしの推測も交えてまとめると、彼女たちは、少なくともいくらかは好感と信頼を寄せていて、今の今まで仲良く話をしていた男にまったく思いもしなかったときに突然のしかかられて、嫌だ嫌だと叫んでも無視され、力ずくで強姦されてしまうと（見知らぬ暴漢に襲われて強姦されるのもショックであろうが、それ以上に、それとは違った意味でショックで）、有り得ないことが起こったとか、世界がひっくり返ったとか、人生に絶望したとか言っても大袈裟ではないほど気が動転して何が何やらわけがわからなくなるそうである。強姦されているあいだ、一種の非現実感に襲われて何か悪夢のなかにいるような感じがしたそうである。そして、強姦されたあと、穢されて最低のところに落ちてしまって、もうどうあがいても穢れたままだという気がして、どうせ穢れてしまったのだから、これ以上何度「やられて」穢されても同じだと思ってしまうようである。無理やり処女を奪われた場合だけでなく、すでに処女でなかったとしても、強姦されると穢されたと感じるらしい。すなわち、自分の隠されたもっとも私的な部分である性器が他人に勝手にムキ出しにされ侵入され使用されたということで、あたかも他人の所有物になり、不潔なものになってしまったかのように感じられるということのようである。そして、それ以後は、他人のものになった穢れたものを守る気がしないからか、嫌で嫌でたまらないのに、男が求めてくると、断ろうと思えば断れることが頭ではわかっていても、どういうわけか断るエネルギーが湧いてこず（そういうとき、Ｎｏと言うのは大変なエネルギーが要るが、Ｙｅｓと言うのはまったくラクだと、ある女の子が言っていた）、無気力・無抵抗に「やられて」しまい、そのままにその後もずっと「やられ」続けてしまう。要するに、彼女たちは、強姦されたということで惨めな気持ちになり、自己嫌悪に陥り、自己評価が底抜けに低くなってしまい、そのため、強姦した男が威圧的な態度で当然の権利のようにまた性交を強いてくると、それに彼女たちの低い自己評価が迎合して自動的に股を開いてしまう……ということのようである。

そして、そう思う一方では、矛盾しているが、自分の人生に強姦されたという恥辱の一ページがあってはならないという気が働き、また、こんないい人（と今の今まで思っていた）が強姦などするはずがないという思いもあり、彼女たちは、強姦された直後しばらくは、自己欺瞞もしくは現実否認に陥り、次のように考えるようである。すなわち、わたしは強姦されたのではないのだ、わたしは強姦されるような愚かな女ではないのだ、彼が好きで彼と関係をもちたくてわざとスキを見せ、彼を誘ったのだ、彼もわたしを愛してくれていて、そのため、わたしと結ばれたかったのだ、これから彼と愛し合う楽しい関係を築いてゆくことができないことはないのだ、そこにしかわたしが救われる道はないのだ、彼との性交も今のところ苦痛なだけであまり気が進まないが、がまんしてつづけていればそのうちよくなってくるに違いない、と。彼女たちはこのようなことを漠然と考えて、そういうことからも、彼が性交を求めてくると断れないのだそうである。

強姦された女のこのような自己欺瞞が、強姦した男のこれは強姦ではない、和姦だったという言い逃れと共鳴する。このように、加害者と被害者が同じ自己欺瞞を共有するというのはよくあることで、児童虐待の場合も、親は虐待したことを否認し、子は虐待されたことを否認することが多い。このように親と子がともに虐待の事実を否認しても、それぞれの自己欺瞞の動機は親と子でまったく違うように、強姦の場合も、そのあと男と女がともに強姦の事実を否認したとしても、その動機はまったく違うのである。

すなわち、強姦されたあと自己欺瞞し、一回でも合意の性交に応じると、そのことを正当化する論理が彼女たちのなかにできてしまうので、そのあと彼女たちが思い直して彼の要求を断れるようになるためには、その正当化を覆す根拠が必要であって、そのためには、これまで彼の要求を受け入れたことは間違いであったと判断しなければならないが、そう判断するためには、彼に最初に「やられ」、そのあとも「やられた」自分の存在のあり方を全否定しなければならず、そのようなことをすれば、彼と何とかうまくやってゆけるかもしれないということで保っている自我が崩れてしまう。また、彼との最初の性交が強姦であったことを認めると、自分という女は、あろうことか、強姦した男についてゆき、彼に気に入られるために身を任せ続けるという卑屈極まりない屈辱的なことをした女であることを認めなければならなくなり、今後、自分という存在に誇りをもてなくなり、そのことでも自我が崩れてしまう。自尊心を保ち、自我を崩すまいとして、しばらくは自己欺瞞を続け、最初の強姦は強姦でなく、そのあとの性交も自分が進んで求めたことだとせざるを得ないのである。

男が強姦し女が強姦されたあと、女が一時的にせよ自己欺瞞にすがり、彼との関係を何とかうまくもってゆこうとする気持ちになるのは、以上のように考えればわからないでもないが、男が強姦したことで彼女との関係がそれでおしまいになったとは思わず、逆にむしろ勝ち誇ってこれで彼女を自分のものにしたかのように思うことができるのは、あまりにも女を甘く見過ぎているとしか考えられない。さきにあげたＪ・マックウェラー『レイプ《強姦》異常社会の研究』にも、男が強姦したあと、平気な顔で次のデートを申し込んできたので、女が怒り狂う例が出ているが、強姦に関する男と女の認識には非常に大きなズレがあるということであろう。

加害者の自己欺瞞は、本人には何の不都合もないので、そのまま持続するが、被害者の自己欺瞞はそのうち遅かれ早かれ破綻する。強姦されたというのはまぎれもない事実で、彼女たちの心のどこかではその事実を知っているのだから、彼女たちがいくら意識的に否認しようとしても、その事実は否応なく浮かび上がってくるし、どれほど彼と性交を繰り返しても、強姦されて始まった性関係が「そのうちよくなる」なんてことは有り得ない。それは、彼女たちの側が記憶を消すことができず、気持ちの切り替えができないからであるが、強姦するような男はそのあとも女の気持ちを無視した勝手な性交を強いることとしか思いつかないからでもある。彼女たちは、初めは彼との関係を失うまいとして強姦された屈辱感と恨みを抑圧するかもしれないが、そのうち屈辱感が噴き出してきて、性交するどころか、彼の顔を見るのも嫌になる。ただ、そうなるのは強姦された直後からではなくて、しばらく迷い悩んでさらに何回か嫌な性交を「された」あとからだったということが彼女の傷をなおさら深くする。結局、強姦で始まった関係は、もし仮に二人が意識的にはともに何とか続けて良好な関係に持ってゆこうと望み、努力したとしても、不可避的に破綻するのである。そして、彼女たちは、彼との関係が切れ解放されたあとも、なかなか傷は癒えず、強姦されたこともさることながら、それよりも慚愧《ざんき》に堪えず繰り返し心が切り刻まれる思いがするのは、そのあと、嫌で嫌でたまらなかったのに、売春婦でも慰安婦でもないのに、がまんして何回も十何回も性交に応じたことで、なぜ断らなかったのか、断れなかったのか、といつまでも自分を責め続けたそうである。暴力的に犯された最初の強姦についても、どうして防げなかったのか、あのときああしていれば、こうしていれば強姦されずにすんだのではないかなどと何度もクヨクヨと思い返すが、それ以上に、そのあと続いた性交について思い悩むようである。それは少なくとも一応は合意の上のことだったので、拒否しようと思えば間違いなく拒否できたはずだと思えるからである。ベッドに呼びつけられてこれから性交「され」ようとするとき、自分がいかに惨めな気持ちであったかがときおりマザマザと思い出され、断らなかった自分が情けなく、その記憶が消えないとのことであった。

強姦された彼女たちのなかに、絶望的な気持ちに襲われ、彼から逃げ出したあとしばらくのあいだ、周りにいたやりたがっていそうな男たちを次から次と誘ってやりまくったというか、やられまくった子がいた。もちろん、それらの男たちとのセックスは全然楽しくなく、苦痛で屈辱的であったが、彼女は、他の男たちと屈辱的セックスを重ねることによって、あの男に強姦された屈辱を中和するというか、多くの屈辱の一つにして薄めようとしていたかのようであった。また、そのようなやりたくもないセックスをやりまくったのは、なぜ男は女が嫌がっているのに無理やり犯すというようなことをするのかということがどうしても腑に落ちず、男の性欲というものはどうなっているのかということを何とか理解したいという気もあったとのことである。

わたしが、女でもないのに、強姦された女の子たちの気持ちをいささかなりと知っているのを不思議に思う人がいるかもしれないが、彼女たちが話してくれたのである。彼女たちは、当然、ひどいショックを受ける。しかし、恥ずかしいのでめったな人にはしゃべらないが、その経験を自分独りでは背負いきれず、是非とも誰かに聞いてもらいたいという気持ちを抑えるのは難しかったそうである。わたしがなぜ、しゃべる相手に選ばれたのかはわからないが、彼女たちは、しゃべり始めると、ときには堰を切ったかのようにやけに詳しく具体的にとめどなくしゃべるのであった。しゃべると、気がいくらか楽になったそうである。そのあと、友達に同じく強姦された女の子がいて、わたしのことを聞いて、わたしのところにきて、その話をしてくれたこともあった。もちろん、わたしはどうすることもできず、ただ話を聞いているだけであった。

ところで、強姦されたりするのは、なよなよとした、いかにも弱そうな女の子であろうと思うかもしれないが、あにはからんや、そうとは限らないのである。知的で、しっかりしている感じで、喧嘩でも議論でも決して男に負けていないような活動的・積極的な女の子がかえってそういう目に遭うようである。彼女たちは、何かの（政治的・文化的・芸術的・演劇的などの）活動に加わり、男の子たちと同じようにどこへでも出掛けて行き、物怖じせず誰とでも親しくなったり、時間を気にせずみんなと一緒に夜遅くまで遊んだり酒を飲んだりして、男に無警戒なためか何のためかは知らないが、思いも寄らぬときにスキを突かれて男に犯されてしまう。犯されると、どういうわけか、とたんに弱くなり、これまで述べてきたようなことになってしまうらしいのである。「女なんて強そうなことを言っていても、やってしまえばこっちのものよ」という、女を馬鹿にした男の発言が的を射ているかのようである。それはなぜか、わたしはいまだによくわからない。

彼女たちは、意識的には男たちと対等なつもりで、男たちと同じように活動的・積極的に振る舞っているのであるが、それは無理してがんばっているに過ぎず、自分の身体・性器が男の勝手な恣意的使用に供せられるのを不思議に思わないような、男への服従的態度は大昔からの文化的伝統としていわば「古層」のように女の心に深く刻み込まれており、強姦されるというような圧倒的で野蛮な男の力を見せつけられる事件に遭遇すると、その「古層」が蘇り、意識の表面の理性的判断力なんかは麻痺してしまって、女は無条件に男の言いなりになる奴隷になってしまうのではないか、というような解釈は成り立つであろうか。

それとも、女は男の言いなりになるのが当然で、そうすることで女は幸福になれるというような性差別的共同幻想がいまだに強く人類文化に残っており、現代においても、女は女として育てられる過程でそういう共同幻想を知らず知らずのうちにいつの間にか身につけてしまうため、成長して男女平等や女性の権利のことを教えられても、そうしたことは上っ面の観念に過ぎず、何か危機的な場面に直面すると、根っこにある共同幻想に支配されてしまうのであろうか。

強姦されたあと、もちろん一部であろうが、強姦した男との性交に応じる女がいるのが不思議で不思議で、以上のようにでも考えなければ、理解できない。いずれにせよ、日本ではアメリカと比べると強姦事件は非常に少ないとのことであるが、しかし、一般に思われているよりはかなり多いのではないかというのがわたしの印象である。もちろん、単なる印象に過ぎないが……。

強姦された女たちの復讐

彼女たちは、強姦されたあと、何回か十何回か、強姦した男と性交し、そのあと、例外なく彼女たちのほうから男との関係を切っているが、強姦されたあとの性交は彼女たちが強姦されたショックで不本意ながら男に引きずられたためであろう、しばらくはがまんするが、そのうち耐えられなくなって彼女たちのほうから逃げ出したのであろうというのが、彼女たちの話から推測したわたしの見方であったが、ある女の子（わたしのゼミの卒業生）はそうではないのではないかと言う。この女の子を仮にA子とする。A子によると、彼女たちは強姦された屈辱に対して復讐しているのではないか、と。すなわち、見知らぬ女を襲う暴漢と違い、ある程度親しい女を男が強姦するのは、強姦することによって女を力によって「もの」にし所有し支配したいからで、強姦された女は、そこにつけ込んで、あたかも男の希望に添うかのように見せかけて性関係を続け、男が女の所有と支配を確実にしたと安心した瞬間、男を棄て、男に屈辱を味わわせるのではないか、と。強姦された女は、「女なんて強そうなことを言っていても、やってしまえばこっちのものよ」と思っている傲慢な男、強姦された女がどういう気持ちになるかに思い及ばない鈍感な男を決して許さないのだ、と。恨みを忘れることはなく、恨みを晴らさずに済ますことはない、と。強姦されてすぐ男から逃げ出さないのは、男への未練に引きずられてのことではなく、すぐ逃げ出せば復讐するチャンスがなくなるからであって、そのあいだ嫌々ながら男との性交に応じるのは、強いられて男の快楽のための餌食になっているかのようであるが、実は、あえて嫌がって決して男との性交を楽しんでいないこと、いくらされても決して「イク」ことはないこと、セックスに身を入れていないことを男に示し、「イク」ことのない「冷たい」女の上に乗って馬鹿みたいに腰を使って「励んでいる」男を冷静に観察し嘲笑しているのである、と。

そう言われてみれば、そうかもしれない。実際、強姦された彼女たちのうちの一人が妻帯者についスキを突かれて強姦されたのだが、「こういうことをしたのは、君を愛しているからだ、どうしても君が欲しかったからだ」と言う彼の言を盾に取って、彼とのわたしに語ってくれたことによると、彼女は、処女のとき、親しく付き合っていたある嫌な性交に応じつつ（性交「されている」あいだ、彼女は下から彼の顔を憎しみの目で睨み続けていたそうである）、彼に結婚を迫って妻と別れさせ、彼が彼女と再婚するつもりになっていろいろ準備し始めたとたん、彼を棄てた、と。彼はびっくりして「別れたくない」と彼女にしがみついてきたが、彼女は冷たく突き放した、と。

彼女には、A子の解釈が当たっているのではないかと思われる。彼女の話をわたしから聞いて、A子は、結婚するつもりになっている彼を棄てたとき、彼女は「ざまあ、見やがれ」と、ほくそ笑んだに違いない、処女を強姦しておいてその女が自分を愛して結婚してくれると本気で信じることができる男を馬鹿にしていたに違いない、と言っていた。何はともあれ、A子によると、女たちは男にいいようにあしらわれているかのように見えても、そう見えるだけであって、女たちは男が思っているほど「純情」でも「弱い」わけでもなく、結構したたかなのだそうである。A子の見方が当たっているかどうかわからないが、大いに納得させられるところがある。

鷺沢萠「記憶」

鷺沢萠の「記憶」(『失恋』所収、二〇〇四、新潮文庫)という作品は、男から何かの利益を得るどころか逆に献身的に貢ぎ、自分は性的満足を得ることがないのに男の性的満足のために卑屈に奉仕し、馬鹿にされながら男から離れられない女を描いた作品で、強姦された女の話ではないが、以上の見方を適用すると、ヒロインの長谷樹子の行動は次のように理解できる。樹子は、北沢政人に便利な女として利用されているに過ぎないことがわかっていながら、彼に嵌まり込み、彼を失いたくないばっかりに何でも彼の言いなりになる。どんなに差し迫った重要な仕事があっても彼に呼ばれれば彼のところに飛んで行き、彼の性欲を満足させるためだけの、終わるたびに身を切られるような惨めさと虚しさを感じなければならないようなセックスに付き合わされ、頼まれると決して断らず自分の車で彼をどこへでも送り届け、彼に女がいるのを知っていて知らぬふりをする。彼はますます図に乗る。樹子は彼と別れるべきだと思うが、自分を彼に忘れられない記憶として残すようなことをするまでは別れられない。樹子はついにそれを思いつく。それは、彼が樹子の好まないフェラチオをさせて口内射精をしたとき、そのあと、キスするふりをして彼の口に精液を戻すことであった。彼は「洗面所を目指して駆け出し」た。そのあと、樹子は彼と別れる決心がつく。彼に連絡しないし、彼からの留守電に答えないのであった。

この作品を素直に読めば、樹子は政人にぞっこん惚れ込み、惚れた弱みにつけ込まれて彼にさんざん馬鹿にされ利用され、しばらくはがまんしたが、ますます図に乗られて腹を立て、ついに彼を侮辱する形で彼を棄てざるを得なかったわけで、樹子は受け身の被害者に過ぎないということになろう。作者の鷺沢萠がどこまで考えていたかは知らないが、女というものは男に惚れて利用されて怒って別れるという「純情な」生き物ではなく、さっきのAさんが言うように、けっこうしたたかな存在だとすれば、この作品にはもう一つ別の筋書きが見えてくる。樹子は父親に過度に保護され、欲しくもない高価なものを買い与えられ、父親を重荷に感じていた。父親が樹子を過度に保護するのは、樹子を愛しているからではなくて、彼の都合のためであった。樹子は父親を憎んでいた。樹子が政人に近づいたのは、政人に惚れたからではなく、政人を父親の身代わりとして父親への恨みを晴らすためであった。樹子は、父親に押しつけられた高価なものを政人のために惜しげもなく投げ捨てて無駄な使い方をするが、それは、愛する政人に尽くしているのではなく、父親がくれたものを有効に活用するのではなく、無意味に乱費するということで父親への憎しみを表していた。樹子は、初め政人を愛していたが、彼が樹子を利用しているだけのエゴイストであることに気づいて彼を憎むようになったのではなく、初めから、彼が父親と同じように樹子を愛していないエゴイストであることを知っていて彼を選んだのであり、初めから父親代理としての彼を憎んでいた。樹子が政人の言いなりに利用されたのは、樹子を利用する父親と樹子との関係のパターンを、樹子を利用する政人と樹子との関係に再現し、政人に復讐する形で父親に復讐するためであった。樹子が政人に執着したのは、復讐する機会を待っていたのであって、彼を愛していたからではない。むしろ、政人が樹子の復讐プランの被害者である、と。女をなめてはいけない。甘く見てはいけない。女は、差別される長い歴史のなかで、男にいいようにあしらわれているかのように見せながら、実は男を誑《たぶらか》す術を学んできたのである、と。しかし、樹子は政人を誑して復讐したとしても、それはあまりにも弱々しい復讐だとしかわたしには思えないが……。

男の性欲の衝動性

男がなぜ強姦したがるかについては、すでに述べたが、つけ加えると、強姦という行動の背景には、男の性欲の衝動性という神話があるのではないかと思われる。男の性欲は衝動的であって、ある限度を超えると、本人の自制が利かないとか、男は性欲をがまんできず、一日に一回か、または少なくとも、何日かに一回は性交して射精しなければならない生理的必要があるという神話である。「男にはやりたくてやりたくてたまらないときがある」ということが言われる。確かにそういうときがあるかもしれないが、しかし、やりたくてやりたくてたまらない男というのは、性本能とやらのためにそうなっているのではない。そういう男は、ある種の文化によってそのようにつくられているか、または、それが「男らしい」というわけで、男はそうだとされているのである（近頃はあまりセックスをやりたがらない男が増えていると聞くが、このことも性欲は、強かろうが弱かろうが、性本能とはかかわりがないことを示している）。それは、敵愾心に燃え、戦いたくて戦いたくてたまらない兵士が、闘争本能とやらのせいではなく、ある種の文化において、ある社会的条件のもとに出現するのと同じである。

男の性欲の衝動性ばかり語られるが、いくらか程度は弱いかもしれないが、女だって同じなのである。突然ムラムラして「やりたくてやりたくてたまらなくて」、どこかに女に飢えていてすぐ「やってくれる」男はいないかと街をうろついてみたり、ストリップ劇場なら客にそういう飢えた男がいるに違いないと探してみようとしたという女の子がいた。わたしは、セックスするとき女は裸になり、無防備になるから、そして、一般に男は女より腕力が強いから、見知らぬ男とホテルの密室へ入るのは危険だ、そんなことは止めておいたほうがいい、と助言した。そのためかどうか、彼女は実行しなかったが、「衝動的性欲」があるのは男ばかりではない。ただ、女には性欲がないという偏見のせいなのかどうかは知らないが、そういうのは「女らしく」ないので、あっても例外中の例外だとされ、あまり語られないし、信じられないようである。しかし、男の性欲を安価で簡単に満たしてくれる男用の風俗店と同じような女用の風俗店があちこちにあればいいというのは、近頃の女の子たち（もちろん、一部であろうが）の隠れた願望である。

街角で見知らぬ男に誘われてホテルへ行くことをそれほど危険なことだとは思っていないらしい女の子もいる。ある女の子が、あれこれ雑談していて何気なくこの前、渋谷の街角で見知らぬ男に誘われ、何となくその気になってラヴホテルへ行った話をし始めた。そのあと別れ際に、彼女は彼に電話番号を教えたが、彼は教えてくれなかったので、彼に不信を抱き、二度目の誘いは断ったそうである。彼女は頭がよくて話も面白く一緒にいて楽しいなかなか可愛らしい女の子で、わたしはこういう子とやれたらいいなあと空想したことはあるが、そのようなことを承知しそうな子には見えず、とてもダメだろうと思ってあきらめ、二人で飲みに行ったことがあるぐらいで、それ以上のことは何もしなかった。この話を聞いて、わたしは何もしていないことが口惜しかったのか、「この子が……」とショックを受け、彼女が見知らぬ男とラヴホテルでセックスしているシーンが何日か目の前にちらついてよく眠れなかったことがある。女の子が見知らぬ男について行って殺される事件がときにあるので、わたしなどは危険だと思うのであるが、交通事故で死ぬ事件があっても人々が車に乗るのを止めないように、見知らぬ男について行く女の子もいるということであろうか。

溜まった精液を排泄する

強姦に話を戻すと、強姦する男は性本能とやらの衝動に駆られて強姦するのではなく、男の性欲の衝動性の神話によって強姦を正当化して強姦するのであり、強姦の発生率が文化によって非常に異なることからもわかるように（いささか古いが、国連広報センターの発表によれば、一九八六年度の人口一〇〇〇人当りの強姦の届出数は、米加仏波日の五カ国の比較で、一位がアメリカで九〇・四人、二位はカナダで二〇・五人、三位はフランスで二・九人、四位はポーランドで一・九人、日本は五位で一・八人であった）、強姦には、それを是認しないまでも許容する文化的背景がある。言うまでもなく、この神話は大嘘である。膀胱には時間とともにじりじりと尿が溜まり、ときどき排泄する必要があり、ある限度以上がまんすると膀胱が破裂して死んでしまうが、精液に関してこのようなことはない。この神話は、男の性欲を本能と見なし、精嚢に溜まった精液を膀胱に溜まった尿との類比で考えているのであろうが、そのように考えれば、男の性欲は「処理する」必要のあるものとなり、強姦と、そして買春は止むを得ないこととして正当化される。女が強姦の被害者になると、胸のふくらみを強調したブラウスなんか着ているから、太股をさらしたミニスカートなんか穿いているからいけないんだ、欲情を刺激された男ががまんできなかったのは無理もないと非難されたり、良家の子女の純潔を守るために必要だということで売春制度が正当化されたり、軍の規律を守るために従軍慰安婦が必要だとされたりするのは、この神話を前提としている。

実際、性交が一定期間に一定回数行わなければならない本能的行為と認められれば、セックス好きの男にとってこれほど好都合なことはない。他方では女の性欲はないことになっているから、女は、一方的に男のがまんできない性欲を満足させるために、それを「処理する」ために身体を提供する義務を負っていることになる。夫や恋人に対して定期的にこの義務を果たさない女は、空腹の子にめしを食べさせない親と同じで、彼のやむにやまれぬ欲望を無視したわけだから、彼に自分が強姦されても、売春婦を買われても、浮気されても仕方がないということになる。そのほか、射精を排尿と同じようなものと見なすこの類比には、明らかに女性蔑視が含意されている。誰にでもすぐ「やらせる」女を侮蔑的に「公衆便所」と呼んだりするが、この類比に従えば、女性器は溜まった精液を排泄する便所ということになるからである。それなら、貞節な妻や恋人の性器は「専用便所」なのであろうか。

橘由子は『ほんとうに、このままでいいの?』(一九九四、大和書房)のなかで、性関係においては上半身のセックスが大切であると説いている。男がキスとかオッパイの愛撫とかの上半身のセックスを面倒くさがるようになり、もっぱら下半身のセックス、すなわち膣への挿入と射精しかしないようになったら、それは、夫婦関係なら、セックスレスの始まりであり、恋愛関係や不倫関係なら、女は情事を打ち切って男と別れたほうがいいのではないか、と彼女は言う。要するに、下半身のセックスにしか関心がない男は女を精液排泄用の「便所」と見なしているということであろう。

強姦されたとき

何はともあれ、強姦されてしまったとき、女は強姦された屈辱をどうすればいいであろうか。松浦理英子は、「強姦を『言葉では表せない極限の暴力、差別、犯罪』というような紋切り型でしか捉えていない『無邪気』な人々」を批判し、「フェミニストも、レイプは女性に対する最大の侮辱であるなんて言わないで、（中略）そんなことは何でもないって、もっと言っていくべきだと思う」「『レイプは女性に対する最大の侮辱』とは、私は口が裂けても強姦されて膣が裂けても言いたくない」「たとえ強姦されても、殴られ縛られ輪姦され鶏姦され（中略）エイズをうつされても、命さえ無事ならば私は、『それでも女はくたばらない』と不敵に笑うことを誓う」（『朝日ジャーナル』一九九二年三月一三日号および四月一七日号）などと発言している。強姦される女の屈辱感こそ強姦する男たちの狙いなのだから、彼らの狙いに嵌まってはならないということであろう。実際、彼らに対して「レイプは女性に対する最大の侮辱」と叫ぶことは、強姦によって彼らの目的が遂げられることを保証してやるようなものである。

わたしも、昔、大学の講義で「強姦されそうになったら、股を広げてニタニタ笑い、はい、どうぞ、しっかりがんばって、と言えばいいんじゃないか。そうすれば、男はペニスが萎えて強姦できなくなるんじゃないか」と言ったことがあるが、女子学生たちに「それで本当に強姦されてしまったらどうするんですか。それに、強姦されそうになったとき、女の子にニタニタ笑う余裕などありますか。無責任なことを言わないでください」などと抗議された。しかし、強姦するような男は、道義心や同情に訴えてもムダなことは明らかであり、腕力で押しのけることもできず、抵抗してあがけばますます彼を興奮させ喜ばせることにしかならないとすれば、わたしの言う方法ぐらいしか、犯されるのを避けることがいささかでも望み得る方法はないのではなかろうか（しかしもちろん、女の子が強姦されそうになったとき、この方法で強姦されるのを免れることができた具体例は一つも知らない）。いずれにせよ、強姦する男が興奮する条件である、女を侮辱しようとする狙いをはずすことを考えている点では、松浦理英子とわたしは同じであるようである。

売春・マッサージ・セラピー

また、上野千鶴子（『発情装置』）は、性交が人格と結びついていて、性交されることが人格を犯されることを意味するために、女にとって性労働（売春）が屈辱的になるのであるから、性労働から社会的スティグマを拭い去るために、性交と人格とを切り離し、性交を望んでいる相手に応じて性交させてやる仕事を、客の凝った肩をもみほぐすマッサージの仕事と同じようなサービス業とすることを考えているようである。買春する男の多くは、性交によって女を侮辱するといった幻想に基づいて買春するのであるから（もちろん、男が買春する動機はそれだけではないが）、女が性交したがる客に性交させる仕事をマッサージと同じような仕事と考えていれば、その幻想を打ち砕かれ、その種の男は買春する気を失うかもしれない。

アメリカではすでに、売春婦としてではなく、セラピストやカウンセラーのように、不能症の治療士の資格で治療行為の一環として男の患者と性交する女のセックスワーカーが存在しているし、心を和らげ、治療効果があるとして性交を望む女の患者と性交する男のセラピストもいるようであるが、売春もそのような事務的な仕事になればいいというわけである。実際、売春婦たちの話を聞くと、客のなかには、お金を払ったのだから何をしてもいいと思っているのか、ひどく侮辱的なことをする者もいるし、ただ射精しにきただけのような者もいるが、性交が第一目的ではなく、セックスはそっちのけで愚痴を言ったりして、やさしく慰めてもらいたいためにきているかのような者もいて、ときには、セラピストのような役をやることになるそうである。看護師から風俗嬢に転職する者がわりといると聞くが、両者の仕事に共通点があるからであろう。売春婦とセラピストとの境界もボヤけてきているようである。確かに、性交が人格と切り離され、売春がマッサージ師やセラピストの仕事と同じようなサービス業になれば、売春は何ら屈辱的なことではなくなるであろう。また、強姦されて怪我をしても、殴られたか蹴られたかして手か足かどこかに怪我をしたのと同じような単なる傷害となるであろう。

ここで、松浦理英子的な言い方を売買春に転用すれば、売春婦の屈辱感こそ一部の買春する男たちの狙いなのだから、売春婦が売春を屈辱だと感じなくなれば、また、世間が売春を賤業・醜業として軽蔑することを止めれば、すなわち、上野千鶴子が言うように、売春が普通の女がする普通の仕事になれば、売買春問題の解決は大いに進むのではなかろうか。軽蔑していい賤業婦・醜業婦を抱いているということで興奮する男たちが一部にいることは確かで、したがって、世間で売春婦が賤業婦・醜業婦として軽蔑されていれば、その種の男たちは、ますます買春に魅力を感じ、売春婦に高い金を払う気になるのではないかと考えられる。その結果、売春によって高収入が得られることになり、高収入に釣られたある種の女が売春婦になるというような悪循環が起こるのではないかと思われる。

買春する男たちのなかに、女を侮辱することが買春の狙いである男がどのぐらいの割合いるかは知らないが、売春がマッサージのようなサービス業になれば、そういう男たちは排除され、マッサージのようなサービスを受けたい男たちだけが客になるから、買春する男は減少し、それと同時に、売春のタブーが薄れて売春する女は増えるであろうから、売買春の料金はマッサージ並みに安くなるであろう。またそれと同時に、売買春がひっくり返って、売春する男、買春する女の数も増えて、売春する女、買春する男の数にだんだん追いついてゆくとも考えられるが、どうであろうか。男の性欲と女の性欲とは非対称的なので、なかなかそうはならないと思うが……。そのようになれば、売買春にある種の幻想を抱き、売買春の世界に耽溺して大いに楽しんでいるある種の男たちは、幻想を打ち砕かれて幻滅の悲哀を感じ、人生がつまらなくなるかもしれないが、売買春に絡む多くの悲劇も減少するのではなかろうか。売買春と普通の性交との境界がなくなって、売買春はだんだんと消えてゆくのではなかろうか。惚れた弱みというか、セックスしようというとき、男女どちらか、よりやりたいほう、あるいは、そのときよりお金の余裕があるほうが多くコストを負担するぐらいのところに収まるのではなかろうか。

これはわたしの希望的観測であって、実際には、セックスしたくても相手に恵まれず、しかしお金はある男（または女）と、相手が好きでなくてもセックスしたくなくてもセックスすることに抵抗がなく、ただお金が欲しい女（または男）とが出会って売買春するということはなくならないのではないかと思われる。また確かに現実には、お金が欲しい女の弱みにつけ込んで「獣欲」を満たすスケベオヤジとか、幻想の女を追い求める男の弱みにつけ込んで大金を搾り取るのが巧みな女とか、対等な取引ではなく、どちらかが一方的に相手を搾取しているように見える売買春もある。わたしとしては、性交にお金を絡ませるのは趣味に合わないが、しかし、一人前の男と一人前の女が合意の上で対等な取引として売買春をするのなら、それは二人の勝手であって、傍らからとやかく言うことはないと思っている。

テレビタレントや映画・舞台女優や歌手などをめざす女の子は売春の誘惑にさらされているとのことである。その世界にいたある女の子の話によると、そういう「卵」たちの世界には、どこからか、卵が孵《かえ》るまで世話しようというお金持ちの「足長おじさん」の話が聞こえてくるそうである。その話に乗って、その「おじさん」の愛人を務めると、そのあいだ生活をみてくれるそうである。こういう場合、有名になる希望を抱いて田舎から都会に出てきて生活費に困っている女の子の弱みに男がつけ込んでいるとも言えるし、誰にも相手にしてもらえないで性に飢えている哀れな老人の弱みに女がつけ込んでいるとも言えるし、どうであろうか。女の子が「おじさん」を利用してタレントなり女優なりになることに成功すればいいけれど、「おじさん」の性的満足のための道具に使われて、使われ放しになることのほうが多いと思うが、それでもいいのであろうか。おたがいに納得して取引するのなら、それでいいではないかとも思うが、何だかいじましい気もする。

男のために発明された製品

「女」とは、はっきり言えば、男の肉欲ないし性欲を満足させるために発明された人類文化の奇妙な製品なのである（子育てのためには、「母」という別の製品が用意されている）。『旧約聖書』の「創世記」によれば、神は「人がひとりでいるのはよくない。彼のために、ふさわしい助け手を造ろう」と言い……、人を深く眠らせ、眠ったときに、そのあばら骨の一つを取って……、人から取ったあばら骨でひとりの女を造り、人のところへ連れてこられた、ということになっている。すなわち、女は男のために造られたわけで、この話は、人類の男と女の生物学的起源の説明だとすれば荒唐無稽であるが（生物学的には、雄は雌のあとに、雌の付属物としてつくられたらしいから）、男の付属物としての女という製品の文化的起源の説明だとすれば、どこもおかしいところはない。人類文化において、「女」が男のために発明された製品であることは、古くは中国の纏足《てんそく》、西欧のコルセット、現在では豊胸手術や美容整形のように、男の性欲をいっそう刺激するように女の身体を改良する試みが絶えないことからもわかるであろう。

性関係において、女が身につける下着や、女の身体の装い方についていろいろ注文をつける男がいるが、そういう男は、女が男のためにつくられた製品であるという文化的伝統の延長線上にある男であろう。彼は、性差別文化において製造された「女」という一般製品では飽きたらず、それにいろいろ自分好みの趣向をつけ加えたオーダーメイドの「女」を誂《あつら》えているのである。彼は、特定の女個人を求めているのではなく、自分の好みのイメージに合った「製品」を求めているのであって、そこから外れた女には魅力を感じないのである。

たとえば、これからセックスをしようというとき、女が一定の髪形をしているとか、髪が乱れているとか、眼鏡を掛けているとか、女が目隠しをされているとか、紐で縛られているとかが性的興奮を感じる不可欠の条件である男がいる。とくに、女に目隠しをしたり、女を紐で縛ったりするのは、女から「視線」「能動性」「主体性」を奪い、女を「もの」化する操作であって、そのようなことをする男は、女を自分が任意に使える無抵抗な性的道具に貶《おとし》めないとペニスが勃起しないのであろう。

女としては、目隠しさえすれば、彼は興奮してくれるのだから、そして、興奮してくれなければ彼とセックスできないのだから、それぐらいのことはしてやってもいいと思うかもしれないが、問題は、彼にとって、彼女との個人的・情緒的関係よりも彼女が目隠しをしていることのほうが重要であって、もし彼女がそれを拒否すれば、彼は、彼女より、何の個人的・情緒的関係がなくても、そうしてくれる女のほうを選ぶであろうということ、つまり、彼が求めているのは彼女自身ではないかもしれないということである。性差別文化のなかで育った男の性欲は、しばしば、相手の女その人にではなく、あるイメージ、あるパターンに向くような構造になっている。それは、女の側で言えば、売春婦が、長年のなじみ客でも、お金を払ってくれなくなれば、彼を袖にして、お金を払ってくれる新しい男のほうを客に選ぶのと同じ構造である。売春婦は、客の男その人とではなく、金銭支払い機とセックスするのである。また、客も女性器一般を使うだけ、言い換えれば、射精用の穴として誰のでもいい膣を使うだけであって、売春婦その人とセックスするわけではないのだから、お互い様ではあるが、何という哀れなセックスであろうか。

売買春はそういう前提で成り立っているのだから、それはそれでいいであろうが、売春婦でない普通の女にとって、あるイメージに興奮するそのような男との「恋愛」関係、性関係はつまらないというか、味気ないのではなかろうか。彼との性交は、彼のお気に入りのオナニー用の道具として彼女の身体を彼に提供し、一方的に使われるようなものだから。

しかし、それがわかっていて、その「使われる」というのが面白いというのなら、話は別である。それなら、女は演技として敢えて自分を「もの」に貶めて楽しむのであり、単に男に道具として使われるわけではない。これがいわゆるマゾヒズムであると考えられる。マゾヒズムとは、屈辱的事態に陥ったとき、屈辱を受動的に受け入れ、耐え忍ぶのではなくて、屈辱から離れたところに自我をおき、自我から屈辱を捉え返し、操作して自我の支配下におこうとする企てである。この企てによって、屈辱を克服することはできないけれども、屈辱から距離をおき、屈辱を免れたような気になることはできる。女のマゾヒズムとは、男との関係において、女を「もの」化して魅力的な製品にしあげて使おうとする男に迎合し、服従するかのように見せながら、その関係を逆転し、場面の支配権を握ろうとする女の一つの策略とも考えられる。

マゾヒズムの問題

フロイドはマゾヒズムに関して（1）性感的（2）女性的（3）道徳的の三つの形態を区別したが、女性的マゾヒズムは女の本質（Wesen）の一表現であるとされている（S. Freud, *Das ökonomische Problem des Masochismus* in Gesammelte Werke XIII.）。この「本質」という言葉をどう解していいかよくわからないが、いずれにせよ、自分を傷つけ苦しめ貶めるかのようなマゾヒズムが本能だというようなことはあり得ないわけで、フロイドのこの見解は、女というものはつくられるものであって、つくられるものとしての女の役割には性交において男に犯される屈辱を引き受けることが含まれているのだから、「女」になるためにはその本質にある程度のマゾヒズムを組み込まざるを得ないという意味だとしか考えられない。この屈辱を引き受けるのを拒否した者は女になれないのである。生物学的本能であるはずのないマゾヒズムをその本質に組み込まなければ、女になれないということは、言い換えれば、女とは、動物の雌と違って、生物学的存在ではないということである。

フロイドのマゾヒズム論をふまえて、ここでマゾヒズムとは何かという問題を考えてみよう。まず、一次的マゾヒズムと二次的マゾヒズムとを区別する必要がある。フロイドは女性的マゾヒズムということを言ったが、もちろん、マゾヒズムは女にだけ見られるのではない。程度の差はあるが、生物学的本能ではあり得ないマゾヒズムは男にも女にも普遍的に見られる。このことは、マゾヒズムが、動物にはないが、人類には共通な普遍的条件に起因していることを示している。すなわち、人間は無知無能な未熟児として生まれ、長期間、親に依存し、親の世話にならなければならないという条件である。それは、絶対的支配者と無力な服従者との関係である。個人の最初の人格は不可避的にこの形の関係に適応する形に形成される。最初の関係で形成されたこの層は人格の基層として一生持続する。これが一次的マゾヒズムである。一次的マゾヒズムとは、人間が普遍的に経験する最初の人間関係の形、すなわち、絶対的支配者に服従する無力な依存者という屈辱的な形に適応して形成された性格傾向である。

親は子を多かれ少なかれ支配せざるを得ないが、親にも、子をいつまでも強引に支配したがるのや、なるべく支配するのを避けようとするのや、いろいろなのがいるし、支配の形も一様ではないから、マゾヒズムもさまざまであるが、いずれにせよ、人間である限り誰でも多かれ少なかれマゾヒズムを人格の基層にもっていることは間違いない。男と女を比べた場合、文化一般としても、また親子関係においても、男より女のほうが親など、上位の者への服従を強いられるので、この傾向が強いということはあるであろう。そして、性差別文化は、男と女に共通にあるマゾヒズムに関して、とくに女のマゾヒズムを利用し、女という自然な材料をこね回して男が使いやすい魅力的な「女体」という人工物を製造しようとし、女たちがそれに多かれ少なかれ従ったので、いわゆる「女性的マゾヒズム」が成立したのであろう（念のため断っておくが、男だって「男らしい男」という人工物に嵌め込まれる。近頃は、そこに嵌め込まれまいとする男たちも増えているようであるが)。

問題は、一次的マゾヒズムが辿るその後の運命である。個人の精神発達の過程において、自我が成立するが、自我は一貫性・一体性を必要とする。その自我を支えるために、誇りというか、自尊心というか、自我の価値の根拠となるものが不可欠である。その誇りというか、自尊心はそれまでのマゾヒズムを自尊心を傷つける屈辱的な傾向として抑圧する。マゾヒズムは無意識へと追いやられる。その結果、個人の人格は、意識的には誇りを維持し、主体性を保っているが、無意識のなかにマゾヒズムを抱え込んでいるという二重構造になる。この無意識的マゾヒズムは、無意識的であるだけに、自我のコントロールが及ばず、何らかのきっかけで無意識の背後から躍り出てきて個人の行動を支配する。個人は無意識的マゾヒズムに足を掬《すく》われる。そのとき、たとえば女は、男が自分を愛しておらず、利用しているだけなのが頭ではわかっているのに、無理してお金を工面して貢ぎ、単に便利な性的対象として使われるだけなのがわかっているのに、男から声がかかると何を差し置いても彼のところに駆け付けてすぐ股を開く。そのため、彼女は男にさんざん軽んじられ、ときに「わたしは飼い主の指示通りに動く犬か」との自嘲が脳裏をかすめるのだが、男を思い切れない。あるいは、まったく無自覚でそういう自嘲すらもっていないことがある。男が冷たければ冷たいほど、女は男にしがみつく。あるいは、どこかのサディストの男に自分のマゾヒズムの匂いを嗅ぎ付けられて、そこにつけ込まれ、いいようにあしらわれたりする。

マゾヒズムは、さきに述べたように、絶対的支配者と無力な服従者との関係に適応して形成されたものであるから、のちの男との関係においてそれが再現されると、女はこのような卑屈な服従者にならざるを得ない。男の言うがままになるのは、棄てられるのではないかとの不安があるからで、その不安は、親に棄てられることが世界を失うことであった幼いときの、不安の反復に過ぎない。しかし、そのことを自覚しないうちは、男との関係においてマゾヒストの女は強迫的に男に服従せざるを得ない（もちろん、男がマゾヒストで女に服従するケースもある）。

いったん人格の基層として形成されたマゾヒズムが消滅することはないから、それを無意識へと抑圧している限り、不可避的にそういうことが起こる。それを避けるためには、マゾヒズムを抑圧から解放し、自我の意識的コントロールの下におくしかない。たとえば、セックスのときなど、パートナーとの相互了解の下に、演技として遊びとして虚実皮膜のあいだにマゾヒズムを表現して楽しむのも一つの方法であり、それはそれでいいのではないかと思う。

ついでながら言えば、このようにマゾヒズムを楽しむためには、もっとも不適切な相手は本物の倒錯者のサディストやマゾヒストである。彼らはそれぞれ自分なりのサディズムまたはマゾヒズムの固定したシナリオをもっているので、こちらのシナリオとぶつかるであろう。サディストでもマゾヒストでもない相手なら、こちらのシナリオに付き合ってくれるであろうから、うまくゆくかもしれない。アホらしいと言って付き合ってくれないかもしれないが……。いずれにせよ、セックスは、日常性から逃れて非日常性の世界に遊ぶことであるから、日常的自我に阻まれてなかなか表現できないマゾヒズムをセックスのなかで表現するのは大いに性的興奮を高める効果があるであろう。

しかし、それができるのはある程度強い自我を形成できたあとのことであって、幼くて自我が形成されたばかりで、まだ脆弱なときは、マゾヒズムを全面的に引き受けることができないから、抑圧せざるを得ないであろう。

さて、一次的マゾヒズムを抑圧した次の段階はマゾヒズムへの反動形成としてのサディズムである。フロイドの性発達図式で言えば、口唇期から肛門期への移行である。肛門期が肛門サディズム期とも呼ばれるのはそのためである。マゾヒズムと同じく、サディズムも人間に特有の現象であるが、言うまでもなく本能ではない。人間が他の動物と比べて際立って残酷で攻撃的なのはサディズムのせいであると考えられるが、それはサディズムが口唇期のマゾヒズムの屈辱に対する埋め合わせ、報復だからであり、かつて味わわされた屈辱を他者に押しつけて、自分から屈辱を振り払おうとする衝動だからである。

抑圧されたものは決して消滅せず、必ず回帰する。反動のサディズムが形成されても、マゾヒズムが消滅することはない。肛門期の自我より成長した次の段階の自我は（「成長した」と言っても、生物学的意味での自然な成長ではなく、人格全体のうち自我の領域に含まれる範囲が広くなったということである）、回帰したマゾヒズムと対決しなければならない。もちろん、マゾヒズムを完全に克服することができればそれに越したことはないが、そのようなことは不可能なのである。人格の基底にマゾヒズムは存続し、マゾヒズムに伴う屈辱感は疼き続ける。そこで形成されるのが二次的マゾヒズムである。二次的マゾヒズムとは、さっき言ったように、マゾヒズムを自我のコントロールの下におき、適宜に操作し、ある限度内にとどめることができる効果的な対策であると考えられるが、しかしまた、不可避的に被らされる、または被らされそうな屈辱をあたかもみずから求めたかのごとく自他に見せかけることによって、その際の屈辱感を薄めようとする、あるいは、ある軽い屈辱をわざわざ受けることによって別の重大な屈辱から目を逸らそうとする自我の防衛策ではないかとも考えられる。性差別文化のなかで、女は、男との関係において多かれ少なかれ劣位というか、屈辱的状態におかれ、屈辱感をもたざるを得ず、そのため、二次的マゾヒズムの策に訴えざるを得ないのである。この文化において、マゾヒズムが女の本質とされ、そして、性交は男が「やる」ことで女が「やられる」ことであるとされている限り、「女」になるためにはこのような防衛策が必要であることにフロイドは気づき、それを「女性的マゾヒズム」と呼んだのであろう。

法的差別は完全になくなったし、政治的・社会的・経済的差別もなくなりつつあるが、性交に関しての差別は、もちろんひと昔前と比べれば大いに改善されたものの、依然としてかなり残存しているようである。性交に関しての差別は男女差別の最後の砦である。性交に関する性差別文化が変わらないとすれば、女は、「やられ」犯される屈辱に甘んずるか、屈辱に反発して強迫的にやってやってやりまくるか、男にお預けを喰らわせ、じらして復讐するか、まったく拒否するかしかないのであろうか。しかし、それでは性交を楽しめないわけで、二次的マゾヒズムは、女の劣位という状況のなかで、女ができる限り屈辱を避けて性交を楽しむ一つの方法ではないかと思われる。しかし、二次的マゾヒズムは一種の逃避策・欺瞞策と言えないでもなく、それに訴えざるを得ない点において、依然として、性交は女にとっていろいろ問題を残しているように思われる。女が心おきなくとやかく言われることなく策を弄することなく性交を楽しむためにはどうすればいいであろうか。

今、一次的マゾヒズムと二次的マゾヒズムを区別したが、もちろん、両者は黒か白かにはっきりと分かれているわけではなく、マゾヒズムをどれほど抑圧しているか、どれほど自覚して自我のコントロールの下においているかに従って、一次的と二次的とのあいだにいろいろな段階のマゾヒズムがあるはずである。

第七章　母親に囚われた男たち

クリントン大統領のように

男の基本的不能を克服し、いわゆる正常な性交を求める性欲（性交欲・性器性欲）を男にもたせるため、人類の文化はいろいろな対策を講じてきた。これまで述べたように、「女」の発明、女の性的魅力の創出、女体とくに女性器の対象化・道具化・フェティッシュ化・神秘化はそうした対策であった。女を男にとって都合のいいように、使いやすいように、あるいは使いたくなるようにつくり変えるこれらの対策のほかに、男の側に働きかけ、できるだけ多く性交を行わせようとする対策もある。たとえば、「千人斬り」とか言って千人の女を征服することが男たちの憧れる偉大な業績とされていたが、もし性交が本能に基づく自然な行為であれば、業績目標を掲げて男を激励したり、業績を達成した男を称賛したりする必要はないはずである。現代の男たちはだんだんとそういう馬鹿げたことに憧れなくなっていると思うが、モニカ・ルインスキーにこれまで五百人の女と寝たと自慢したと伝えられるクリントン元大統領のように、やはりまだ大いにがんばって、千人とはゆかないまでも、何百人かの女を「征服する」男は現実にいるらしい（日本のあるAV男優は三千人の女と寝たそうであるが、そのような職業上のことや、そのほか、売春婦相手の回数は除いて）。わたしには信じがたいが、もし本当だとすれば、羨ましい気がしないでもないし、ご苦労なことであるとも思う。

また、男たちは一晩に五回やったとか七回やったとか九回やったとかよく自慢しあったりしたし、女たちのなかにも、男に一晩に何回もやらせたことを自慢する者がいたが、こういうことを男たちも女たちもだんだん自慢しなくなっているようである。最初の一回や二回、あるいはせいぜい三回ぐらいまではさておき、それ以上の性交は、もしできたとしても、決して楽しいわけはないであろう。むしろ、苦行であろう。男だって楽しくないが、女は膣壁がこすれて痛くなったりして、なおさら楽しくないであろう（クリトリスのオルガスムは何回もあるらしいが）。

しかし、性差別文化においては、性能力の強さが男のプライドの不可欠の一部となっているので、男は性的に弱いと言われるのを恐れ、恥をかくまいとして、いじましいほど無理してがんばるのである。また、女も男の規範を内面化していて、相手の男が性的に強くないと物足りないのである。あるいは、男が何回も何回もやりたがるほどの性的魅力があることが女としてのプライドまたはアイデンティティの根拠になっているのである。この場合、性交の回数が、女がオルガスムに達した回数ではなくて、男が射精した回数であるのは、回数の自慢が男根中心主義に基づいていることを示している。何はともあれ、男が征服した女の数や一晩にやった回数を誇るとき、女の身体は男の性能力の強さを証明するための練習台または実験台でしかないわけである。

ポルノグラフィの効用

ポルノグラフィ（以下、ポルノ）には性本能が壊れていてどうやればいいかわからない男と女にセックスのやり方を教えるという役目もあるらしいが（昔、嫁入り道具の一つであった枕絵など）、基本的には、不能に陥る危険につねに曝されている男に、女体と女性器について魅力的な幻想を抱かせ、性交への意欲を奮い起こさせるためのものである。一部の女は、ポルノを見る（読む）男たちをいやらしいと軽蔑するが（とは言っても、ポルノを見たり、ポルノ写真に撮られたり、アダルトビデオやＤＶＤに出演したりするのが好きな女もいるが）、彼らは、いやらしいというより、むしろ哀れではなかろうか。男たちは性交を心おきなく十二分に楽しみ、さらにそのほかに、ひまなときに余裕をもってポルノをも楽しむというのではなく、ポルノに頼って初めて性的興奮が得られ、ペニスが勃起し、性交する気になれるというか、性交することができるのだから。

ラヴホテルにはたいていアダルトビデオが備えられているが（女もそれを見たがるかもしれないが、主として男が見たがるとして）、考えてみれば、今から自分と性交しようとしている現物の女が目の前にいるのに、映像の女を見て興奮しようというのは、目の前にいる女にずいぶん失礼な話ではある。しかし、興奮するために、映像の女を必要とする男がいるのである。現物の女としては、そこまでして性交してもらわなくてもいいと言いたいかもしれないが、とにもかくにも、男に興奮してもらわなければ何も始まらないので、そのために役立つのなら、いささか白けるとしても、ポルノでも何でも使えばいいという女がいても不思議ではない。

そのほか、男と女が性交している映像を男が（男ほどではないらしいが、女も）見たがるのは、本能が壊れているので、人間の男と女がこういうことをするということがいまいち腑に落ちなくて、その映像を見て、やはり他の男女はこういうことをやっているのだ、こういうことはやっていいことなのだと納得するためであるとも考えられる。それが納得できないうちは、このようなことをやっていいのかと不安なのであろう。ポルノにはそういう役割もあるのではないか。

このように余裕なくポルノを必要としているから、ときには本末転倒して手段が目的と化し、現実に女と性交するより、ヌード写真やアダルトビデオやDVDを見ながらオナニーをするほうがいいという男が現れたりする（そういう女もいるであろう）。モテなくて「やらせてくれる」女（「やってくれる」男）がいないので止むを得ずポルノを見ながらオナニーをするのではなく、オナニーのほうがいいというわけである。しかし、これは本末転倒ではないかもしれない。さきに述べたように、G・グロデックによれば、オナニーが人間の第一の本来の性活動であって、性交の代理などではなく、性交こそオナニーの代理であるとのことだから。そうだとすると、オナニーのために用いられるのはポルノの重要な役目かもしれない。

ご存じのように、男性誌に飽きもせず毎回大量に掲載されるヌード写真は、男たちがそれを見ながらオナニーをするためのものである。決して美しいヌードを鑑賞するためのものではない。いずれにせよ、精神科医の福島章によれば（『ものぐさ人間論』〈一九九八、青土社〉におけるわたしとの対談で）、ポルノが厳しく禁止されている国ほど性犯罪が多いそうだから（ポルノは禁止されていないが、性犯罪が多いアメリカはこの説と矛盾するが）、もしそうだとすれば、ポルノには性犯罪を減らす効用もあるのかもしれない。何はともあれ、ポルノはとくに男が不能を克服するためには必要不可欠の重要な手段かもしれない。

野坂昭如の『エロ事師たち』（一九七〇、新潮文庫）はポルノの販売を生業《なりわい》にしている男たちの哀歓を描いて絶妙に面白い作品であるが、エロ事師の一人、スブやんの次のような発言はまさにポルノの重要性を適切に言い表している。「よう薬屋でホルモン剤やら精力剤やら売ってるやろ。いうたらわいの商売はそれと同じや、かわった写真、おもろい本読んで、しなびてちんこうなってもたんを、もう一度ニョキッとさしたるわけや、人だすけなんやで。今までなん人がわいに礼をいうたか、わいを待ちかねて涙ながさんばかりに頼んだ人がおったたか、後生のええ商売やで」「……のリアリティあるエロテープ聴いて、チンチンが何年ぶりかでたったというあの……。わいがおらんかったらこの連中すくわれんのや……」「男どもはな……せつない願いを胸に秘めて、もっとちがう女、これが女やという女を求めはんのや。実際にはそんな女、この世にいてえへん。いてえへんが、いてるような錯覚を与えたるのが、わいらの義務ちゅうもんや……エロを通じて世の中のためになる、この誇りを忘れたらあかん……目的は男の救済にあるねん、これがエロ事師の道、エロ道とでもいうかなあ」、など。しかし、なぜ男たちはこれほどまでしてペニスを勃起させ、性交したいのであろうか。

代替え可能な女たち

グラビアアイドルやAV女優などは性的魅力を誇りにしており、自分のヌード写真や性交場面の映像を多くの男たちが独りひそかに見ながらオナニーをしているということ、自分がオナペットとして使われているということを喜んでいるのであろう。そのようなことは想像するだけで気味が悪いと言う女もいるであろうが、そういう者はグラビアアイドルやAV女優などにはならないであろう。性差別文化のなかでは、男の不能をどうにかしようとする対策はすべて性差別的にならざるを得ないが、そういう性差別的対策に多くの女たちが協力してくれるのである。女たちが協力してくれなければ、ポルノは成り立たない。

『エロ事師たち』を読めば明らかなように、ポルノの重点は、刺激剤としての女体と女性器のイメージ、すなわち男の性欲を刺激してなかなか勃起しないペニスを勃起させるための性的対象、「もの」としての女体と女性器のイメージにあり、その女体と女性器が魅力的でありさえすればよく、その持ち主は誰でもいい。ヘアヌードや性器や性交場面を見せる女が特定の有名女優であるとしても、個人としての彼女に関心があるわけではない。ある特定の女を個人として愛していて、愛している彼女の性器を見たいというわけではない。ポルノが性差別的であることは否定できない。しかし、十把ひとからげにどのような性差別もそれ自体すべて悪であるというわけではない、というのがわたしの考えである。

現実に女と性交するには、振られて恥をかく危険に怯えながら、彼女がその気になるよう口説くために多大の時間とエネルギーを使わなければならないし、やっと性交に持ち込んでも、いろいろ彼女に気を遣い、自分のやりたいことを抑え、うまくゆかないのではないか、彼女を満足させることができないのではないか、セックスの下手な男だと馬鹿にされるのではないかなどと恐れながら、ときにはあまり気の進まないこともやり、無理して射精を引き延ばしたりもしなければならないし、嫌になっても途中で勝手にやめるわけにはゆかない。しかし、ポルノを見ているぶんには、たくさんいろいろなのがあるから、気に入らなければ、すぐ他のに代えればいいし、いつ中断してもいいし、まったく思いのままである。

また、ポルノに登場する女たちは、たいていは現実の恋人より美人で魅力的で（昔、チンピラやくざなどが盛り場のはずれのほうでこっそり売っていた性交の写真の女や、やはり彼らが催していた秘密の会合などで性交して見せる女は、泥臭いブスばかりであったが、近頃のその種の女はどこの何家のご令嬢かと見紛うばかりの品のいい清楚な美人が多い。ポルノに登場することがそれほど恥ずかしいことではなくなったし、ポルノに登場することそれ自体が好きな女もいるようで、多くの女が応募してくるため、選《よ》り取り見取りでそのなかから美人を選べるのであろう）、その上、現実の恋人がやってくれそうにない刺激的な姿態やサービスを示してくれるし、現実には満足されそうにない変な倒錯的嗜好を満足させてもくれるので（近頃はだいぶ事情が変わって、素人娘もいろいろ過激なサービスをしてくれたり、変な倒錯的嗜好を満足させてくれたりするようになってきているようであるが）、ある種のポルノを見つけていると、男は、現実の性交においても、つい、相手の女にとんでもない変なことをさせようとしたり、彼女を思いのまま粗末に扱ったりしがちである。たとえば、強姦された女がそのうち快感に悶えるなんて変なアダルトビデオばかり見ていて、女は強姦してやると喜ぶとか、強姦した男を好きになるとか思い込む男とか、相手の女にいきなり「顔射」する男とかができあがると、女にとっては迷惑この上ないであろう。

したがって、ポルノを糾弾する女が出てくるのは当然で、たとえば、ドウォーキン（A.Dworkin, *Pornography.* 1981.『ポルノグラフィ』寺沢みづほ訳、青土社）はその一人である。彼女は「ポルノグラフィに描かれ、またポルノグラフィの本質である女の卑しめは、現実に女が同じように卑しめられているために、実在的かつ現実的である」「ポルノ写真やポルノ映画の中では、現実の女が最も下劣な娼婦として使われ……女が残忍な仕打ちを受けながら、それを好んでいるという意味の写真やビデオの消費市場が……拡大されるにつれ……女衒はますます多くの最も下劣な娼婦を供給しなければならない」などと、ポルノが女性蔑視・女性虐待を正当化し、強める役割を担っている点を批判している。そういう批判を踏まえて、女の監督がアダルトビデオを製作し、ポルノ映画ではなくエロチカ映画だと称したりしているが、女がつくれば、性差別的でないものができるのであろうか。確かに、女の監督がつくったアダルトビデオには、普通、アダルトビデオによく出てくる強姦シーンはないそうであるし（男の監督がつくるポルノ映画でも、近頃は強姦シーンはめったにないそうであるが）、クライマックスの性交に至る過程の物語性・情緒性に重点がおかれているとのことであるが……。

しかしまた、ポルノがいくら性差別的だとしても、現実に強姦や痴漢をされるのと違って実害がないポルノの場合、目くじらを立てて非難攻撃することはないと思うのであるが、どうであろうか。確かに世の中には馬鹿な男がいるから、アダルトビデオの強姦シーンを見て強姦に走るということがあるかもしれないから、そのような女性虐待的・女性蔑視的シーンのあるアダルトビデオ、ドウォーキンが弾劾しているようなポルノは禁止したほうがいいであろうが、男女が仲良くセックスするアダルトビデオなら、性器や性交がどれほど露骨に写されていても、ボカシやモザイクなしに公然と販売することを許可していいのではないかとわたしは思っている。ポルノは性差別的だとして全面的に禁止すれば、男の性欲が衰退し、男女の性関係が崩れるかもしれない。人間の性欲は初めは形が決まってなくて、男の子は（女の子に関しても同じだろうと思うが）、猥談をしたりポルノ写真を見たりしながら、ある形に性欲を形成してゆくのだから、ポルノもすべて悪いわけではない。ポルノにはとにかく今の性文化を支えるという重要な役割がある。

ところで、男向けの週刊誌や月刊誌には、いかがわしい精力剤のほか、勃起不全や早漏を治すと称する薬品や器具の広告が載っていないことはない。最近では、アメリカで発売されたバイアグラとかいうインポテンツ治療薬が大評判になり、一錠十ドルのこの薬が、入手困難のため、日本では一錠一万円とか五万円とかの値が付いているそうである（厚生省が正式に認可したので、その後は安くなったらしいが）。これらのことは、男たちがいかに自分の性能力に不安をもち、現実の性能力以上の性能力を希求しているかを示している。これに対応して、女向けの週刊誌や月刊誌には、美容整形やエステの広告が載っていないことはない。

性における男女の平等が叫ばれているが、平等というのはどういうことであろうか。同じになることであろうか。広告で見るかぎり、男はその性能力を強めることを、女は男の性欲を刺激する魅力的な女体をもつことを期待されている点において、男女の性関係の非対称性、すなわち性交は男がするもの、女はされるもの、男はやりたがり、女はやられたがり、男は性欲の主体で、女は性欲の対象というところは変わっていないようである。

確かに、女が男を強姦することはなく、女の痴漢もめったにいないのだから、強姦や痴漢はこの非対称性を前提にしているが、だからといって、このような男女の非対称性そのものを諸悪の根源と見なして排撃するのは正しいと言えないのではないか。性差別に対する戦いは緊急を要する戦いであって、一人前のおとなの女が自ら進んで売春したり、自分の性器や性交の写真を公開したりすることなど、被害者がいなくて実害のないことにまで傍らからとやかく文句をつけている暇があったら、その時間とエネルギーを、強姦・強制売春・未成年売春・児童ポルノなど実害のある性差別・性犯罪の防止と克服に向けるべきであろう。わたし個人の意見を述べさせてもらえば、日本の強姦罪は軽すぎる。現行の数倍の重罪にしたほうがいいのではないか。とくに幼女強姦犯は再犯の可能性が非常に高いから、終身刑がいい。また、児童ポルノの単純所持は罪に問われないそうであるが、騙されるか強いられるかして何もよくわかっていないときに変な写真を撮られた児童のことを考えると、これはおかしい。そんなものを所持している者は有罪とし、氏名を公表すべきではないか。とくに児童の性的虐待などの犯罪は、当然、時効の適用外とすべきである。その代わりというわけではないが、おとなの男女の性交映画とかはそのものずばり街の映画館で堂々と上映してもいいのではないか。世の人々は事の軽重の見分けがつかなくて、厳罰に処すべき性差別と実害のない性差別とを一緒くたにしてどちらも申し訳的に適当に処罰してお茶を濁そうとしているように思えるが、そういういい加減な態度がかえって実害のある性差別を温存する結果を招いているのではないか。

たとえば、ミス・コンテストとかアイドルのヌード写真集も、逆のミスター・コンテストや男優のヌード写真集はめったにないのだから、女体を性的対象にしている点で確かに男女の非対称性を前提としており、性差別と言えば性差別であるが、このような実害のない非対称性、実害のない性差別まで弾劾しようとするのは、羹《あつもの》に懲りて膾《なます》を吹くの類いであって、男女の現実の性関係を破壊する危険がある。

ミス・コンテストなどは、当事者である、出場する女の子たちも、彼女たちを見物する男たち（と女たち）も喜んでいるのだから、禁止しなければならないいかなる根拠もない。当事者でもない一部のフェミニストとかが差し出がましく傍らから文句をつけて止めさせようとするのは、明治時代に盛んに廃娼運動を展開し、図らずも売春婦に対する優越感と性差別を露呈した日本キリスト教婦人矯風会、あるいは、どこかの国が普遍的真理、グローバル・スタンダードである民主主義に反しているからといって侵略して占領するアメリカ帝国主義とよく似ており、規模こそ違え、心情と論理構造は同じである。アイドルのヌード写真集がますますよく売れている一方で、ミス・コンテストは以前ほど人気がないそうであるが、ミス・コンテストを止めるにしても、出場する女の子か見物する男（と女）かのどちらか、または両者がいなくなったときに止めればいい。自然消滅に任せるのはいいが、部外者の反対によって止めるべきではない。

またたとえば、新型の車を宣伝するモーターショウなどには必ず水着の女の子たちがいて、車にもたれかかったりしているが、これは、車の購買者には男が多いということがあり、乗り物として女の子と車とが無意識的に同一視されることを利用して、彼らにこのような魅力的な女の子に乗りたいという願望を起こさせ、その願望をこの車に乗りたい、この車を買いたいという願望へとずらすためであろう。これも女の子を乗り物と見立ててその性的魅力を利用している点において、まさに性差別的であるが、だからといって、車の横に女を立たせるのは止めるべきだというのは馬鹿げている。要するに、克服すべき性差別かどうかは、実害の有無によって決めればいいのであって、女体を性的対象にするのはよくないというような理念で決めてはならない。理念で決めようとすれば、不可避的に原理主義の泥沼に嵌まり込む。

実際、実害のない性差別まで非難するフェミニズムは、人々に実害のないことを無闇やたらに非難していると見られ、フェミニズムというものは無用な暇潰しの思想だと思わせ、そのため、フェミニズムの主張の正当な部分にも不信を抱かせ、実害のある性差別を温存する根拠を提供することになり、かえって悪質な性差別の味方をすることになるのではなかろうか。同じようなことだが、現実に痴漢していないのに痴漢したとして逮捕された冤罪事件がときどきあることを正当化して、これまで男たちは女を性的対象としてあまりにも侮辱し続けてきたのだから、その種の男たちをもれなく厳罰に処する必要があり、それがちょっと行き過ぎて、たまには間違って無実の男が罰せられることになるのも止むを得ない、無実の男も男の一人としてこれまでの男全体の女に対する侮辱への償いとして無実の罪を甘受すべきであると論じていたフェミニストがいたが、痴漢に関して冤罪を止むを得ないと弁護することは、彼女たちはどうせ根も葉もない言い掛かりをつけるいい加減な連中だと人々に思わせ、痴漢に対する弾劾の正当性を傷つけ、痴漢を防ぐためには逆効果であろう。不当な根拠、いい加減な根拠に基づいて正しい主張を弁護することは、正しい主張を腐らせるのである。

不能対策としての性のタブー

性のタブーも不能対策の一つであると考えられる。性のタブーが存在するのは、人間には発情期がなく、言い換えれば、いつでも発情しているので、そのまま自由にしておくと性行為ばかりに耽って社会生活が保てないから、セックスが許される時間と場所と相手を限定しておく必要があるためであるとか、あるいは、セックスは本質的にいやらしい行為であり、いやらしい行為を平然とする獣とは違い、人間は羞恥心をもっているのだから、セックスのようなことは人目に付かないように隠れてすべきであって、そのために性のタブーを設ける必要があったとか、あるいは、本来、性エネルギーは生命肯定的で建設的であるが、抑圧されると、澱んで腐り、破壊エネルギーに変質する、権力者は民衆のそのような破壊エネルギーをまとめて対外戦争などに利用して権力を拡大するために、性のタブーをつくって性を抑圧し、破壊エネルギーをつくり出そうとしたのだとか（W・ライヒの説。彼の性解放理論はこの考え方に基づいている）、性のタブーの起源について、いろいろなことが言われている。

これらの説明はいずれも、性のタブーが何らかの理由のために外から個人に押しつけられたとしている。外から押しつけられた面も確かにあるから、これらの説明も必ずしも間違いではないけれども、外から押しつけられただけなら、そのようなものは無視したり反抗して拒絶したりする人が必ず一定の割合でいるはずである。しかし、性のタブーを欠いている人は見たことがないし、それはわれわれ一人一人の内面に深く喰い込んでいる。したがって、性のタブーは、外から押しつけられただけでなく、根本的には個人が何らかの理由で自ら必要としたと考えざるを得ない。

つまり、基本的には、性のタブーは自分の不能を正当化するために、不能の屈辱から自分を救うために個人がみずから必要としたのではないかと考えられるのである（この考えはB・グランベルジェの示唆による。B.Grunberger, *Le Narcissisme*. 1971. B. Grunberger et P. Dessuant, *Narcissisme, Christianisme, Antisémitisme*. 1997）。幼児性欲とは性欲がありながら性交できない不能の性欲であるとすでに述べた。やりたいのにできないというのはきわめて屈辱的な状態である。人間の幼児は、圧倒的に強い他者（母親）に支配され、彼女に依存せざるを得ない屈辱のほかに、この不能の屈辱にさらされる。この屈辱は耐えがたく、そこから逃れるために幼児は、自分が性交できないのは能力がない（不能）ためではなくて、それはよくないことであって禁止されているからだ

（つまり、性交できない原因は内側にあるのではなくて外側にあるのだ）と自己欺瞞する。文化には性のタブーが設けられており、文化が幼児の自己欺瞞を支える。やろうと思えばできるのだが、禁じられているので、あるいはよくないことなので、あえてやらないのだということで、幼児は辛うじて屈辱をごまかすのである。このようにして、性能力に関して自尊心または自信を保っていることが、性器期（第二次思春期）に不能の幼児性欲から性器性欲に移行する際の支えとして必要なのではないかと思われる。

そして、性器期に移行して性交が可能になっても、不能に逆戻りする危険はつねにあるから、この危険を防ぐためにも性のタブーは必要なのである。わたしは以前あるところで、女がまったく性のタブーを欠いていて、恥ずかしげもなく目の前で大股を広げ、「早く入れてよ。あんたインポじゃないんでしょ。何をぐずぐずしているのよ。しっかりしなさい」などと言って性交を強要してくれば、たいていの男が不能に陥るであろうと言ったことがあるが、なぜなら、そういう場合、男は内的な不能の危険を乗り越える時間的余裕をもてないからである。男が、最終的には受け入れてくれそうでありながら、恥ずかしがってためらい、拒否しそうな素振りを示したり、ちょっと抵抗してみせたりする女を好むのは、単なる趣味の問題ではなく、これから性交しようという状況のなかで、自分の内的な不能の危険を相手の女の（あまり真剣ではない）拒否や抵抗という外的な障壁の形に外在化し、この外的な障壁を乗り越えるという形で内的な不能の危険を乗り越える必要があるからではないかと思われる。女が一つ小さな抵抗を解いて譲るたびに、男は不能の危険を一つ減らすのである。

こういう操作が性交の前の前戯に含まれていると思われるが、動物学者の山極寿一によると(『対話 起源論』〔一九九八、新書館〕におけるわたしとの対談で)、哺乳類で性交の前に前戯をするのは人類だけだそうである(ついでに言えば、性交に長い時間をかけようとするのも人類だけである。人類と比べれば動物はみんな早漏だそうである。種族保存の目的からは、女性器の中に射精しさえすればいいのであるし、性交のときは無防備な姿勢を取らざるを得ないから、モタモタと長いことやっていると、襲われる危険が大きいので、射精は早ければ早いほどいいのである)。男は、前戯をするのは女をセックスの場面になじませ、女をその気にさせるためだと思っているようである。もちろんそういうこともあるであろうが、どちらかと言えばむしろ、前戯は男のために必要なのではなかろうか。人類だけが前戯をするのは、人類だけが性本能が壊れており、不能の危険があるので、その危険を乗り越える必要があるからだとしか考えられない。

言うまでもなく、前戯が行われるのは性器などの性感帯を物理的に刺激して興奮させるためではなく(物理的刺激が興奮を惹き起こすように見えるとしても、言うまでもなく、物理的刺激そのものではなく、それに込められている意味が興奮を惹き起こすのである。たとえば、彼がこんなことをしてくれるのはわたしを愛しているからだとか、彼女は俺を楽しませようとしてこんなことまでしてくれるとか)、性に関するさまざまな幻想を喚び起こして調整し、男女をともに性交可能な心理態勢および生理態勢にもってゆくためである。人間の性能力は幻想に支えられているのだから、このような幻想の喚起と調整はそのたびごとに行わねばならず、それに失敗すれば不能に陥るのである。男と女が性交できるようになるためには、性交の前にそれぞれの幻想を擦り合わせ調整して、二人のあいだに共同幻想を築かなければならないのだから大変なのである。

男が、ほかの女たちとは可能なのに、ある特定の女にはどうしてもペニスが勃起しない、あるいは、女が、ほかの男たちとはオルガスムに達するのに、ある特定の男とはどうしても膣が濡れず、オルガスムに達しないということがあるが、それは、セックスに関するそれぞれの幻想に共通点がなく、または見つからず、ちぐはぐでズレていて、二人のあいだにセックスの共同幻想が築けないからであろう。要するに、前戯は性のタブーをなしくずしにしながら男と女がともに不能（不感）の危険を克服するため、そして、性交を可能にする共同幻想を築くために必要であると考えられる。

本能の崩壊と性のタブー

しかし、性のタブーは、不能対策の一つであるだけでなく、その機能はもっと根本的なものであって、本能に支えられない人間の性欲をそもそも性のタブーが支えているのではないかと考えられるのである。言い換えれば、女がつねづね衣服をまとい、性器を隠しているからこそ、女体・女性器を見たいという男の欲望が生じるのであり、女がいつも全裸でいれば、男は女体・女性器を見たいとは思わないのと同じで、人間の性欲は性のタブーがあるからこそ存在しているのではないか、タブーがなくなれば性欲もなくなるのではないかと考えられるが、この問題は、文化による違いも関連しているので、のちにまた詳しく論じたい。

要するに、人間の性本能が壊れているために性のタブーが必要となったのである。さっき、性のタブーが存在するのは、人間には発情期がないからだと言ったが、発情期がなくなったのは、本能が壊れたからである。強いて分類すれば、本能には性本能・母性（育児）本能・攻撃本能・群居本能など、いろいろな側面があるが、壊れていない動物の本能は一つの統一的組織として動物の個体保存と種族保存を保証しているのであって、そのそれぞれの側面がおたがいに矛盾することはない。ある本能を満足させれば、別の本能を挫折させるということはない。

しかし、人類の本能は壊れた。ということは、本能のさまざまな側面がバラバラになってしまい、統一的組織として人類の生存を保証できなくなったということである。そこで、人類は、生存に必要なそれらの側面を一つ一つ取り上げ、それぞれを特殊化して場面場面に応じる欲望を個別的に文化として形成した。すなわち、性欲・母性愛・祖国愛・金銭欲・敵愾心・名誉欲・エゴイズムなどなどである。これらの欲望は、それぞれ部分的には個体保存または種族保存に役立っているが、一つの統一的組織の有機的構成要素ではないので、しばしば目的から逸脱して不必要に過剰になったり、逆効果を招いたり、また、不可避的におたがいに矛盾したりする。たとえば、別のところで述べたように、動物の雌は子育てしているときは雄を受けつけないが、人間の女は男を離したくないばっかりに子を殺したりする。鮭はあらゆる困難を乗り越えてふるさとの川の上流に上り卵を残して死ぬが、鮭という種の存続のために鮭の個体が個体保存本能を抑圧して自己犠牲しているわけではない。しかし、人間においては、祖国を守るためには、個人のエゴイズムを抑えつけ、祖国愛を称え育成する必要がある。動物の攻撃性は本能の目的から逸脱することはないが、人間の攻撃性は不必要に残忍で過剰な破壊に走り、わけもなくむやみに動物や人間を、ときには自分さえも殺したりする。

不必要に過剰になるのは人間の性欲も同じである。動物の性本能と違って、目茶苦茶に壊れた人間の性欲は、種族保存の目的からズレてしまい、何をめざしているかわからない混乱した盲目的衝動となっているので、そのままでは、種族保存へとつながるいわゆる正常な性交へと向かわないだけでなく、他の本能の満足を妨害したりもする。というより、他の本能も壊れているわけだから、このままでは壊れた本能と壊れた本能とのぶつかり合いで、人間は個としても種としても自滅するしかない。

そこで、人類は、動物には必要ない文化、すなわち、人為的規範が必要になったのである。たとえば、蜂の社会では個々の蜂はそれぞれ本能に基づいて行動しているのであって、独裁的な権力蜂がいて社会規範をつくり、それに従うよう女王蜂や働き蜂や兵隊蜂などの個々の蜂に強制しているわけでない。本能が壊れていない動物の社会には、独裁者はいないし、権力という現象は存在しない。必要がないからである。しかし、人間社会においては、秩序を維持するためには権力者がいて個々のメンバーに規範を守らせ、守らない者を罰することが必要である。同じような理由で、性に関して言えば、壊れて散乱した性本能の諸断片を何とかまとめて種族保存に役立つような性欲を形成するためには性のタブーが必要だったのである。

人間社会における日常性と非日常性との分裂はここに起因する。動物は、性行為においても子育てや攻撃行動においても、本能に基づいて普通のことをしているだけであるが、人間は、堅実で安定した生活をめざして普通のことをする日常性と、日常的には抑圧され、禁止された、普通でないことをすることが許される非日常性とに生活世界を人為的に分けている。日常性においては性を禁止し、性を特別な非日常的なことにし、そうすることによって、人間にとってセックスを魅力的なものにしたのである。動物にとってはセックスは「日常性」からの解放ではないが、人間は、退屈でつまらない日常性からの解放を求めてセックスすることもあるということである。

要するに、人間は、壊れた性本能の散乱した諸断片（多形倒錯衝動）を掻き集め何とかまとめて人為的に（正常な）性欲なるものを形成したのだが、そううまくは形成できず、この性欲は依然として厄介な要素を含んでいるため、性欲を非日常的な領域に閉じ込め、隔離することによって、日常世界の秩序を保全しようとしたのであった。性のタブーは性的な衝動や行為が日常世界に侵入し、その秩序を乱すのを防ぐのである。性のタブーが必要なのは、日常世界の秩序にしても、壊れていない本能に基づいた確乎としたものではなく、やはり壊れている個体保存本能や攻撃本能などの断片を何とかまとめてその上に乗っけた危うく脆い構造に過ぎないからである。

愛の支配から独立するための男の性交

男が愛と性を切り離そうとするのも不能対策の一つではないかと考えられる。D・ディナースタイン（『性幻想と不安』）によれば、男が愛と性を切り離し、愛していない女とでも、いやむしろ愛していない女とこそ性交したがるのは、異性の親（母親）に育てられ、母親との情緒的しがらみから十分に解放されていないからである。すなわち、男の子は、幼い頃（不能の幼児性欲の時期）、母親に支配され、情緒的に絡め取られ、性的に刺激され、母親との関係において、愛され保護される幸福と同時に支配され束縛される屈辱と息苦しさを味わっていた。男の子が男になり、性能力を獲得するためには、幼児性欲すなわち前性器性欲から性器性欲へと移行し、母親から解放され、精神的にも性的にも独立しなければならない。性器性欲という新しい形の性欲は、母親からの独立の足場であり、この足場はそれまでの母親との湿っぽい情緒の絡んだ不能と屈辱の関係に侵蝕されてはならない。言い換えれば、性交は愛の絡まない関係で行わなければならない。これが、愛と言えば、支配され保護される形の愛しか知らず、そこから逃れて独立しようとあがく男が新しく現れた、母親以外の女に対して取りがちな態度の一つである。彼は、相手の女を単なる性的道具として扱い、あえて性交を性欲を処理するために必要な単なる生理現象と見なし、機械的・事務的・即物的に性交しようとする。このような性交は、女にとってあからさまに屈辱的であるだけでなく、男にとってもはなはだ貧困な味気ないものとならざるを得ないが、それでも彼は、愛の絡んだ性交をして相手の女に情緒的に巻き込まれ、呑み込まれる恐怖には耐えられないのである。彼は、次から次へと女を漁るかもしれないが、そうするのは、数多くの女を征服して自慢の種にするためでもあるけれども、もう一つの理由は、一人の女との関係を長く続けると、そのうち情に流され、取っ摑まってしまうのではないかと恐れるからである。

この種の男は、母親に対するように敬意を払わなければならない女、何らかの点で自分より上位にある女に対してしばしば不能であるし、愛を感じている女とは性交する気になれなかったりする。性交すれば、相手の女を穢《けが》すような気がして不安なのである。それは根拠のない不安ではなく、まさに彼の性欲は愛から切り離されていて、女を下に見て単なる性的道具として扱うものであるから、彼は性交すれば実際に相手の女を穢し、人格的に侮辱することになるのである。したがって、彼は穢してもいいと思える目下の女、下賤な女しか相手にできない。

女を貶めないと不能になる男

たとえば、家事手伝いのために雇った女を「お手伝いさん」と呼んで大切に扱わなければならない現代と違い、ほとんどタダみたいな安い給金で雇った下女をいくら粗末に扱ってもよかった昔、次から次へともっぱら下女にばかり手を付ける男がいたし、現在でも、売春婦以外の女に対しては不能で、売春婦しか相手にできない男がいるが、彼はこの種の男であろう。彼は、相手の女が売春婦でなく素人娘の場合だったら、少なくとも彼女が（彼の幻想の中の）売春婦のような化粧や服装をしてくれ、売春婦扱いをされるのを容認してくれるのでないと不能になるであろう。売春婦でない彼女は当然お金を取らないであろうが、すると、彼は彼女を無料売春婦と見なして、ますます低く見るであろう。彼にとっては、犯してはならない聖女とかの特別の女以外の女はすべて売春婦で、高級売春婦・安売春婦・無料売春婦しかいないからである。彼は、相手の女を売春婦だと思い込まなければ不能になるのだから、それは必要なのである。

また、性交の前に相手の女を鞭打ったり殴ったり縛ったり目隠ししたりして侮辱するサディスト、性交の途中、相手の女に「売女」とか「淫売女」とか怒鳴りつけるとか、猥褻なことを言わせるとかのサディストも、同類の男であろう。それらの行為は女を「穢していい下賤な女」に貶めるために必要であって、そうしないと彼は不能なのである。ある本に強姦に成功する秘訣は、しょっぱなにまず女を一発殴ることだと書いてあったが（殴られると女はもう逃れられないとあきらめて男の言いなりになるそうである。ホンマかいな）、強姦するという形でしか性交できない男も同類である。彼は、不能であり続けるか、女を穢し、侮辱して「もの」に貶める形で性交するかの二者択一に追いつめられているのである。

女としてはこの種の男は実に扱いにくいであろう。要するに、彼は軽く見ている「下賤な女」にしかセックスを求めないのだから、女の側から言えば、彼にセックスを求められたということは自分が軽く見られているということであり、彼の求めに応じてセックスを「許せ」ば、彼は彼の見方が裏づけられたと思ってますます自分を「下賤な女」として軽く見るであろうことは間違いない。そう見られても、それでもやはり彼とセックスしたい、あるいは、そのようなことは気にならないというのなら別であるが、そうでなければ、彼と性関係をもつわけにはゆかないであろう。彼を愛し、彼に尽くし続ければ、そのうち彼が態度を改めてくれるかもしれないと期待し、一時のがまんだと思って彼を受け入れたりすると、ますますひどいことになる。女に献身的に愛されれば、彼はますます女に摑まるのを恐れるようになり、女に対してますます攻撃的・侮辱的になる。彼に軽く見られまいとすれば、彼とのセックスを拒否するしかない。そうすれば、彼は自分に敬意を払ってくれ、自分を愛してくれるかもしれないが、もし愛してくれたとしても、彼の「愛」は現実の自分を通り越してどこかに彼が描いているある架空のイメージに向けられ、現実の自分はおいてきぼりにされるので、彼と現実的なレベルでの人間関係をもつこともできないであろう。結局、この種の男からは逃げ出すしかない。

不能対策としての男の攻撃性

この種の男がどれくらいいるかは知らないが、しかし、男にとって、幼いときからの母親との情緒関係（もし、いったん強く形成されたならば）を断ち切るのは大変なことであって、多くの男が多かれ少なかれそれに失敗しており、したがって、これらの例ほど極端でなくても、同じ女に対して同時に情緒関係と性関係をもつことにいくらかは困難を感じる男、性関係をもつために相手の女を情緒関係から（少なくとも性交のときだけでも）排除しようとする傾向がある（つねづねはやさしいのに、性交のときだけは攻撃的になり、女を侮辱したがるとか）男はけっこういるのではないかと思われる。愛とは何かと考え始めると難しくなるし、理想の性交はいかにあるべきかということもよくわからないが、少なくとも、ある程度の敬意とか思いやりとかやさしさとかをおたがいにもつ関係で性交するのが順当であろうし、そうでないと楽しくも面白くもないであろう。しかし、母親に摑まっている男はなかなかそういうことができないようである。

　雌を獲得するために他の雄と争う雄や、逃げる雌を追っかける雄など、動物の例をもってきて、雄（男）の性欲と攻撃性を結びつける説もある。人類の男においても性欲と攻撃性がしばしば結びついていることは確かであるが、人類は本能が壊れているのだから、この結びつきは本能では説明できない。売春婦が相手でなければ不能になる本能とか、性交の前に、またはその途中で女を侮辱する本能なんてものがあるわけがない。まだ母親から解放されていない男が、性関係において、相手の女のなかに自分を不能に引き戻そうとする母親のイメージがまぎれ込むのを防ごうとして、必死にそれを振り払おうとするとき、過剰に攻撃的になるのである。性交に際してのある種の男の攻撃性は不能対策と考えることができる。

前章で女にとって性交が屈辱とされているのはなぜかを問題にしたが、以上のことから、この種の男が不能から脱するためには、女にとって屈辱的な形で性交すること、女が性交「される」のを屈辱と感じていることが必要であることがわかるであろう。この種の男は少なくないので、男の基本的不能をどうにかしなければならない人類の性文化の一環として、女にとって性交は屈辱であるとする共同幻想が成立したのであろう。この種の男は女にとって性交は屈辱であると思いたいのである。そう思っていないと、不能に陥るのである。

性交が女に対する男の侮辱であり、女にとって屈辱であるという観念は、考えてみれば実に奇妙な観念であって、本来、性交は侮辱とか屈辱とかに何の関係もないはずである。しかし、この奇妙な観念は、母親に囚われた男が何とか母親の支配から逃れるために必要としたのである。そのために、性交を手段とし、性交において母親の身代わりの女を侮辱することによって、かつて母親に味わわされた屈辱に復讐しようとしているのである。

もちろん、男ならみんながみんなそうであるとは限らず、個人差が大きく、そのような傾向がほとんどない男もいるが、男は、いったんそのような人格構造が形成されると、事実上、（変質者や性倒錯者と同じく）変更不能なので、女は、性関係にかかわって一度でも男に殴られたら、その男に一生殴られ続けることに甘んじる覚悟をするか、ただちに逃げ出すかしかないであろう。女を殴らない男は一度とて殴らないからである。

「永遠に女性的なるもの」と男

女は男と違って愛と性が一致しているようであるが、それについては、次のような理由も考えられる。すなわち、男が抱く女性像は、とくに西欧近代の性文化において、すでに述べたように、聖女と娼婦という両極端に分裂しており、怯えて前者に近づけない男がもっぱら後者を性的対象にしようとするのであるが、女が男を尊敬する男と軽蔑する男との二種類に分割しないのは、女は愛と性を切り離して、性を攻撃の手段とし、一方を理想的な男に、他方を軽く見ていい男にというふうに振り分ける必要がないからである。ゲーテの「永遠に女性的なるもの」ではないが、男女関係において、男が、一方では女を必死に貶めようとしながら、他方では過度に理想化し、崇め、憧れるのに反し、女は「永遠に男性的なるもの」なんてことは言わず、そのいずれにおいても極端に走らないのも、同じようなことであろう。また、女が愛と性をこの二種類の男のそれぞれに振り分けるということをしないのは、振り分けたい欲望も振り分ける必要もないからであるが、しかし、振り分けることができないからでもある。

まず第一に、そうできるためには、ある種の男を軽蔑し低く見ていなければならないが、男と違って、女は一般に、性的対象を軽蔑することに慣れていない。性差別、社会的偏見のために、男女関係は上下関係と見られがちで、したがって、女が性的対象の男を低く見れば、自分をさらにそれより低い位置におくことになる危険がある。まさに不合理であるが、下賤な女と寝た高貴な男は依然として高貴な男であるが、下賤な男と寝た高貴な女は下賤な女に転落する。

次に、男を性欲の対象としてのみ扱うことができるためには、性欲を自分の能動的欲望として肯定し、自我に組み入れていなければならないが、性差別社会の通念として、女の性欲は男の性欲ほどには容認されていないので、それが難しい。男だって、女を単なる性欲の対象としてのみ扱うのには、内的禁止というか、ある程度のうしろめたさとためらいがあるが（個人差も大きいが）、女が男を単なる性欲の対象としてのみ扱うのには、はるかに強い内的禁止があるようである。その上、女には、性交の際に自分の性欲をあからさまに強く打ち出し過ぎると、相手の男が不能に陥るのではないかという、男にはない不安がある。さらにまた、性交という行為そのものが、女が男を性的満足のための道具として使用し、攻撃し侮辱する手段になりにくいということもあろう。

そのほか、最後に付け加えれば、男が女を征服した獲物の一つと見なし、うまく誘惑して単なる性的対象として一時の慰みものにしたことを自慢する（そのような男は今や少なくなったと思うが）のとちょうど逆に、女はたとえ性的満足だけのために寝たとしても、見栄のためか、羞恥心のためか（それ自体が性差別に起因していると考えられるが）、相手の男を愛しているから寝たのだと人にも思わせたいし、自分でも思いたいということがあり、実際以上に女においては愛と性が一致しているように見えるということも考えられる。

以上は、愛と性との分離を前提とした文化のなかで、男のほうが女より愛と性を分離する傾向が強いとか、男においても個人によってこの傾向に違いがあるとかの問題を考察したものである。しかしまた、愛と性を分離する傾向は文化によっても違っており、この傾向があまり見られない文化もある。その種の文化においては、こうしたことはあまり問題にならないであろう。文化による違いについては、のちに考察する。

女を聖女と娼婦、尊敬する女と下賤な女の二種類にわけ、後者に性欲を向け、後者としか性交しようとしない男のことを問題にしたが、言うまでもなく、男だっていろいろで、愛する女、好きな女としか性交しようとしない男もいる。一般的に言って、女を二種類にわける男は、嫌がる女を無理やり犯すという形の性交を好み、また、女には性欲がないと思っていることが多く、どうせ女のほうから性交したがることはないのだから、女と性交するためには無理やり犯すしかないと信じていたりする。要するに、女が嫌がると、それが刺激となってますます性欲が高まる男がいるのである。もちろん、女が嫌がると、逆に性欲が消失する男、そもそもペニスが勃起しない男がいるし、そのほうが普通であろう。動物の雄は発情している雌としか性交しようとしないのだから、好きな女、自分と性交したがっている女としか性交しようとしない男のほうが、まともで自然なのである。嫌がる女を無理やり犯したがる男が出現したのは人類、とくに近代の人類に特有な現象である。それが人類の女にとって不幸なことなのは言うまでもないが、男だって嫌がる女を無理やり犯して本当に楽しいのかどうか。

男を二種類にわける女の出現

しかし、以上述べてきたようなことは、だんだんと変わりつつあるようである。男が女を二種類にわけ、女が男を二種類にわけなかったのは、あるいは、わけることができなかったのは、性差別文化に主な原因があったが、性差別文化が衰退し、女の性欲が認められるようになると、女のなかにも、男を二種類にわけ、別々の用途に振り分けようとする者が現れ始めた。これまで女が男を二種類にわけられなかったのは、一夫一婦制のなかで一種類の男を押しつけられ、その男に頼るしかなかったというのも一因であった。この規範から外れた女は淫乱女などと呼ばれたのであった。

性差別文化が堅固であって、性交とは男がすることで女がされること、男への女のサービスであり、そのサービスの代償として女が男から妻の座（結婚）とか金品（売春）とかを手に入れることが当然の性秩序であった時代においては、この性秩序のなかで女は女としての身を守らねばならなかった。女にとっては、女を単なる性的対象としか見ない男、女性器にしか用がなく、女性器を使って当然払うべき代償を払わない男はこの性秩序を乱す卑劣漢であった。この性差別文化において、女が「愛」の裏づけのないセックスをする男を非難したのは、「愛」とは男が女の面倒を見るということであったので、性交するだけであとは知らん顔をして女を使い捨てにする男は、食堂の喰い逃げ客のようなものであったからである。結婚するか売春するかしか女の生きる道がなかった時代にそのような男の存在を許していては、女は生存を脅かされる。そのような男をいやらしい卑劣漢として弾劾し、排除しようとしたのは当然であった。

女にも、男ほどではないが、相手を人格ぬきの単なる性的対象と見る傾向がないわけではないが、それは深く抑圧されていた。ところが、女の性欲が女の正当な欲望として認められ、女も性的満足を追求していいということになると、女の性欲の正当な公認の対象としての男という新しい種類の男が現れ始めた。男が性的対象として発見された。そうなると、女だって目の前に現れた男を性的満足のために使えるかどうか、使って楽しい男かどうかの観点から値踏みするようになるのは当然であり、正々堂々と複数の男を恋愛対象・性的対象にするようになった。男にとっての性欲処理用の女と同じように、女にとっても性欲処理用の男が出現したのである。男性器が重要となった。

これまで女が女を人格ぬきの単なる性的対象としか見ない男を嫌っていたのは、さきに挙げた理由のほかに、女が男を人格ぬきの単なる性的対象と見ることを禁じられていたため、自分が許されていないことが許されている男を嫉妬していたからかもしれない。自分も同じだということで、男に嫉妬する理由がなくなると、女も、女性器にしか用がない男、女を性欲処理用に使う男をそれほど嫌わなくなったようである。それは、そういう男から被害を受けない自信ができたからであろう。また、そういう男のほうが後腐れがなく気楽で便利だということもあるからであろう。

そして、性欲処理用の女を下に見て粗末に扱う男の性欲と違って、女の性欲は、たとえば男を怯えさせるとペニスが勃起せず使い物にならないということもあって、その対象に対する軽蔑や敵意をほとんど含まず、男を犯し、攻撃するという形を取らず、性的対象としての男を下に見ることもなく、一般に性欲処理用の男でも大切に扱うのであった。

しかし、性的に解放されても、依然として経済的独立はあまり達成できず、経済的に男に頼らないわけにはゆかない女も多かったが、そういう女も、その一部は、男を結婚対象の男と恋愛対象または性的対象の男というか、実用的な男と遊び用の男との二種類にわけるようになった。処女が結婚のために必要な条件ではなくなり、また、不倫のタブーも薄れて、彼女たちは、独身のときも結婚後も男たちと楽しく遊ぶようになった。清水ちなみ『大不倫。』（一九九八、扶桑社文庫）によると、OLの未婚女性（七百八十六人）で不倫（妻帯者との性関係）したことのある者は二六％、現在進行中は一五％、計、四一％もいるそうである。以前なら、妻帯者が未婚女性と性関係をもったというと、男が女をうまく騙して弄《もてあそ》んだと見られたが、今は、女もけっこう不倫を楽しんでいるようである。

さっき、男女関係は上下関係と見られがちで、社会的またはその他の点で自分より下の位置にある男と寝た女はそれよりさらに下の位置に転落すると言ったが、女の性欲が解放されたことと関連して、そのようなことは気にしない女が増えてきたようである。

女がどういう男を配偶者や恋人や彼氏にしているかによってではなく、自分自身（の社会的地位・才能・業績など）を自分の存在価値の根拠とするようになるにつれて、結婚や恋愛や性交の相手として自分より社会的にまたはその他の点で低い位置にある男を選ぶことをためらわなくなってきているようである。アメリカでは高校卒やそれ以下の男をパートナーにしている女の大学教授はめずらしくないそうで、彼女たちに、なぜなのかとその理由を、わたしの友人（彼女の同僚で博士号をもつ女性教授も高校卒の鉛管工と結婚しているそうである）に聞いてもらったところ、主な答えは、そのほうが「気楽でいいから」とのことであった。昔の日本には、自分より下の女、無知な女を妻に選びたがる男がいたように思うが、その動機は同じく「気楽でいいから」ということだったと考えられる。今や女が同じ動機で男を選ぶようになったのである。

このような男女逆転現象と並行しているのかもしれないが、先日、日本のある週刊誌で、社会的地位のある有名な女について、そうでない冴えない男が「あの女は昔、俺と関係があった」と暴露している記事にお目にかかって、びっくりした。昔の男は、たとえそういうことがあったとしても、それを暴露したりはしなかったと思う。そんなことをすれば、昔の差別用語で言えば、「女の腐ったような奴だ」とか「女々しい奴だ」とか軽蔑されたであろう。わたしとしては、男もそこまで堕ちたかと思うが、よしわるしは別として、男が男としてのプライドを失ったということであろう。

これは大学卒の女の子が増えてきたことも一因であろうと思われるが、わたしの周りにも高校卒の男を彼氏にしている大学卒の女の子をちらほら見掛けるようになった。そして、近頃は性的満足のために次々と男を漁る女、売春夫を買う女も現れているようである。しかし、男の性欲と女の性欲とは構造的に違っており、その構造は容易には変わらないと思われるから、男を買う女が女を買う男を上回ることはないであろうと、わたしは思うのであるが、どうであろうか。

第八章　性欲の発明

恋愛の起源

これまで人間の基本的不能を出発点とする男女関係の姿についていろいろ述べてきたが、ここでさらにその歴史的な背景と変遷を考えてみよう。現代日本の性文化は西欧の性文化から多大の影響を受けているので、まず、西欧における愛と性の歴史をおおまかに振り返ってみよう。

人類の男と女は大昔から好いたり好かれたり、性交したり、一緒に暮らしたり、子供をつくったり、結婚したり、あるいは、嫌いあい、憎みあい、殺しあい、棄てたり棄てられたり、離婚したりしてきたが、男と女が結びつく動機というか根拠として恋愛や性欲というものが発明されたのは、西欧の近代においてであると考えられる。西欧で発明されて日本に伝わってきたわけで、そもそも現代日本語の「恋愛」や「性欲」は西欧語の訳語として明治時代につくられた言葉である。恋愛や性欲が発明される前の西欧ではどうなっていたかというと、わたしは歴史に暗いので、ごくおおまかなことしか言えないが、近代以前は、男女の関係は神によって結びつけられ、支えられていたのではないか。もちろん、これはタテマエであって、何事に関してもタテマエと現実とはズレているというか、正反対のこともあるから、現実の男女関係がタテマエ通りであったはずはないが、それにしても、そういうタテマエがあったということが現実の男女関係に何らかの影響を及ぼしていないわけはない。

ルージュモン（Denis de Rougemont, *L'Amour et l'Occident*. 1939.『愛について』鈴木健郎・川村克己訳、岩波書店）によると、十三世紀にローマ・カトリック教会に異端として弾圧され、滅ぼされたキリスト教の一派、女神を崇めるカタリ派の伝統が、貴婦人への禁じられた思慕を歌った南仏のトルバドゥール（吟遊詩人）に受け継がれ、それが近代の恋愛のさきがけになったとのことであるが、恋愛の起源がキリスト教の異端にあったということは十分考えられる。キリスト教がどういう宗教であるかを見れば、恋愛のような現象が許される余地があるはずがないからである。近代の恋愛の原形とされるトルバドゥールの、貴婦人への思慕は、貴婦人を神のごとく理想化し、聖化し、受け入れられないことを知りながら、セックスぬきの純粋な愛を捧げるというもので、天にましします神への信仰や崇拝と同質のものであり、まさに別の神を信仰するに等しく、したがって、正統派キリスト教と競合関係になるのは避けられず、キリスト教に排撃されたのは当然であった。

しかし、ルージュモンのようにカタリ派とトルバドゥールとがつながっているとする者もいるが、カトリック教会がカタリ派関係の文書を徹底的に焼却したため、資料が乏しく、この辺のことは歴史的によくわかっていないらしく、両者は、女神または貴婦人の崇拝や禁欲主義などの点では共通性はあるものの、別個に起こった現象であると考える者もいる（たとえば、G・R・テイラー『歴史におけるエロス』）。

キリスト教の激しい性嫌悪

また、キリスト教ほど厳しくセックスを弾圧した宗教はほかにはない（イスラム教のことはよく知らないが）。キリスト教の初期の教父たちのなかには、人類の存続のために性交が必要なら、人類なんか滅亡したほうがましだと考えていた者もいたほどで、その性嫌悪はまさに狂気の沙汰であった。どのような文化においても、強い弱いの違いはあれ、ある程度の性のタブーは存在しているが、この宗教の性のタブーは、あまりセックスに耽り過ぎるのはよくないから適当な限度内にとどめておこうとか、セックスのことをあまりおおっぴらにするのは恥ずかしいからなるべく隠しておこうとかいった生易しいものではなく、セックスに対して他のいかなる宗教、いかなる文化とも比較にならないほど際立って敵対的である。

キリスト教の性否定の例としてよく引用されるのは、『新約聖書』の「コリント人への第一の手紙」（第七章）のなかの「未婚者たちとやもめたちとに言うが、わたしのように、ひとりでおれば、それがいちばんよい。しかし、もし自制することができないなら、結婚するがよい。情の燃えるよりは、結婚する方が、よいからである」（もちろん「ひとりでおる」とは「セックスしない」という意味である）というパウロの言葉であるが、これは、好ましくはないが、止むを得ないこととして結婚して性交することを容認しているわけで、キリスト者の発言としてはまだ控え目なほうである。しかし、それでもやはり、結婚して子供をつくるためにする性交すらも止むを得ない必要悪であって、それさえ、やらずにすむのならやらないほうがいいのである。

性交のどこがよくないかと言えば、何よりもまず、性交に伴う快感がよくないらしい。前出のテイラー（『歴史におけるエロス』）によれば、性交の際の身体の接触は快感をもたらすからよくないというわけで、中世には、夫はシュミーズ・カグールという分厚い寝間着を着て妻と性交したそうである。その寝間着には一カ所だけ穴があいていて、夫はそこからペニスを出し、妻を妊娠させることができるが、それ以外の接触はいっさいできない。いくら何でもすべての夫婦が性交のたびにいつもこのような寝間着を着たとは信じがたいが、さらにその上、驚いたことには、キリスト教の教会は性交体位まで規定していた。動物と違って、性本能が壊れている人間においては、可能ならどのような性交体位を取ってもいいわけで、正常も異常もないはずであるが、女が仰向けに寝て、その上に対面して男が乗り、身体を密着させる体位が正常位と呼ばれるのは、キリスト教の教会の基準に従っているのである。これは女が押さえつけられて運動性を奪われ、もっとも無力な状態になり、男が女をもっとも支配しやすい体位であり、強姦のほとんどはこの体位で行われると思われる。マリノウスキー『未開人の性生活』によれば、トロブリアンド諸島人は、「男が上にのって、圧するのでは、女が応じえない」と言って、ヨーロッパ人のこの体位を「宣教師スタイル」と呼び、蔑んでいるそうである。

同じくテイラーによれば、正常位という「ただ一つの体位しか許されなかった。それ以外の体位に対しては数多くの罰が定められていた。もっとも快感度が高いとされていたmore canino（ワンワン・スタイル）は、とくに恐るべきものと見なされ、七年間の苦行が課せられた」そうである。要するに、神が認めない男女の恋愛関係・性関係・性交体位はあってはならないのである。キリスト教のこのような厳しい性禁止は、その逆効果として、人々の肉欲を大いに刺激した。いや、逆効果ではなく、それが性禁止の無意識的意図だったかもしれない。この問題は、のちにまた取り上げる。

キリスト教がこれほどまでにセックスを敵視した第一の理由は、もちろんこの宗教の内部構造にあると考えるのが順当であろう。キリスト教は愛の宗教であるということになっているが、この「愛」に問題があるのではないかと、わたしは考えている。この宗教においては、霊と肉、アガーペとエロスが厳密に区別されている。アガーペは霊魂のものであって、人が神に捧げる愛、神が人に与える愛、すなわち、清らかで崇高な愛であり、神に救済され、死後に永遠の生命を得るためには、霊魂において神を愛し、神に愛されなければならなかった。言い換えれば、愛とは、現世のものではなく、現世に対立し、現世では実現不可能なものであった。

それに反して、エロスは現世のもの、肉体のものであって、卑しい、いやらしい肉欲《エピシミア》（epithymia.一般的に「欲望」を意味する言葉で、八木誠一のわたしへの私信によれば、『新約聖書』には「性欲」を意味する言葉は見当たらないとのことである）であった。この宗教が霊魂を尊び、肉体を蔑んだのは、その来世観・終末観のためであろう。神の国・愛の国にしか霊魂の救済・永遠の生命はなく、肉体はすぐ滅びる一時的な無価値なもので、天上をめざす霊魂の足をしばしば引っ張り、霊魂がその純粋さを貫くのを邪魔するわけだから、肉体はなければないほうがいいのであった。そして、肉欲こそは肉体のもっとも典型的な表れであり、同じように、なければないほうがいいのであった。肉体の誘惑である肉欲に負け、一時的なセックスの快感に耽ることは、永劫の罰の苦しみがつづく地獄に落ちることであった。要するに、キリスト教の性否定は、架空の世界に真の愛・唯一永遠の価値を求め、現世否定を救済の条件にしたことから不可避的に導かれる論理的帰結であったと考えられる。これほどまでに現世を否定したのは、酸っぱいぶどうの論理による。すなわち、ローマ人に差別されたユダヤ教徒にさらに差別されて、初期のキリスト教徒は現実の世界に何の希望も見出せなかったのであった。

したがって、キリスト教は絶望の宗教であるが、絶望からの救いを架空の世界における愛に求め、愛の宗教と称することとなった。愛の宗教となったキリスト教では、神の国は愛の国であり、すべての愛は神のものであって、神が独占しようとする。たとえば、今やほとんど形骸化しているが、キリスト教の教会の結婚式では、新郎は新婦に、新婦は新郎に永遠の愛を誓うが、ご存じのように、おたがいに直接、相手に対して誓うのではなく、神に対して誓う。もちろん、婚姻の秘蹟を受けていない男女の関係は罪であった。つまり、神が介在しないところで男女の愛が成り立ってはならないのであった。神の知らないところで男女が直接に愛し合ったりするのは、神をないがしろにすることであって、神に対する反逆なのである。つまり、神が愛を独占していて、神を介さずに人が人を愛するのは許されないのである。宇宙を創造し、おのれに似せて人間をつくり、人間に関するすべてのことを支配する全知全能の神を戴くキリスト教においては、人間はすべての愛を神に捧げるべきであり、したがって、ある人が神の与り知らぬところで勝手に別の対象を愛すれば、神にとっては、それは本来なら自分が独占しているはずのものが、無断で不当にも人間によって勝手に他のことに使われたということであった。

さきに、恋愛の起源はキリスト教の異端にあったというようなことを言ったが、人が人を直接愛する恋愛は、キリスト教にとっては、いわば、同じ商品を密売する商売敵《がたき》、ライバルのようなものであった。つまり、譬えて言えば、神という商店と恋愛という商店とは、人と人、男と女をつなぐという同じ効能をもつ商品を製造販売しているわけで、人が人を神ぬきで直接愛するというようなことをされては、神が独占販売権をもっている商品の昔からの顧客を後から現れた商売敵に取られたようなものであって、そのようなことは断じて許すわけにはゆかないのであった。人が人を愛するのは、教会で結婚して神の代弁者である神父の前で、神の顔を立て神に挨拶し、神に仲介を頼んだ場合のみ、まあ許してやろうというわけであった。

愛は神への愛が基本であるから、愛そのものは価値あるものであり、ただ、神に無断で神以外の対象へ向けられた愛がよくないだけである。しかし、愛と違って、セックスは男女を結びつける以外には使いようのないものであり、かつ、卑しむべき肉体のいやらしい肉欲の表れであるから、セックスは、キリスト教にとって、恋愛よりはるかに危険で恐るべき商売敵であった。したがって、さきのパウロの言葉からもわかるように、キリスト教は、できることなら、セックスをなくしてしまいたかったのである。しかし、それでは人類が滅亡するし、どうしても自制できない者もいるだろうから、そういうわけにもゆかず、結婚して子供をつくるのに必要な場合のみ、しぶしぶ容認したのである。したがって、快楽のためなど、子供をつくるのに必要でないいっさいの性行動は禁止された。避妊や中絶が禁止されたのは快楽のための性交を認めることになるからであり、同性愛が罪であったのは子供をつくるために役立たないからであった。もちろん、オナニーも罪であった。子供をつくるための性交においても、前戯に時間をかけるとか、いろいろな体位を試してみるとか、余計なことはしてはならなかった。キリスト教は商売敵をこれほどまでに恐れていた。「宗教」(religion) という言葉は語源的には「結ぶ」という意味だそうであるが、キリスト教は男と女を結ぶことを神の独占事業・専売特許にしようとしたのである。

神が死んで恋愛が登場した

人間は本能が壊れているから、男と女は本能で結びつくことはできないが、何らかの形で結びつくことは必要である。西欧においては、神が本能の代替物として男と女を結びつけていたが、その神が衰えると、さらにその代替物が必要になった。そこで、恋愛が登場し、性欲が発明されたのである。なぜ神が衰え、そして死んでしまったかについては歴史家たちがいろいろ言っているから（歴史家でないわたしも西欧におけるキリスト教の衰退の原因を論じている。拙著『二十世紀を精神分析する』、一九九九、文春文庫）、そちらに尋ねてもらうことにして、とにかく、それが近代という時代であった。

恋愛の原形はキリスト教における全知全能の神への愛と崇拝であって、対象が神から人間に代わっただけであるから、その感情内容はほとんど変わらない。ニーチェ（F. Nietzsche, *Jenseits von Gut und Böse*. 1886.『善悪の彼岸』木場深定訳、岩波文庫）は「怪物と戦う者は、自分もそのため怪物とならないように用心するがよい」と言ったが、皮肉なことに、キリスト教への反逆として始まった恋愛も、現実の世界で実現不可能な愛の実現をめざす点において、キリスト教と同じ迷妄に陥り、同じような怪物になってしまった。すなわち、近代の恋愛においても、男の場合で言えば、相手の女をかけがえのない唯一無二の存在として理想化し聖化し、純粋な思慕を捧げ、そして、いわゆるプラトニック・ラヴというか、彼女を性的対象にするのはこの聖なる存在を穢すことになるとして否定するのである。そういうのが真の恋愛であるとされ、彼女との性交を望むのは不純なのである。

卑しい肉体のいやらしい肉欲は個人のもつ性欲として捉え直された。それまでの肉欲は、悪魔に吹き込まれたり、女に誘惑されたりして生ずるものであったが、それとは起源や条件を異にする性欲（この場合、厳密に言えば、性交欲）が発明されたのである。肉欲《エピシミア》は肉体の欲望であって、たとえば、うまいものをたらふく喰いたい欲望も含まれているが、性欲とは異性の性器をめざし、性交を求める特定の生物学的欲望を指している。そのような性欲が発明されたということは、近代における神の死と個人の成立の結果の一つであった。人間の行動が神の創造した世界の秩序のなかの一要素（たとえば、占星術は、星の運行と人間の運命とはともに神が司っているのだから、星占いをすれば人間のことがわかるというこの種の見方に基づいている）ではなく、個人が選択し決断したものとなったため、個人がなぜそうするかを個人の内面から説明しなければならなくなり、そこで、性欲というものが発明されたと考えられる。

性欲が発明されると、それまで世界における二人の何らかのかかわりの形であった性交が個人の性欲の満足・個人の快楽のためのものとなった。しかしやはり、キリスト教の霊肉二元論はそのまま、性欲に基づく近代の男女関係に引き継がれた。すなわち、罪深くいやらしいと見なされた点においては、性欲も、それまでの肉欲と同じであった。

また、性欲が恋愛とは関係のないもの、いやむしろ恋愛と対立するものとされた点は、肉欲が神の愛と対立するものとされていたのと同じであった。

清らかな恋愛といやらしい性欲

このように、神が死んだあとの西欧近代の男女関係は、キリスト教における霊と肉の分裂の後遺症として、初めから清らかな恋愛と罪深くいやらしい性欲との分裂を抱え込んでいた。二人のあいだの崇高な恋愛によって初めて、罪深くいやらしい性欲と性交が正当化され、愛に裏づけられない不純な性交が非難された構造は、神に裁可された婚姻の秘蹟を受けて初めて、性交が許され、婚姻外の性交が罪悪であった構造をそのまま引き継いだものであって、愛と性との分裂に関しては何の変化もなく、この分裂をごまかす策も似たようなものであった。

ところで、性欲が発明され、個人が内面に性欲をもち、それに基づいてみずから選択し決断して性行動をするということになると、性行動は個人の自我の主張ないし確認という意味をもち始め、性倒錯という名のいろいろ変な性行動が現れてくる。フランス革命の時代にフランスにサド侯爵が現れて、のちにサディズムと呼ばれることになる変なことを実践したか、描写したかしたのは偶然ではない。同じように、ドイツの近代統一国家・第二帝国が成立したときに、ザッヘル＝マゾッホが『毛皮のヴィーナス』でマゾヒズムなるものを描いたのも偶然ではない。革命とは、神が死んで神が創造し支配していた世界が崩れたため、神の代わりに、個人としての人間が理性に基づいて世界を、社会をつくり直さなければならない、つくり直すことができるということを前提にしており、その思想的背景は性欲の発明と同じだからである。個人が世界をつくり直す過程で、いわば副産物として、個人の趣味として性倒錯が現れた。ついでながら言えば、それと同時に切手収集とか園芸とかペットの飼育とかの趣味も現れたが、それらの趣味は、無用性・無償性という点で性倒錯と共通していた。

キリスト教では、結婚した男女が子供をつくるために正常位で行う性交以外の性行動はすべて罪であり、そのように厳密な基準に従えば、同性愛・フェラティオ・クンニリングス・アナルセックス・オナニーなどは罰すべき悪であった。これらを悪とするのであれば、そういう悪は、昔から見られるが（中世のカトリック教会がこれらの「悪」を列挙して禁じていたそうで、禁止目録が残っており、そのことからも、これらは近代以前から、たぶん、古代ギリシア・ローマ時代から存在していたし、中世に盛んに行われていたことがわかる）、しかし、サディズムを初め、マゾヒズム・窃視症・露出症・フェティシズムなど、近代の精神医学や精神分析が主として問題にしたいわゆる性倒錯（perversion）は近代に発生した現象らしい。その種の倒錯行動がポルノグラフィに描かれるのは近代以降であることからも、そう判断していいであろう。

近代においてこれらの性倒錯が発生したのは、神が死んだことと関係があるであろう。フロイドによれば、人間の幼児はみんな多形倒錯者であり、成長して「おとな」になると正常者になるのであるが、この成長の過程は、言うまでもなく、生物学的な自然な過程ではなくて、文化的過程である。かつては、この「おとな」という規範を支えていたのが神であった。神が死んでしまったので、この規範は崩れ、近代人は、それぞれの「理性」に基づいて自ら「おとな」にならなければならなくなった。そこで、当然、「おとな」になることに失敗する者が出てくるわけで、性的な面で「おとな」になることに失敗した者が倒錯者なのである。

日本においては、「おとな」の規範を支えていたのは、神ではなく、世間であったが、この「世間」は、近代西欧文明の衝撃によって揺るがされはしたが、まだ消滅してはいないようで、このことから、日本の性倒錯と西欧の性倒錯との違いが説明できるであろう。

神に取って代わった誇大妄想的人間

性欲がいやらしい欲望とされたことについては、近代になって付け加えられたまだほかの理由も考えられる。村上陽一郎によれば、そもそも自然科学は、世界の諸現象を研究することによって、世界を創造した神の意図を探るために発達したとのことであるが、いずれにせよ、神が死ぬと、世界の森羅万象を神ぬきで説明しなければならなくなり、人類という種族の存在も神が創造したのではなく、自然現象ということになった。そこで、人類は生物学の研究対象となり、人類の発生を説明するために進化論が登場する。

ダーウィンの進化論によれば、人類は猿から進化したわけで、いわば猿の親戚である。

この見解は、われわれ人間の己惚れを大いに傷つけたとされているが、わたしに言わせれば、それは逆であって、人間の己惚れを大いに高めたのである。キリスト教によれば、神がおのれに似せて人間を創り、そして人間のために他の動物たちを創ったことになっており、人間は主人として他の動物たちの上に君臨しているわけで、一見、人間の己惚れを支えているかのように見えるが、しかし、全知全能なのは神だけであり、人間も他の動物たちも神の被造物であって、ともに神の創った世界の秩序のなかに組み込まれている点では同じである。

ところが、神のいない進化論的世界像においては、人間は、適者生存・生存闘争のために自ら努力した結果として、すなわちおのれの力によって進化の最高段階にあり、他の動物たちと生物学的にはつながっていて共通点はあるものの、他の動物たちにはない理性を具えている至高の存在（homo sapiens）なのである。この理性なるものが曲者で、フランス革命やロシア革命を惹き起こした誇大妄想、すなわち神に代わって人間が理性に基づいて理想の社会を建設できるという誇大妄想を見ればわかるように、理性とは、神だけがもっていた全知全能性を人間が神から奪ったものであり、理性を具えた近代人とは神を殺し、神に取って代わったまさに誇大妄想的人間であった。

西欧に発生したこの近代人は、この誇大妄想に基づいて、理性を具えていないとされるいわゆる未開人などを蔑視し始めるのであるが、未開人はそのうち理性をもつようになるかもしれない可能性があるので、近代人がもっとも蔑視したのは、理性などもちそうにない動物であった。もともと、キリスト教によれば、人間以外の動物は人間のために創られたわけで、人間より下の存在であったが、神が死んだ近代においても、この差別思想は引き継がれ、さらに強化された。

しかし、生物学によれば人間も動物であり、人間と動物は、肉体構造に関しては、形態的にいくらか異なっているものの、ほとんど共通している。そのなかでいちばん目に付いたのが排泄器官と、同時に排泄器官であるかまたはその近くにある性器であった。そこで、近代人は、誇大妄想を維持するために、肉体、とくに排泄器官と性器を異常に蔑み、性器に発する性欲などもっていないかのようにふるまうことになった。性欲は蔑視すべき動物と共通のいやらしいものであって、理性をもつ人間にふさわしいものではない。性欲があるとしても、人間は性欲を完全にコントロールすることができるはずである。尊厳ある人間が、性欲に押し流され、動物と同じようなことをやたらにするはずがない。動物と同じようなことをする奴は軽蔑すべき獣《けだもの》なのであった。セックスは相変わらず好ましくないことであったが、その根拠が近代において変わったのである。

実際、近代人は小説のなかなどで男女が性関係をもつと「二人は獣になった」などと表現した。強姦犯を「獣のような奴だ」と非難した（強姦こそは人間の男しかしないことであって、動物にとってはとんだ濡れ衣であった）。近代人は性欲の満足を必死に追求すると同時に、性欲をいやらしいと見なして強く抑圧するという矛盾した人間であったが、この種の矛盾した人間の萌芽は、西欧において十六世紀から十七世紀にまずピューリタンとして現れた。しばらく時を経て、ピューリタニズムの流れを汲む人たちがとくにヴィクトリア女王の時代（一八三七－一九〇一）に典型的に多く出現し、時代の文化を特徴づけたので、彼らを、ヴィクトリア朝的人間と呼び、セックスに多大の関心を抱いているくせに、性欲などはなく、セックスなんかしないような顔をしている取り澄ました偽善的道徳をヴィクトリア朝的道徳と呼ぶようである。

さて、性欲が発明されると、性欲を種族保存本能とか呼んで自然界に位置づけ、説明する生物学なる学問があとを追っかけてきたわけであるが、次には、性欲とくにその異常形態を研究対象とする心理学・精神病理学・精神分析が現れた。クラフト・エービングが『性の精神病理』を書いたのも、ハヴロック・エリスが『性対象倒錯』『性の心理』を出したのも、フロイドが性欲の抑圧に起因するヒステリーの患者を扱った『ヒステリー研究』をJ・ブロイアーとともに著したのも、十九世紀後半であった。

現代のわれわれから見ると、フロイドの患者たちはなぜこれほどセックスに取り憑かれているのか、性欲を抑圧したぐらいでなぜこんなにひどい変てこな症状が生じるのかと、いささか不思議な気がしないでもないが、現代とはセックスをめぐる状況が違うのであった。いま述べたように、当時の西欧の人たち、すなわち近代人は、神に基づく人と人のつながりを失って必死にあがいていたのである。性欲が神に代わる、人と人のつながりの根拠として浮かび上がってきて、人々は性欲の満足を求めて焦っていたのである。性欲の満足は単なる生理的欲求の満足ではなかった。どのような形の性欲をもつかは、彼らの世界観・人間観を表しており、彼らがどのような形の人間関係をもつかということと繋がっていた。

性倒錯は単に性欲のあり方が変だということではなく、彼らが世界と、他の人々とかかわるかかわり方が変なのであった。すなわち、性倒錯者とは、他の人々との人格的関係を拒否し、自閉的世界のなかで孤独な性的満足を求める人たちなのである。西欧近代人は、彼ら以前の時代の人々や、われわれ現代人よりはるかにセックスに関心を抱いており、性欲が強かったと思われる。そして同時に、禁欲主義的性道徳に囚われ、性欲を異常に蔑み、強く抑圧していたので、セックスに関して深刻な葛藤に囚われていた。フロイドの患者たちは、その葛藤のためにヒステリーなどの神経症になっていたのであって、単に生理的欲求としての性欲を抑圧したためにではなかった。生理的欲求としての性欲そのものは不満足のまま長いあいだ放っておいても、当人は辛いであろうが、それに絡んでセックスに関する心理的葛藤さえなければ、それで神経症になることはないと考えられる。神経症とは何よりもまず心理的葛藤の産物だからである。

キリスト教の性文化、八つの特徴

このように、キリスト教の性文化は、いくらかの変化はあるものの、大筋においてはそのまま近代西欧の性文化に受け継がれた。そして、この性文化は近代日本にも伝わってきて大きな影響を及ぼした。ここで、これまで述べてきたキリスト教の性文化の特徴を簡単にまとめてみよう。

(1)性交は罪深くいやらしいことであって、できるかぎりしないほうがよい。性交をめざすエロスと、神の愛であるアガーペとは、無関係な、いやむしろ対立する別々のものである。

(2)罪深くいやらしい性交が正当化されるのは、結婚した男女が子供をつくるために行う場合のみである。婚前性交・婚外性交・結婚内でも快楽のための性交はすべて許されざる罪である。

(3)「創世記」が示しているように(すなわち、ユダヤ教以来のことであるが)、女は男のためにつくられた付属品である。

(4)同じく「創世記」のイヴがアダムを誘惑した物語が示しているように、女は肉欲が強く、性交が好きで、つねに男を誘惑しようとしている危険な存在である。

(5)性交が罪深くいやらしいという思想の一環であるが、聖母マリアの処女懐胎の物語が示しているように、処女は穢れのない清らかな価値ある存在である(ユダヤ教がすでに処女にこだわっているが)。

(6)神は唯一絶対であり、神への崇敬と愛こそが人間の最高の務めである。

(7)男女の愛情関係・性関係・婚姻・性交体位などはすべて神の裁可を得なければ

ならない。

（8）同性愛やオナニーは罪である。

近代産業社会が成立したあとも、これらの観念のうち、（1）と（3）と（5）と（8）は大体そのまま続いたと思われる。ただし、エロスとアガーペとの対立は、女の人格を無視してその肉体だけを求める「動物的」性欲と、性欲を超越した崇高な精神的愛を女に捧げるいわゆるプラトニック・ラヴとの対立となって先鋭化したとか、近代産業社会で男がますます経済力を独占するようになるにつれ、そして女がますます経済的に無力になるにつれ、女の従属的地位はますます強化されたとか、処女はむしろ商品価値として評価されるようになったとか、オナニーを禁止する理由が、宗教的罪であるということから、健康を害するとかの医学的理由（根も葉もないこじつけであったが）に変わったとかの変化はある。

（2）に関して言えば、罪深くいやらしい性交を正当化できる理由が、神に裁可された婚姻の秘蹟を受けた夫婦が子供をつくるためにするのであれば、という厳格なものから、愛し合って結婚した夫婦がするのであれば、という線までゆるみ、さらに、結婚していなくても二人が真に愛し合っているのであれば、ということになった。いずれにせよ、性交そのものはあくまで罪深くいやらしく、神の裁可とか、結婚とか、子供をつくるためとか、真実の愛とかの、性交とは別の次元の、文句のつけようがない正しいことによって正当化される必要があるという構造は変わらないわけである。さらに、必ずしも愛し合っていなくても、快楽を求めるだけであっても、二人の合意の上のことであれば、ということになるのは性解放のあとのことである。

女は肉欲が強く、性交が好きであるという（4）の観念はひっくり返り、近代においては、逆に女には性欲がないという奇妙な観念が発生した。女には性欲がないのが普通で、それまでの、性交好きで男を誘惑する女は特別な一部の淫乱女ということになった。女という種族は聖女と娼婦、清純な乙女と淫乱女、「やらせない」女と「やらせる」女に分裂した。近代の女は、性欲の満足を求めようとすると「淫乱女」と蔑まれ、人格として尊重されるためには性欲などないふりをして性欲の満足をあきらめなければならないという二者択一に追い込まれた。その原因についてはのちに考察する。いずれにせよ、女性差別は変わらないのであるが、これまで通り、性交好きで男を誘惑する女を淫乱女として蔑視するほかに、一部の女を「清純な乙女」に祭り上げて、その性欲を否認するという、別の形の回りくどい女性差別が新たに始まったわけである。唯一絶対の神を崇敬し愛することが最高のことであるという（6）の観念は、唯一無二のかけがえのない異性を永遠に愛することを人生の最高のこととする恋愛至上主義・ロマンティック・ラヴの思想に姿を変えて現れている。

キリスト教の性否定思想の起源

性交は、子供をつくるために必要だから止むを得ないが、なくせるものならなくしたほうがよいというようなことを主張したり、中世には信者たちが性交を嫌悪して自ら去勢する一派が現れたり、われわれから見ると、キリスト教の性否定は極端で馬鹿げてさえいる。性交を歓喜の泉・救いの道とする宗教もあるし、それは別格であるとしても、一般に、宗教はセックスを多かれ少なかれタブー視するものの、キリスト教のように、セックスを不倶戴天の敵か何かのごとく憎悪する宗教はほかにはない。

わたしがかねてから主張しているように、人類の性本能は壊れているから、人類の男女が種族保存へと繋がる性交をすることができるようにするためには、セックスについていろいろな文化装置が必要である。性のタブーはそういう文化装置の一つである面があり、性欲を喚起する機能もあると考えられるが、キリスト教の性否定はそのような合目的範囲をはるかに超えていて、まるでセックスを撃滅したがっているかのようである。

性交を完全に禁止すれば、子孫が断絶して人類は滅亡するし、性交それ自体は楽しいことで、他の人々に迷惑を掛けるわけではないし、それなのになぜキリスト教はこれほどまでに性欲を弾圧しようとしたのであろうか。その歴史的背景は何であろうか。キリスト教はユダヤ教から派生した宗教で、同じ一神教の別の宗派のようなものであるから、割礼とか食物規定とかについてはいくつかの相違点はあるものの、ユダヤ教の基本路線は引き継いでおり、キリスト教の性否定はユダヤ教に起点ないし萌芽があると考えられるので、まずユダヤ教について考えてみよう。

ユダヤ民族の誕生

『旧約聖書』の「出エジプト記」とフロイドの『モーセという男と一神教』を参考にし、それに添ったわたしの仮説であるが、三浦雅士との対話『一神教vs多神教』(二〇〇二、新書館)で述べたように、ユダヤ教は逃亡奴隷がつくった宗教である。すなわち、古代エジプト帝国は周辺の各地を征服し、それぞれの土地の住民を連れて帰って奴隷として使役していたが、あるとき、その人たちの一部がエジプトから逃亡し、何十年か彷徨《さまよ》った後、カナン(今のパレスティナまたはイスラエル)にユダヤ人の国をつくった。当然、彼らは同じ民族の人たちではなく、それぞれの故郷の共同体から切り離され、出自を異にするバラバラの根無し草であった。言ってみれば、彼らは人類最初の故郷喪失者・人類最初の個人であった(わたしはここに西欧の個人主義の遠い起源を見ているが、この問題は今の問題から離れ過ぎるので、また別のところで論じたい)。彼らは、何十年もの彷徨のあいだ、また、建国に際して、多くの異民族と戦わねばならず、そのためには団結する必要があったが、それぞれの出自の共同体はバラバラなので、どこかの共同体の神々で全員をまとめることはできず、そこで、どの共同体とも関係のない新しい神を創り、この神を唯一絶対神と称した。共同体の神々と違って、この唯一絶対神は血の繫がりのない赤の他人なので、この神を自分たちの神とするためには契約を結ぶ必要があった。唯一絶対神と契約を結んだとき、ユダヤ教とユダヤ民族が誕生した。このように、ユダヤ民族は血縁共同体を基本とする他の諸民族とは根本的に異なる特殊な異質の民族、いわば作為された民族なのである。

このユダヤ民族は、もともとはバラバラの根無し草の集まりだったし、周りの異民族の敵意に囲まれていたから、何よりもまして団結の必要があった。しかし、それにもかかわらず、とくに女を巡って内紛が絶えなかった。昔から続いている村落共同体なら、どの男がどの女と結びつくかの男女関係は伝統的規範に従ってだいたい丸く収まるのだが、この根無し草の集まりにおいては、それぞれの男や女がかつて属していた共同体の規範はおたがいに喰い違っているからいずれも共通の規範とはならず、その上、これはわたしの想像であるが、逃亡奴隷の集団だったから、男に比して女が極端に少なかったであろうし、少ない女を巡って男たちがいがみ合ったに違いない。実際、男たちは勝手に女たちを強姦し、女たちは勝手に男たちを誘惑し、男と男、女と女、男と女のあいだで争いが絶えなかったであろう。

ただでさえ、周りの異民族の敵意に囲まれて危機に曝されているのに、このように内部で争っていたのでは自滅することが明らかなので、新たに結成されたユダヤ民族は、唯一絶対神の命令に基づくとされる厳しい戒律を設定し、とくに集団の団結を乱す男の情欲・女の情欲を諸悪の根源として弾圧した。ここに、『旧約聖書』の、男の肋骨から女をつくる話、アダムを誘惑するイヴの話、性交したアダムとイヴが楽園から追放される話などに見られるように、セックスに対して、他に類例を見ないほど敵対的な宗教が誕生したのである。

このように、セックスに対して敵対的なユダヤ教は、周りの異民族の敵意に囲まれてつねに緊張を強いられていたユダヤ民族という、ほかには見られないきわめて特殊な状況の下に発生した現象であって、その極端な性否定の思想は、他の諸民族に見られる穏やかな性のタブーとは基本的に異質のものである。周りに敵対する異民族はおらず、穏やかな気候と豊かな自然の産物に恵まれて暮らしてきた人たちは、セックスに関しておおらかな宗教や文化をもっている。ユダヤ民族がセックスに対して敵対的なユダヤ教をつくらざるを得なかったのは、それなりの追いつめられた事情があったのである。一般に、どの国でも、戦争前とか戦争中とか革命直後とかで社会体制が危機に直面している状況では性の禁止が厳しくなるということは、歴史が示しているところであるが、ユダヤ民族は、民族が形成された最初のときにそのような危機にあったのであろう。そして、ユダヤ教からキリスト教が派生し、この性否定の思想はキリスト教に受け継がれ、それ以来、ヨーロッパ、ついでアメリカの性文化を支配したのであった。

ついでながら言えば、共同体から切り離された大勢のバラバラな個人という、歴史上、ユダヤ民族において初めて発生した特殊な人たちをどうまとめるかの難しい問題に人類で初めて直面したのがユダヤ民族であり、ユダヤ教という一神教がその回答であったが、歴史は流れて、そこからキリスト教が派生し、さらにキリスト教のなかにプロテスタンティズムという宗派が成立し、そこから資本主義が芽生えてくるのである。

資本主義は貨幣を唯一絶対神とする一種の一神教であるが、今のところ、共同体から切り離されたバラバラの個人から成る社会を曲がりなりにもまとめ組織するには、神は死んでしまって頼れないのだから、資本主義以上に有効な方法は考えられない。そして、資本主義は共同体を破壊する力をもっているから、いったんどこかに資本主義社会が成立すると、あたかも癌細胞があちこちに転移するかのように、周りの共同体も巻き込まれて資本主義社会となり（資本主義社会にならないと滅ぼされるから）、今や、地球上の共同体は次々と侵されて壊滅し、資本主義が全世界を覆い尽くさんばかりの勢いである。共同体の秩序は伝統・慣例・風習・義理・人情などで支えられるが、それらはそれぞれの共同体によって異なり、状況によって変動し、普遍性を欠いているので、顔見知りの親しい人たちから成る狭い特定の共同体内では通用しても、バラバラの個人から成る大集団の秩序を形成する基盤としては、数量化可能で普遍的・合理的で冷たい資本の論理に太刀打ちできないのである。

今や、アラーという唯一絶対神でまとまっているイスラム教世界が、キリスト教から派生した資本主義の世界に対抗して辛うじて生き残っているが、キリスト教世界の攻勢に対して抵抗するイスラム教世界の劣勢は明らかであり、イスラム文明以外の文明、すなわち日本は資本主義にとっくに巻き込まれ、インドや中国も巻き込まれつつあり、そのほかには、小さないわゆる未開民族が世界のあちこちの僻地に滅びるのを待っているかのようにひっそりと暮らしているだけである。

いずれにせよ、先進資本主義社会は、他の諸文明を破壊し、征服し、あるいは取り込みながら内部の秩序を達成し、豊かな生活を実現して余裕をもち、広く世界において安定した権力を獲得した。もはやかつてのユダヤ社会のように男と女の情欲の嵐によって崩壊する危険はなくなった。今や資本の論理が秩序を支えてくれるのだから、キリスト教の厳しい禁欲的性道徳は不必要になった。性解放の時代がやってきたのであった。性解放については、またあとで論じることにする。

第九章　色の道と性欲処理

急速に西欧化した近代日本の性文化

十九世紀後半に、近代化・西欧化の一環として、近代日本はこれまで述べてきたような西欧近代の性文化を大幅に受け入れた。ペリー来航に始まる西欧の攻勢に政治的・軍事的・経済的・文化的に敗北したと思い込んだ日本人は、西欧に対抗するためには日本を西欧化するほかはないと観念し、政治経済制度や軍事組織など国家権力の維持と強化のためにおろそかにはできない面だけでなく、それほど緊急を要するとは思われない国民の日常生活などの面でも西欧化を急いだ。それにつられて性文化も西欧化されたと言えるかもしれないが、しかし、性文化は人間と人間との関係のあり方を規定する基盤であり、われわれの人生観・世界観とも深くかかわっていて、性文化を変えることは生き方を変えることでもあるから、足袋《たび》を靴下に変えるように簡単に変えられるものではないと考えられる。

しかし、実際には、近代日本において、足袋が靴下に変わっていったペース（敗戦後もまだ多くの日本人が足袋を履いていた）よりも、性文化が昔からの伝統的な形から近代西欧より輸入した形に変わっていったペースのほうがはるかに速かったと思われる。第八章で列挙したキリスト教の性文化の八つの特徴を大筋において引き継ぎ、いくらか部分的に修正した西欧近代産業社会の性文化を、すでに明治中期には日本はほぼ受け入れており（もちろん、西欧の性文化がそのままでは受け入れられず、従来の日本の性文化とぶつかって中間的な妥協形態ができたとか、日本の性文化のある面は一見、西欧化されたように見えるが、実質的には従来とあまり変わっていないとかのことはあるが）、西欧人があれほど熱心に布教しようとしたキリスト教がごく一部の階層（元下級武士のインテリなど）を除いてほとんど受け入れられなかったのに比べると、そして、性文化というものが本来はなかなか変わりにくいことを考えると、まさに驚異的である。

たとえば、織田信長の知遇を得ていたイエズス会の宣教師、L・フロイスの『ヨーロッパ文化と日本文化』（岡田章雄訳注、一九九一、岩波文庫）のなかに、「ヨーロッパでは未婚の女性の最高の栄誉と貴さは、貞操であり、またその純潔が犯されない貞潔さである。日本の女性は処女の純潔を少しも重んじない。それを欠いても、名誉も失わなければ、結婚もできる」「ヨーロッパでは娘や処女を閉じ込めておくことはきわめて大事なことで、厳格におこなわれる。日本では娘たちは両親にことわりもしないで一日でも幾日でも、ひとりで好きな所へ出かける」「ヨーロッパでは妻は夫の許可が無くては、家から外へ出ない。日本の女性は夫に知らせず、好きな所に行く自由をもっている」などの記述が見られるが、戦国時代だけでなく、はるか奈良平安の昔から明治の初期に至るまで、日本人は性に関してかなりおおらかだったらしい。近代以前は、日本の女は性生活に関して当時の西欧の女よりはるかに自由で自主的で幸福であったことは確かである。

処女などは尊重されないどころか、「男とまだ性交をしたことがない」という意味での「処女」という概念そのものがなかったらしい。「処女」という言葉はもともと、ところ定めぬ旅をしている遊女ではなく、親の「処」など、一定のところにいる「女」という意味であって、性交経験の有無は関係なかったとのことである。

確かに、江戸時代に「貞女は二夫にまみえず」などという儒教的観念はあったが、それは上層武士階級の一部のことであって、それもタテマエに過ぎなかった疑いが濃い。言うまでもなく、一般庶民においては、夜這いの慣習が示しているように、男の子も女の子も、思春期に入るか入らないかぐらいから、かなり自由に性交していたし、離婚などもありふれたことで、離婚した女が再婚先に困ることはなかったし、貞操観念はかなりゆるやかで、今でいう不倫もそれほど咎められることではなかったらしい。

要するに、性交が罪深いいやらしいことであれば、論理的必然として、性交した者は穢れた者となるわけだから、処女の純潔が重んじられず、処女を失っても何の差し障りもなかったのは、近代以前の日本では性交が罪深いいやらしいことではなかったからである。また、離婚した女が再婚先に困らなかったのも、理由は同じであって、離婚したからといって女の価値が下がったりはしなかったからである。すなわち、近代以前の日本の男は、自分の妻や色女が過去にどういう性経験をもっているかなどはあまり気にしなかった。どれほど性経験をもっていても、それで女の価値が下がるなんてことは思いもしなかった。すなわち、女はそれほど「もの」扱いされてはいなかったのである。もちろん、昔の武家などの系図には、男は特定の名前で記してあるが、ほとんどの場合、女はただ「女」とだけ記してあることからもわかるように、女が一人前に扱われず女性差別があったことは確かであるが、相対的に言って性関係においては、女は西欧におけるほどは「もの」扱いされていなかったとは言えるであろう。

女が道端で行水しなくなった

そのように男と女のことに関しておおらかであった日本人が、近代化の結果、様変わりした。すなわち、町の銭湯で混浴しなくなった（近代以前の日本の男は銭湯など、性交と無関係な場面で女の裸を見ても性的対象とは見なかったが、近代にはどこにあろうと女の裸そのものが性的意味を帯びるようになった）。女が道端で行水しなくなった（幕末から明治の初めにかけて日本にきた西欧人は若い女が道端で行水しているのを見て驚いたが、彼らがもっと驚いたのは通行人の男たちが行水している裸の女に注意を払わないことであった。E・S・モース『日本その日その日 1』第三章、石川欣一訳、一九七〇、平凡社）。処女が商品価値をもち、必要不可欠な嫁入り道具と見なされるようになった。処女を失った女が傷物と呼ばれるようになった。結婚した男女は生涯添い遂げるのが当然で、離婚を重大な失敗として恥じるようになった。妻の不倫は姦通罪として法的に罰せられるようになった。すなわち、近代化によって、日本の性文化はかなり劣化（人々の性満足を妨害し、幸福に反するという意味で）したのであった。

さきに、愛と性の分離と一致に関して、男と女の幼児期における親子関係の違いに原因を求めたが、その際、そのような個人的原因が愛と性の分裂を引き起こし得るのは、この分裂がすでに文化的条件として存在しているからであって、この条件を欠いていれば、個人は、どのような親子関係のもとに育とうが、愛と性を分裂させることができないのであり、この条件のもとに、ある種の男が不能の克服のために愛と性の分裂を利用するのだということを指摘したが、清らかな恋愛と罪深くいやらしい性欲・性交とが分裂している西欧近代の性文化が日本に入ってきたのである。

同じような例をもう一つ挙げておくと、ある国に国のためなら生命を捧げても惜しくないという愛国者が現れるのは、その国にそういう愛国者を立派な人間とする共同幻想があるからであって、この共同幻想がなければ、どのような育て方をされ、どのような教育を受けようが、国民のなかからそのような愛国者が現れることはあり得ないであろう。

すでに述べたように、そもそも「恋愛」や「性欲・性交」という言葉は明治以前には日本になかった言葉である。明治以前は、男が女に関して、女が男に関して「好き」とか「恋しい」とか「愛しい」とか「惚れた」とかいうことは、すなわちその女または男と一緒に寝たいということであった。逆に言えば、男はある女を、女はある男を「好き」になったのでなければ、その女または男と寝たいとは思わなかった。言い方を換えれば、ある女または男と寝たいということは、その女または男を好きだということであった。もちろん、それは文化としてのタテマエであって、タテマエに従わない者はいっぱいいるから、昔の日本にも強姦（手籠め）がなかったわけではないことは間違いないが、文化として愛と性が分裂していなかったということは重要である。

女性器にしか用がない男

恋愛と性欲との分裂は男女関係に決定的な変革をもたらし、男女関係を混乱させる。早い話が、恋愛と性欲が分裂すると、恋愛に基づく男女関係と、性欲に基づく男女関係との二種類の男女関係が出現し、まったく別のものと見なされるようになる。前者は清らかであるが、後者はいやらしい関係ということになる。西欧から輸入された性欲という概念は、要するに、満足させる必要のある動物的本能の一つ、動物と共通の下等な欲望であって、動物にはない人間特有の高貴な精神とは何の関係もないものであるということになっていた。したがって、性欲に基づく関係は動物的でいやらしいこととされた（これはまったくの誤謬であって、この種の性欲こそは人間特有のものであるが）。近代において、このような性欲の概念が成立し、一般化すると、欲望とは、生理的欲求とは違い、他者の欲望のコピーであり、共同幻想であるから、この種の性欲をもつ男、すなわち相手の女の性器にしか関心がなく、ただ性交したいだけという男、性欲の満足というものがそれだけで独立した一つの目標として設定され、性欲を満足させるだけのために好きでもない女とでも寝る男が実際に出現する。そういう女はなかなか出現しないが、それはこの種の性欲はもっぱら男のもので、女には性欲がないとされたからである（しかし、近頃、そういう女も出現し始めているようである）。

女に関してその性器にしか用がない男というのは、女から見れば、女を人間扱いせず、単なる性欲満足の道具と見なし、まさに女をこの上なく侮辱するとんでもない傲慢なひどい男であろうが、彼は、そうすることによって楽しい豊かな性生活を享受するわけではない。ちょっと考えればすぐわかるが、人間としての女とかかわりをもたず、女性器を使って射精するだけの性交はつまらない貧弱な性交でしか有り得ない。彼だってそのような貧弱な性交を望んだはずはない。それなのに、なぜそうするのかといえば、そうせざるを得ないよう追いつめられているからである。長いこと女にありつけなくて性に飢えに飢えた男は、海辺のリゾートホテルで愛する女とヴァカンスを過ごし、おたがいにいい気分になって楽しく性交するなんて悠長なことは言っていられなくて、相手が誰でもとにかく女性器がありさえすればいいとなり、目の前にやらせてくれそうな女がいれば（あるいは、やらせてくれそうでなくても）、見境もなくすぐ飛びつくであろう。それは、何日もどこにも食べ物が見つからなくて、腹が減りに減って餓死寸前の乞食が、家族か恋人と料理屋の個室で楽しく語り合いながら山海の珍味に舌鼓を打つなんて贅沢なことは言っていられなくて、道端に捨ててある残飯でも拾って喰うのと同じようなことであろう。

要するに、好きでもない女とでもやりたがる男、女と見ればセックスのことしか思わず、女性器にしか用がない男とは、女を馬鹿にした傲慢な男というより、むしろ、そのような惨めな状況にある男、性に飢えた哀れな男なのである。近代資本主義社会が、性的禁止の強化・無料セックスの撲滅・女性器の神秘化などの策略によって、この種の性に飢えた男を大量に生み出したのであるが、それは、資本主義社会の維持と発展のために必要だったからである。それと同時に、近代資本主義社会においては、働きづめに働いていないと喰えないいわゆるプロレタリアも大量に生み出されたが、それも同じ必要のためであった。資本主義の初期段階、産業革命の時代の労働者がいかに貧しく惨めであったかは周知のことであるが、性に飢えた惨めな男たちと、食に飢えた貧しいプロレタリアたちが資本主義の発展を支えたのである。性に飢え食に飢えた彼らがいなければ、資本主義社会は成り立たず、いずれも必要不可欠であった。ところが、資本主義の歴史において語られるのは、もっぱら食に飢えたプロレタリアであって、性に飢えた男のことはまったく言及されない。これは、歴史家というものが見たくないことは見ないことを示す典型的な例の一つである。この問題については、またのちに第十二章で詳しく論じることにする。

花魁には客を選ぶ権利があった

ところで、女性器にしか用がない男が出現すると、たとえば、売春という現象も変質する。江戸時代の売春は、吉原などに見られたように、花魁と客がまず一定の個人的な情緒関係を結ぶことを前提としていた。どれほどお金を積もうが、一見《いちげん》の客は受け入れられなかった。花魁にも客を選ぶ権利があった。客は何度か通い、花魁の芸を楽しみ、自分も何らかの芸を披露し、よしみを結んで初めて花魁と床をともにできるのであった。普通には、最初の回は盃を交わして話をするだけ、裏を返して再度訪れても床入りまでは許されず、三回目にやっと契りを結んだとのことである。そして、ある花魁のなじみになると、他の花魁に手を出してはいけないのであった。いわば、性交の前に一種の擬似恋愛関係（床入り前に三三九度の盃のまねごとをしたりするそうだから、擬似婚姻関係とも言えるが）になる必要があったわけであるが、それを擬似恋愛と見るそのような見方は近代の観点からの見方であって、それは、近代以降に出現した、相手の女の身体にしか関心がない男が、それを露骨に態度に示せば拒否されそうなとき、最初から性交を求めるのはがまんし、何回かは無理して性交ぬきのデートをし、あたかも彼女を精神的にも愛しているかのように見せかけ、その偽りの恋愛を根拠に性交を求めるのとは異なる。

花魁の客は、本当はすぐ性交したいのだが、すぐにはさせてもらえないので、止むを得ず、面倒な手続きを踏んでいたわけではないであろう。客自身が花魁との何らかの情緒関係を築き、それに基づいた形で性交したかったのであろうと考えられる。「女郎のまことと卵の四角はない」と言われるように、客に気に入られるための策であったかもしれないが、花魁も客の名前を腕に入れ墨したりして貞節と誠意を示したとのことである。それが近代以前の性文化、いわば、色の道であった（もちろん、花魁は、客に最初に床入りを許すまでに、できるだけたくさん手間を取らせ、お金を使わせることが、そのあと客を自分に執着させ、長く通わせる効果があることがわかっていたので、すぐには床入りを許さないというのは、花魁としては商策でもあったとも考えられるが、そのように考えるのは近代の観点に立っているからかもしれない）。

「観音様」が「公衆便所」となる

近代以前の売春婦だって、お金で買われる身であることには変わりはなかった。中世の遊女はところ定めぬ流れ者であったし、近世の吉原の花魁のような高級売春婦は、嫌な客と寝ない自由があったと言っても一定の場所に閉じ込められていたし、下級売春婦にはそのような自由はなかったであろう。筵《むしろ》を抱えてうろついていたいわゆる夜鷹は客を選んでいる余裕などなかったであろう。この女たちは決して幸福ではなく、惨めだったであろう。しかし、他方では、悩める男たちを慰め、救ってくれる人として感謝されたり、色の道の手ほどきをしてくれる先達として尊敬されたり、色恋の相手、あるいは対等な遊び仲間と見られたりして、それなりに誇りをもち、世間に居場所があったのではないかと思われる。幕府が禁令を出さねばならなかったほど、江戸時代には近松門左衛門の『曾根崎心中』の題材になったような、女郎と客の心中事件がしばしばあったことは、売春婦が客の単なる性的満足の道具ではなかったことを示している。

近代以前の日本の男たちは、玄人女にせよ素人女にせよ、性的満足を与えてくれる女に対しては、まず第一に感謝する心構えがあった。自分が肯定している欲望を満足させてくれる相手に感謝する気になるのは当然である。多くの男を満足させる女は慈悲深い「観音様」だと、崇められたりしたこともあったとのことである。ところが、近代になると、多くの男と寝る女は「公衆便所」と蔑まれるようになった。

この変化の第一の原因は、さきに述べた「動物的な」（もちろん、誤った意味での）いやらしい性欲の出現である。「色の道」は芸者の世界などで細々と続いたが、一般の娼家・売春宿はいやらしい性欲を処理する場所、一種の汚物処理所となり、売春婦はいやらしい性欲の処理を引き受ける賤業婦・醜業婦となった。軽蔑すべきいやらしい性欲を処理する売春婦が軽蔑すべきいやらしい存在になるのは論理的必然である。いやらしい性欲は、もしなくすることができるのなら、ないほうがいいのだから、性欲を処理する売春婦も、もしなくすることができれば、ないほうがいいとされたわけで、目を背けられる存在となった。つまり、売春婦は、世界において、ポジティヴな存在理由がなく、自分の居場所がないのであった。

色の道は、剣道、柔道、茶道、華道、書道などと同じく、人々が嗜む「道」の一つであったが、性欲の処理は「道」とは縁もゆかりもない、賤しい作業でしかなかった。

そこで起こってきた明治時代の廃娼運動は、女体を商売道具にする売買春という性差別の制度を廃止しようとした運動であったと同時に、売春婦に対する極端な軽蔑と差別に基づいていたという矛盾したものであった。それは、売春婦を苦界から救おうとする「善意」に発していたが、その「善意」は、売春を賤業とする前提に立っていたため、事実上、客の男たちのサディズムを満足させ、売春宿を繁盛させた。このことと関連があると思うが、近代以前の日本では、客の男が売春婦を身請けして妻にすることがよくあったようであるが、近代以降は、そういうことはめっきり減ったとのことである。売春婦と普通の女・素人娘・地女《じおんな》とのあいだの壁は非常に高くなり、いったん売春婦になると、なかなか普通の女には戻れなくなった。

売春婦に関する客の好みも変化した。もちろん、売春とは客の男のために性行為を行うことであるから、客の男の快楽が優先されたことは間違いないけれども、それでも近代以前の売春においては、粋の文化があり、あまりに自分勝手な客は野暮だと馬鹿にされ、客と女とのある種の情緒関係に基づいて二人がともに楽しむという面があったから、頭もよくて話が面白く、文芸にも通じ、いろいろ芸事もできて経験豊かな床上手の女が好まれたそうである。名のある役者を色男にしていたり、いい客をもっていたりすると、女の格があがるのであった。色の道に通じていることが、客の男だけにでなく、女にも求められたのであった。

しかし、売春婦がいやらしい性欲を処理するための道具ということになると、女の精神的側面はどうでもいいこととなり、いやむしろ邪魔なものとなり、ひたすら道具としての新鮮さ・使いやすさが求められた。つまり、若ければ若いほどよく、従順であれば従順であるほどよく、無知であれば無知であるほどいいということになった。売春しているとはとても見えない清純な乙女風の売春婦が好まれた。もし売春するとすれば、女子大生より女子高生、女子高生より女子中学生のほうが高く売れるそうだから、この傾向は現在も続いているわけである。すなわち、性がいやらしいということになり、かつ、抑圧されたため、男は、いやらしいことを求めながら、いやらしい要素が少ないかのように見える性的対象を求めるという矛盾したことをするようになったということである。そういう矛盾と葛藤に囚われていなくて、ただセックスを楽しもうとするのであれば、経験豊かな年増のほうがはるかにいいはずであるが、今やその種の年増は、使い古されてくたびれ、手垢のついた古道具ということになり、これまでとは逆に価値の低いものとなった。

プラトニック・ラヴ

要するに、売春婦は人間以下の存在として軽蔑されるようになったが、そのことと対応して、これまで男たちと同じ俗世間に住み、同じレベルで恋したり恋されたりしていた素人娘のなかから人間以上の存在、セックスなどのいやらしいこととは無縁な穢れのない「清純な乙女」という新しい高貴な種族が出現し、プラトニック・ラヴの対象として崇拝され、憧れられるようになった。江戸時代には、活発で快活で色っぽい娘がモテたと思われるが、近代になって、江戸時代ならモテなかったであろうと思われる控え目でおとなしくて、か弱く清楚なこの種の女がモテる女の隊列に新しく加わった。

西欧の「清純な乙女」とは、ダンテの恋人のベアトリーチェにせよ、ヴェルテルの恋人のロッテにせよ、処女マリアが変形したものであると考えられるが、日本にもそのような「清純な乙女」が出現したのである。花魁や遊女や芸妓に代わって、明治時代の恋愛小説に新しく恋愛の対象として登場した「女学生」などはその例である。性欲処理用の女と清純な乙女は、性欲と恋愛が分裂した性文化、性交を罪とする性文化という同じ土壌から生まれた双生児であった。要するに、日本にもその種の性文化が入ってきたということである。

しかし、「清純な乙女」が相手だからといっていつまでもセックスぬきの「プラトニック・ラヴ」を続けているわけにはゆかない。関係が続き、深くなれば、当然、性関係もからんでくる。そのとき、恋愛関係においてどのように性交を正当化するかが難問であった。近代日本においても、性交を正当化するには近代西欧と同じような論理が使われた。すなわち、愛し合って結婚した男女の性交は正しいとされた。生涯にただ一人の人を永遠に愛するというロマンティック・ラヴにおいては、そしてその延長線上にある相思相愛のロマンティックな結婚においては、愛と性とが一致しているはずであった。

しかし、すでに述べたように、プラトニック・ラヴというのは、キリスト教の唯一絶対神への信仰が姿を変えたものであり、現実には実現不可能であって（ましてや一神教の伝統のない日本人にとって）、さらにその上、それをセックスと一致させて、ただ一人を永遠に愛し、その人以外には性的魅力を感じないロマンティック・ラヴを築こうというのは、水と油を混ぜようとするようなもので、さらに無理なことであった。この不可能なことを実現しようとして無理したために、多くのさまざまな歪みや欺瞞がもたらされることになった。近代においていったん確立したいやらしい「動物的」性欲は、ロマンティック・ラヴの枠内に入れられたからといって、それに浄化されて「いやらしくなく清らかな性欲」になるわけはなく、ただ、そのいやらしさが隠蔽されただけなのは、言うまでもないことであろう。

それで男たちは四苦八苦

このように、いやらしい性は清らかな愛に裏づけられているときにのみ許されるものとなったが、この隠蔽策・欺瞞策はともすれば破綻するのであった。江戸時代またはそれ以前の男たちのように、自然な心情として好きでもない女とは寝る気がしないというのではなく、愛と性の分裂を抱えたままで、愛とは無関係な性欲を抱えたままで、好きではない女と寝てはならない、愛していない女と性交してはならないという倫理または理念を押しつけられた男たちは、四苦八苦した。この倫理を守る男もいたが、多くの男は、愛ぬきでいやらしい性欲を処理することができる買春をますます必要とするようになった。

江戸時代には大都市や宿場町にしかなかった遊郭が全国津々浦々の小さな町々へも広がった。かつては江戸などの都市に今の言葉で言えば単身赴任していた武士や、旅に出て解放された気分になった百姓町人がときたまの気晴らしや贅沢な遊びとして遊郭に登るというのが多かったが、近代以降は、町や村の、妻帯者をも含めた普通の男たちが日常的に遊郭に通いだした。そして、遊郭の客は、独身者より妻帯者のほうが多いのであった。

売春婦以外の素人娘などに対して男が愛の裏づけのないいやらしい性欲を向けるのは、彼女に対する侮辱であり、また人倫にもとるとして厳しく禁止されたため、そして素人娘も自分が愛されているとの確信がない限り、気軽に性交に応じなくなったため、男たちは、素人娘と性交したいと思ったとき、性欲の満足だけのために彼女が欲しいのではないかと気になり、彼女を愛しているかどうかを自問しなければならない羽目になった。しかし、自分の心の中をいくら探っても、これが愛だと確信できる感情を見つけるのは不可能であった。また、彼女たちも、近代以前と違って、油断していると、性欲処理用の女にされてしまう危険があったので、男に性交を求められたとき、自分が愛されている確実な証拠を彼のなかに見つけようとしたが、それが難しかった。むしろ、不可能であった。彼は性交したいだけだが、正直にそう言うと断られるので、愛しているふりをしているのか、それとも本当に愛してくれているのかを確実に見分ける方法はなかった。結局、男が女を愛している証拠は彼が彼女と結婚するということ以外にはなかった。ひと昔前の恋愛映画などでは、男が結婚を申し込むと、女がパッと顔を輝かし、「愛してくれているのね」と男に感謝するという場面がよく見られた。

その結果、たとえば、男は女への愛が清らかであることを示すため、女は男に愛されていると信じるため、結婚までは性交しないという、現在から見れば、いささか奇妙なことが行われることがあった。もちろん、それは、恋愛をあくまで清らかに保つために、恋愛からいやらしい性欲と性交を排除するためでもあった。そこに、婚前や婚外の性交を厳しく禁止したキリスト教の影響があったかもしれない。

いずれにせよそのため、男は婚約者とデートして映画を見たり、食事をしたりしたあと、彼女と別れて独りになると、売春宿へ行って売春婦を買うという、アホらしいと言うか、何と言うか、今の人には考えられないような矛盾したことをしていた。それは彼女を結婚まで清らかな処女としておくためでもあった。そのとき、彼は自分を抑えて立派なことをしているつもりであって、女には性欲はないとされていたから、彼女も性交を望んでいるかもしれないとか、性交して彼女の性欲を満足させ彼女を楽しませるなんてことは思いもしなかったし、彼女を性的不満のまま帰したという自覚はなかった。そして、彼女のほうも、性的不満でイライラしても、彼には「清純な乙女」と思われているかもしれないから、そして、そう思われているからこそ愛してくれているのかもしれないから、セックスしたいなどと言い出せるわけもなく、また、結婚前に彼にセックスを「許し」たりすれば、飽きられて棄てられるのではないかとの不安もあったから、セックスすることにためらいがあり、それで二人は「清らかな」まま別れるのであった。しかし、彼自身は彼女とデートしていて性的に興奮し、そのまま別れたわけだから、興奮した性欲を「処理する」必要が生じ、そのため売春婦を買うということになるのであった。そして、彼女は家に帰って彼のことを思いながら、オナニーをしたかもしれないのであった。

あるいは、デート中に彼女にいやらしい性欲を感じ、彼女の性器などを思い浮かべるのは、彼女に失礼であるし、それを彼女に悟られて嫌われるかもしれないし、どうせ彼女によっては満足されないのだから自分も苦しいということで、あらかじめ売春婦相手に性欲を「処理して」スッキリし、「すがすがしい気持ちで」デートに臨むということをすることもあった。それで別に矛盾を感じなかったのだから、いかに「清らかな」恋愛と、「いやらしい」性欲が分裂していたかがわかる。だからこそ、男は前者を処女の婚約者に、後者を卑しい売春婦に振り分けることができたのである。売春婦で性欲を満足させて、言い換えれば他の女と性交して、婚約者に対してそれほど悪いことをしたとは思わなかった。男の性欲は定期的に満足させなければならないと考えられていたから、婚約者との性交が許されない以上、売春婦を買うのは止むを得ないというわけであった。

恋愛と性欲はそれぞれ別の二つの領域に無関係に存在しているかのようであった。しかし、もちろん、実際には「清らかな」恋愛と、「いやらしい」性欲とはおたがいに支え合っていた。

これまで何人かの男と性関係があり、中絶したこともある女がいた。彼女は、結婚する気はなかったが、ある男が好きで、彼とセックスしたいと思っていた。彼女はいろいろほのめかして誘うのだが、彼は明らかにセックスしたがっていそうなのにもかかわらず、なかなかしてくれないのであった。彼は「清純な乙女」幻想が強く、どうも彼女のことを「清純な乙女」と誤解して愛してくれているらしく、それで、言い出せないのかもしれないと彼女は考えた。そこで、彼女は自分が「清純な乙女」ではないことがわかれば、彼がセックスしてくれるのではないかと思い、処女ではないこと、かつて中絶したこともあることを告白した。すると、彼はびっくりし、彼女に幻滅したらしく去っていってしまった。彼女は失恋の悲しみにしばらく打ち沈んでいた。彼女は彼とセックスしたかったし、彼もしたかったらしいし、セックスしておたがいに何のマイナスもなかったはずである。それなのに、なぜ、しないまま別れることになってしまったのであろうか。この場合、彼とセックスするためには、彼女はどうすればよかったのであろうか。

わたしの推測であるが、彼は、現代の男の例に漏れず、やはり女を「清純な乙女」と「やらせる女」（売春婦または淫乱女）とに二分する男だったのではないか。彼は、彼女が気づいていたように、彼女を「清純な乙女」と思っていたので、セックスしたいのにもかかわらず、がまんしていたのではないかと思われるが、それでは、なぜ彼は「清純な乙女」でないとわかった彼女とセックスしようとしなかったのであろうか。彼は「清純な乙女」の彼女と「清い」恋愛をしているつもりだったので、「やらせる女」に「下落」した彼女に対して急に態度を切り換えることができなかったのであろうか。彼は、彼女が自分に対して抱いているであろう、「清純な乙女」を愛する「純情な男」というイメージを壊したくなかったのであろうか。少なくともこれまで愛してきた彼女に、自分が女を二種類に使い分ける男であることを知られたくなかったのであろうか。相手が「やらせる女」とわかれば、すぐ飛びつくスケベ男の本性を現すことは、さすがにためらったのであろうか。「やらせる女」となった彼女と性関係をもてば、いやらしい関係にしかならないと予測され、彼女とはそういういやらしい関係になりたくはなかったのであろうか。いやらしい関係なら、すでに他の女たちともっていたので、それ以上は要らなかったのであろうか。中絶したことがある女を「清純な乙女」と思っていた自分がみっともなくて、彼女の前に姿を見せられないのであろうか。あるいはやはり、彼は、彼女が「清純な乙女」でなかったことが許せなかったのであろうか。

いずれにせよ、「清純な乙女」幻想は、女をいたずらに苦しめるだけでなく、女との関係において男たちをも変てこな行動に追い込み、男と女の関係を致命的に歪めるようである。

輸入されたロマンティック・ラヴ

何はともあれ、近代産業社会における結婚は、夫が稼ぎ、妻が彼に経済的に依存するという形が一般的で、男が女を愛するというのは、事実上、彼女を養うということであったから、愛と性の一致をめざす近代のロマンティック・ラヴの理想は、現実には、女が男に与える「性」すなわち男の性的満足と、男が女に与える「愛」すなわち扶養の義務との交換取引、すなわち売買春に限りなく近づいたのであった。要するに、売買春の普及と一般化・結婚の売買春化が近代資本主義社会における男女関係の特徴であると言うことができよう。資本主義の思想が男女関係をも貫いたのである。商取引となったこの男女関係においては、男と女はともにさもしくなった。男も女も資本主義の原則に基づいてともに最小の投資で最大の利潤をあげようとするのであった。結婚しないで性交すれば男の勝ちであり、性交させないで男に貢がせれば女の勝ちであった。

ここでは一応、愛と性との分裂を前提とした上での、セックスぬきの清らかな恋愛、ただ一人を永遠に愛する恋愛を「プラトニック・ラヴ」、愛と性を分裂させたまま、それを根本的に解決しようとしないで、プラトニック・ラヴに何とか無理やりにセックスを一致させようとした恋愛、あるいはセックスを何とかプラトニック・ラヴで包み込もうとした恋愛を「ロマンティック・ラヴ」と呼んでいる。西欧から輸入されたこの形の恋愛は、日本人の男女関係に多大の歪みをもたらしたが（それ以前の日本人の男女関係が全然歪んでいなかったわけではないが)、他方、積極的な面がないでもなかった。

プラトニック・ラヴというこの清らかな恋愛が日本に入ってきて、近代日本人の男女関係に大きな影響を与えたことは間違いない。セックスと切り離されていない、それまでの惚れたはれたの古くて俗っぽい「封建的な」男女関係と違って、この新しい恋愛は新時代を画するすばらしい男女関係として、西欧文化の他のさまざまな輸入品とともに敬意を払われ、憧れられた。生涯にただ一人を永遠に愛するという点も、それが実現不可能な理想であるというところは見過ごされて、気分次第でくっついたり離れたりするそれまでの色事と違って、この恋愛の清らかさのみならず、真実さ・高貴さを示しているると思われた。ただ一人を永遠にというわけだから、おたがいに独立した個人として尊重し合い、おたがいに相手をかけがえのない他ならぬこの人として、唯一無二の人として求め合っているわけで、それぞれのナルチシズムをも満たし、男女平等理想にも添っていると見なされた。青年たちは西欧の恋愛小説、それに追随した日本の恋愛小説を貪り読み、その主人公に同一化し、そこに描かれているような恋愛をしようとするのであった。

しかし、プラトニック・ラヴとかロマンティック・ラヴとかに燃えあがり悦に入っていたのは主として男であって、女は、「清純な乙女」とやらに祭り上げられ尊重されて、一面、いい気分にさせられるが、この「清純な乙女」というのはどこか嘘っぽくて実感がなく、そのため女は、男が勝手に描いた非現実的な理想を押しつけられて、しかも、男はそれを女のためにもいいことだと決めてかかっているようなので、当然それに従わざるを得ないような窮屈な思いをさせられ、とうてい、男のロマンティックな理想についてゆく気になれないのであった。それに、女は、男が「ただ一度、ただ一人」なんて言いながら、陰で売春婦を買っていることが何となくわかっていて、そういうことでも白けるのであった。もちろん、女にも男の理想に共鳴する者がいないではなかったが、やはり男女関係というか、結婚の主導権は男に握られていたので、多くの女はそれに付き合っていただけであった。

ところで、近代以前の日本の結婚は、理想をめざすというようなものではなく、夜這いしていたら女が身ごもったからとか、好き合って一緒に暮らしたくなったとか、親同士が決めたとか、目上の人に勧められたとか、「一人では喰えないが、二人なら喰える」とかで世帯を一緒にしたほうが安上がりで便利だとか、商売のため働き手がいるからとか、その種の適当な理由で行われたと思われるが（それらの理由は結婚の理由として不十分とは見なされなかったようである）、そしてそういう理由による結婚も続いたと思われるが、近代になって、ロマンティック・ラヴに基づく結婚、恋愛結婚が出現した。穢れのない清らかな関係から出発して、おたがいの愛と信頼を築き、愛と信頼に基づいて結婚へと進む恋愛結婚は、これ以上のものがない理想の男女関係と見られた。これこそ、新時代の結婚であった。この新しい形の結婚が人間として選ぶべき正しい結婚ということになり、それ以外の形の結婚は何となくつまらない、遅れた、あまり自慢できない結婚ということになった。

したがって、西欧式の「近代的自我」を確立しようとしていた青年たちが恋愛結婚に憧れたのは当然であった。恋愛は家の束縛から解放され、近代的自我を確立し、独立した個人となるためには通らなければならない道であった。男と女は恋愛によって結ばれ、そして結婚すべきであった。あえて親に反対されたがったわけではないが、親の認めない恋人をつくることが、親に反抗して自己主張するもっとも手近な方法であった。しばしば親は子の恋愛を「野合」だと非難して反対したので、親の反対を燃料にして近代の恋愛はいやが上にも燃えあがるのであった。

「家」への反逆としての恋愛結婚

この恋愛は、すでに述べたように、西欧においてはキリスト教に対する反逆として始まったのであるが、それが輸入された日本においては、家に対する反逆という意味をもつことになった。この「家」というのが、キリスト教とは違って、残存する封建的旧制度というわけでもなかったので、いささか問題がややこしいのである。つまり、明治政府は、西欧に対抗するため、それまで武士階級の一部にしか行われていなかった家父長制を拡大して西欧と同じように全階層に及ぼそうとした。その結果、一般庶民も名字を与えられ、先祖から子孫へと相続されてゆく家を認められ、家族における父親の権威と権力は法的に裏づけられた。この面では、結婚も家父長制のもとにおかれ、家と家とがく行われるようになったのは、近代の現象のようである)。

結びつくためのものとなった。この種の結婚では見合い結婚が主流を占めた（したがって、見合い結婚は、輸入品ではないのだが、昔から日本にあったわけでもなく、少なくとも広く行われるようになったのは、近代の現象のようである）。

見合い結婚と恋愛結婚が対立し、言ってみれば、前者は体制的、後者は反体制的であった。基本的には西欧の模倣であった日本近代の家父長制（日本の伝統的要素も入っているが）に基づく家と家との見合い結婚に対する反逆の足場が、同じく西欧から輸入したロマンティック・ラヴに基づく結婚、すなわち、恋愛結婚であったというのは、皮肉な現象である。そして、見合い結婚と恋愛結婚との争いは最終的に恋愛結婚の勝ちに終わった。見合いして結婚した者たちが、われわれは見合いしてから恋愛したのだと称し、見合い恋愛というようなことを言い始めたのは、見合い結婚の側の敗北を示していた。しかし、そのときには、恋愛結婚は、親に反対されることもめったになくなり、家への反逆とも自我の確立とも関係がなくなって、初めの頃の情熱を失い、形骸化していた。今や、見合い結婚も恋愛結婚も廃れ、その結果、独身男、独身女が激増している。

さて、日本近代の性文化は西欧近代の性文化の影響を受けてこのようなものになったが、近代社会の構造と、そこでの男女関係の構造はどのようにつながっているかの問題を次章で考えてみたい。日本近代が西欧の性文化を大急ぎで採り入れたのは、西欧を崇拝して単に模倣したかったから模倣したというようなものではなく、社会構造上の必然性があった。

第十章　神の後釜としての恋愛と性欲

資本主義とキリスト教

日本近代の性文化に多大の影響を与えた西欧近代の性文化はキリスト教の性文化を、いくらか変えながら、大筋においてそのまま引き継いでおり、その世俗化であると言えるが、いくらか変わった点は、近代産業社会・資本主義社会の成立と関係があると考えられる。ある社会の性文化はその社会の経済的その他の全体構造の一環であるから、このような西欧の性文化の歴史的変化過程は、西欧における資本主義の発達過程と対応しており、したがって、このような性文化がなぜ西欧において成立したかの問題は、なぜキリスト教の西欧において世界の他の地域に先駆けて最初に資本主義が発達したかの問題とつながっている。

この問題についてはいろいろな説明があるが、もっとも有名なのは、ヴェーバー

(M. Weber, *Die protestantische Ethik und der Geist des Kapitalismus*. 1920.『プロテスタンティズムの倫理と資本主義の精神』大塚久雄訳、岩波文庫）が説いた説である。この問題を論じる前に、ちょっとわたしの考えを述べると、資本主義の精神とは人間の生き方、不合理と言えば不合理と言えるある生き方の問題であって、ある社会にある種の客観的条件が揃えば必然的に発生するような現象ではない。資本主義とは、人類の歴史において、事と次第によっては起こらなかったかもしれないが、たまたま西欧に起こった偶発的現象でしかない。しかし、資本主義社会は、競争を原理とするため、いったん発生すると、その内部構造上不可避的に経済や軍事の面で急速に「発達」し、飛び抜けた強さをもつようになるので、共同体社会はとても太刀打ちできず、鎧袖一触《がいしゅういっしょく》のもとに滅ぼされてしまう。資本主義社会は、内部の人たちにとっては、油断したらたちまち脱落するので絶えず過酷な努力と緊張を強いられる住みにくい社会であるが、外部の人たちには圧倒的に強いのである。したがって、そのあと資本主義が世界に蔓延したのは必然的であったと考えられる。これは悪貨が良貨を駆逐する典型的な例の一つである。

ところで、資本主義と言えば、資本、すなわちお金を中心とすることであって、そのように常識的に考えると、できるだけたくさんお金を儲けようとする商人根性や、儲けたお金を使って人生を楽しもうという享楽主義とつながっていて、もし資本主義のようなものが発達するとすれば、お金儲けのための商業活動に対する道徳的禁止がなく、人々が自由に営利を追求することができ、人生を楽しむことにあまり罪悪感がないように見受けられる中国やインドやイスラム世界でこそいちばん発達することが期待できるであろう。

ところが、現実の歴史はそのように展開しなかった。ご存じのように、キリスト教は、イエスが寺院の徴税人か高利貸しかの銭函をひっくり返したのを初めとして、中世の教会は利子を取るのを禁止していたし（そのため、ユダヤ人しか金貸しになれなかった）、近代のプロテスタント諸派はカトリック教会よりさらに強く金儲けを蔑んだことからわかるように、商業とか営利とかに敵対的で、あらゆる享楽に対して禁欲的であったが、資本主義は、そのようなキリスト教が支配する西欧において発達したのである。この逆説的事実をヴェーバーは次のように説明する。

働くために働く

資本主義社会をつくったのは、ピューリタンたちであるが、彼らは勤勉と節約を旨とした。自分の仕事を何らかの世俗的目的のためではなく、神から与えられた「天職」(Beruf) と考え、信仰生活の勤めとして自己目的的に遂行した。働くために働いたのである。そして、禁欲的であったから、働いて得たお金を生活の楽しみのためには使わなかった。彼らのこのような生活態度は、中世の修道院における修道士の生活態度から受け継いだものである。修道士は、世俗との関係を絶ち、修道院に閉じこもって、ひたすら神に「祈りと労働」を捧げる禁欲生活を送った。ピューリタンたちは、修道士のこのような宗教的・反世俗的生活態度を世俗化し、俗世間で同じような生活を送ったわけである。修道院のなかでそうしているぶんには、神のみぞ知るで、何の社会的効果もないが（おいしいワインやチーズをつくったが）、俗世間でそのような生活を送ると、働きに働いて、儲かったお金を使わないのだから、意図しなくても必然的にお金はたまる一方で、たまったお金をさらに仕事を増やし、さらにいっそう働くために使うとすると、これまた意図しなくても必然的に次々と事業を拡張する産業資本家になるという寸法である。

もちろん、西欧近代人のすべてがピューリタンになったわけではなく、ピューリタンのすべてが産業資本家になったわけでもないが、このような働くために働くというメンタリティ、すなわち資本主義の精神が中産階級に浸透し、さらに労働者階級にまで浸透し（労働者も一定の時間・一定の場所で一定の仕事をするという生活態度を身につける）、ある社会を構成する人々の多くがこの精神をもつようになると、ここに資本主義社会が成立するのである。ヴェーバーがそこまで言ったかどうかは知らないが、資本主義とは世俗化されたキリスト教であり、資本主義の精神の持ち主とは世俗化された修道士、世俗化されたキリスト者である。したがって、資本主義がキリスト教の世界である西欧にまず出現したのは至極当然であって、何の不思議もない。

ちょっと脇道に逸れるが、ついでながら言っておくと、働くために働き、そして、働いて稼いだお金を使わず、つくった製品を消費しないこのような資本主義の精神は、資本主義社会の成立のために必要不可欠であるが、もちろん、それだけでは十分ではない。稼いだお金は事業の拡張に回せばいいとしても、つくられた製品が消費されないのでは、資本主義社会はゆきづまらざるを得ないからである。すなわち、資本主義社会が成立するためには、つくられた製品を消費する人々が必要であって、たとえば、インドを植民地にして、インドの織物職人の腕を切り落とし、その伝統的な家内織物産業を潰し、インド人がイギリスの織物製品を買わざるを得ないようにしたイギリスが典型的な例であるが、ここに資本主義国家が植民地を必要とする理由がある。資本主義国家とは、自国民が働きに働いてつくった製品を自国民は消費しない国家、あるいは、自国民が消費する必要量をはるかに超えた量の製品をつくる国家である。とにかく、近代において、働きに働いて生産し、かつ消費しない（つまり、他民族、他国民に消費させる）国民が世界を制覇したのである。このような資本主義の精神を欠いていて、働くために働くのではなく、お金を儲けるために働き、儲けたお金を使って人生を楽しむ人たちばかりでは資本主義社会が成り立たないのは明らかである。それでは生産と消費が国内で釣り合い、他国民を侵略したり搾取したりする必要が生じず、大資本が蓄積されて資本主義が大いに発展する可能性がない。

いわゆる未開社会で産業を振興しようとして、人々に煙草や酒や贅沢な食べ物の味を覚えさせ、それらはお金を出さなければ手に入らないようにしておいてから、資本を投下し、工場を建て、人々を雇って準備万端ぬかりなく整えても失敗するのは、雇われた人々に「資本主義の精神」がなく、給料をもらった翌日からこなくなるからである（給料を使い果たして無一文になると、また現れるが）。人間としては、お金があるあいだは遊び、お金がなくなるまで働こうとしないこの種の人たちのほうが自然でかつ健全であると言えよう。ヴェーバーは言っていないと思うが、資本主義の精神とは、生きるために必要でないのに働いていないと気が済まないという一種の病気なのである。なぜ、働いていないと気が済まないかというと、資本主義的人間とは、共同体を失って孤立したバラバラな個人であり、労働と、労働によって得られる金銭を介してしか世界と、そして、他の人々と繋がることができないからである。現在、資本主義が世界に蔓延し、地球を覆い尽くさんばかりに繁栄しているのは、各民族の共同体を次々と潰してゆき、寄る辺ない個人を大量につくり出したからである。

ヴェーバーが触れなかった性的要因

第八章で、キリスト教の性文化が近代産業社会になってどの点でどのように変化したかを述べたが、この変化は、すべて世俗化ということであって、宗教的な形が世俗的な形に取って代わられたに過ぎず、実質的な内容の点では別に変わっていない。そして、さきに述べたように、性文化のこの世俗化の過程はキリスト教が資本主義へと世俗化された過程と対応している。かつて神や神への信仰が占めていた位置を恋人や恋愛が占めるようになった、かつて神がつないでいた男と女の関係を恋愛や性欲がつなぐようになった、かつて神に守られることによって得ようとしていた安心立命を恋人に愛されることによって得ようとするようになった、かつて宗教的罪であったことが動物的ないやらしいこととか、健康によくないこととか、社会的に不適応なこととかになったと考えればいい。修道院において神のために働いた修道士の生活態度が世俗化されたということも、同じ過程の一環なのである。

ヴェーバーの理論は、キリスト教が世俗化されて資本主義となる過程について実に説得力のある説明をするのであるが、わたしにとって不思議なのは、そこに性的要因への言及が一言もないことである。時代が時代なので、性のタブーが強く、彼には事態における性的要因が見えなかったのであろうか、あるいは見えていても触れなかったのであろうか。いずれにせよ、キリスト教ほどセックスに対して敵対的な宗教、セックスにこだわった宗教はほかにないのだから、そのキリスト教が、とくにそのなかでもセックスに関して禁欲的であったピューリタニズムが資本主義へと世俗化されてゆく過程において、セックスという要因が大きな役割を演じていないはずはないのである。

ヴェーバー理論は、確かにその通りかもしれないが、修道士は神のために働いていたわけで、一応は「神のため」という目的というか意義づけがあったのである。神が死んで、「神のため」という目的を失った近代人が働くのを、ただ修道士の生活態度を受け継いだということだけで説明するのは、説明としては弱いのではなかろうか。近代人も働くためには、かつての「神のため」に優るとも劣らぬぐらい強い働く動機となる目的が必要ではなかろうか。それが「恋のため」「セックスのため」ということだったのではなかろうか。実際、近代の恋愛は、恋人を理想化し、崇め、恋人を得るために生命をも賭けることがあるぐらいで、これが、かつての神への信仰が崇拝対象を入れ替えただけに過ぎないものであることは、ちょっと考えればすぐわかるであろう。だからこそ、かつて神のために働くことができたのと同じように、恋のために働くことができたのであった。恋愛至上主義が神への信仰に取って代わった。

プロテスタンティズムの倫理が資本主義の精神を生み出したというヴェーバーの見解は、間違いではないと思うが（というより、この種の問題に暗いわたしとしては、彼の見解に反駁できるほどの論拠をもっていないので、それを一応正しいと措くとして）、そこで性的要因が演じていた不可欠で重要な役割をヴェーバーは見逃していると思われる。清純な乙女と売春婦への女の分割・性的禁止の強化・女の性欲の否定・女体と女性器の神秘化・恋愛至上主義・セックスの有料化の徹底などの西欧近代の性文化は、西欧近代の資本主義の精神の形成に必要不可欠な貢献をしたのであった。

姿を変えたイヴとマリア

同じくこの世俗化の過程の一環として、アダムを誘惑するイヴと、処女マリアという、聖書に登場する二人の女は、淫乱女と清純な乙女に姿を変えた。近代以前の西欧においては、女は一般にイヴの後裔と見られており、肉欲が強くてセックスを好み、男を罪へと引き込む危険な存在であったが（しかし、それほど非難の対象ではなく、女とはそういうものだとして容認されていたと思われる)、近代になると、処女マリアが世俗化されて、ここに「清純な乙女」という新しい種類の女が誕生した。この清純な乙女は、処女マリアと同じように、性欲のような穢れたものをもっていない女であった。このような清純な乙女が誕生すると、それまでとは逆に、女は性欲をもっておらず、セックスを好まず、セックスと無縁なのが本来の正しいあり方であって、セックスに応じるのは特別な淫乱女か売春婦ということになった。

語義から考えて、淫乱女とはセックス好きで、いつもやりたがっている女、売春婦とはお金を取って男にセックスさせる女であって、決して同じではない。いやむしろ、淫乱女は自分の性欲の満足を求める女、売春婦は男の性欲の満足に奉仕する女であってまったく逆なのであるが、セックスを拒否しないという点では淫乱女も売春婦も同じなので、女を「やらせる」女と「やらせない」女とに二分し、結婚外の性交を厳しく禁止した当時の性道徳に反するということで一緒くたにされたのであろう。

要するに、世の中には、清純な乙女と売春婦(淫乱女)の二種類の女がいるということになった。ちなみに言えば、近代の初め頃に急増した魔女の裁判と火刑は、清純な乙女の誕生の舞台裏に起こった出来事ではなかったかと考えられる。魔女というと、一般に、箒《ほうき》の柄に跨って夜空を飛ぶとかの特殊な超能力のようなものをもっていて、今なら乱交パーティとでも呼ばれるようなサバトを催し、黒ミサを執行し、人々に災いをもたらす女と思われていたようである。その災いとは、眠っているあいだに男を犯すとか、男の性能力を奪うとか、主として性的なことにかかわっていた。要するに、魔女とは男たちの性的被害妄想の犠牲者であったと言えよう。清純な乙女が女の本来のあり方であるという観念が一般化する過程で、この観念から外れる淫乱女が魔女と見なされ、男の被害妄想を刺激したのであろう。魔女裁判はそういう過渡期の現象と考えられる。女たちは、それまでのように性的に奔放にふるまうと魔女に仕立てあげられて火あぶりにされることを骨の髄まで思い知らされ、清純な乙女になることを、少なくともそのふりをすることを強いられたのであった。清純な乙女の幻想が資本主義の発達のために必要不可欠な役割を果たしたことを考えれば、魔女裁判と清純な乙女の誕生は資本主義社会の到来を告げる前奏曲であったと言えよう。

「清純な乙女」の誕生

なぜ処女マリアが世俗化され、清純な乙女が誕生したかと言えば、この時代に性的禁止が一段と強まり、女の自由な性活動をさらに強く弾圧することが必要になったからである。キリスト教はそもそもの初めからセックスに対して敵対的な宗教であったが、それでもカトリック教会が支配していた中世において、厳しい性的禁止はタテマエであり、タテマエと実際とがかけ離れているのはよくあることであって、教会の目が届かないところでは、人々はけっこういろいろな形でセックスを楽しんでいたようである。カトリック教会の支配と言っても、西欧全体にくまなく及んでいたわけではなく、J・ソレ(Jacques Sole, *L'amour en occident à l'epoque moderne*. 1976.『性愛の社会史』西川長夫ほか訳、人文書院)が言っているように、ゲルマン民族系の農村などにおいては、日本の夜這いと同じように、若者が夜中に娘を訪ねるキルトガング(Kiltgang)が近代になっても行われていた。性解放の時代の乱交とか夫婦交換とかグループセックスとかに類するようなことは、堂々とそう呼ばれておおっぴらに行われていたわけではなかったが、今に始まったことではなく、コソコソと隠れた形では昔から行われていたとのことである。罪を犯しても、教会にきて神父に告白して懺悔すれば、許されるということもあった。

しかし、ご存じのように、プロテスタンティズム、とくにピューリタニズムにおいては、信者は、教会を介せずに聖書だけを頼りに直接、神に対しなければならないので、個人生活・家庭生活・社会生活の全般にわたって厳しい神の戒律に付きまとわれることになる。性的禁止のタテマエはさらに厳しくなり、それが生活の隅々まで及ぶようになった。その結果、タテマエをかい潜って何とか満足されていた性衝動があちこちで捌け口を塞がれた。タテマエと現実の性行動との乖離《かいり》がますますひどくなった。近代人は、いやが上にも厳しくなったタテマエと、捌け口を塞がれた性衝動との激しい葛藤に引き裂かれ、多くが神経症・精神障害・精神病へと逃げ込んだ(このことと関連して精神病理学・精神分析が成立し、さらには、この葛藤が限界点を超えて耐え難くなったとき、性解放へと突き進むのであるが、この問題はあとでまた取り上げる)。

では、なぜとくに女の自由な性活動を弾圧することが必要になったかと言えば、一つには、セックスのコストを高くするためである。女も性欲があって自由にセックスをしたいのであれば、男と女がセックスをするのは、おたがいに自分の性欲を満足させるためであるから、男だけがセックスにコストをかけなければならない理由はないことになる。しかし、女に性欲がないのであれば、女のほうから男に近づいてくることは期待できなくなる。そして、セックスは男だけのためのものとなり、女を手に入れるために、男は多大の努力を払い、多大のコストをかけて当然だということになる。

新しく現れた清純な乙女は、男が遠くから憧れ、純粋な愛を捧げる高貴な存在で、当然、処女であり、ちょっとやそっとでは手に入らない(ことになっている)。ちょっと口説いて何回か寝てみてから別れるというわけにはゆかない。彼女を手に入れるためには、生涯にただ一人を永遠に愛するというロマンティック・ラヴ(最初の段階ではプラトニック・ラヴ)を示し、彼女と一生添い遂げることを誓って、正式に結婚しなければならない。つまり、彼女はきわめて高いものにつくわけである。清純な乙女の幻想に伴っている女性器の神秘化も、彼女とのセックスのためにこのような高いコストを払うことを男に納得させるための文化装置の一環であったと考えることができる。

このように清純な乙女は、近代に誕生し、男たちの憧れの的となったが、よく考えてみれば、奇怪な化け物のような存在である。清純な乙女は思春期以前の幼女ではない。

生理は始まっており、乳房はふくらみ、陰毛は生えている。身体的には妊娠可能な成熟した女である。それなのに、「清純な」ということは、性欲はなく性交なんかとは無縁ということである。要するに、清純な乙女というものは、彼女自身とすれば、性欲はありながら、ないふりをしなければならず、性交してはならない状態にあり、そして、男にとっては性的魅力はありながら、性的対象にしてはならないという無理な矛盾した存在である。なぜそのような無理な矛盾した存在が男の前に姿を現したかというと、男の性欲を刺激して昂《たかぶ》らせ、かつ、それを満足させず、男をして女に飢えさせ、男にとってその女の価値を高めるためである。このことが近代資本主義の成立と結びついていることは説明するまでもないであろう。

以前、わたしは「自我構造の危機」（『ものぐさ精神分析』二〇〇二、中公文庫）という文章で、「青年期」というものが出現したのは近代以降であると指摘した。近代において、男女ともに子供時代と成人期とのあいだに「青年期」というモラトリアムの期間が挟まるようになったのである。江戸時代には、武士階級の男は十五歳で元服したし、女は、十代半ばにはすでに結婚適齢期にあり（二十歳になるともう「年増」と言われた）、田舎では若者の夜這いを受け入れていたし、遊里ではもう女の務めをしていた。ところが、明治時代に、男も女も、一人前のおとなになる前に、子供でもおとなでもない中途半端な青年期を経ることになった。なぜ近代に青年期が出現したかは、その文章で説明したので、ここでは繰り返さないが、出現したのは、それだけの社会的必要性があってのことであった。

しかし、今、その社会的必要性が薄れてゆくにつれて、たとえば、未成年者の犯罪に関して「少年法」がその実態にそぐわない点が出てきていろいろ混乱を招いているし、とくに女に関して言えば、「清純な乙女」が孕む無理と矛盾が露呈してきている。女子中高生の「援助交際」などはその一例であろう。「援助交際」をする女子中高生は、お金が欲しいということもあるかもしれないが、第一の動機は、男たちに女として扱われたい、女としての価値を認められたい、性欲を満足させたいということであろう。それが売春するという好ましくない形を取るのは、「清純な乙女」幻想に縛られて、社会的に是認される形で女として扱われ、性欲を満足させることができないからであろう。

ヴィクトリア朝の偽善的性道徳

ところで、「清純な乙女」のエロティックな魅力は、バタイユ（G. Bataille, *L'Erotisme*. 1957.『エロティシズム』酒井健訳、ちくま学芸文庫）も言うように、神秘的なものを剝がすとか、禁じられたものを犯すとか、清らかなものを穢すとかに基づいているから（バタイユはいささかサディスティックなこのような傾向をエロティシズム一般の傾向と考えていたようであるが、わたしは西欧、とくに西欧近代のエロティシズムに特徴的な傾向ではないかと思っている。この問題についてはのちに論じる）、清純な乙女を剝がして裸にし何回か犯して穢してしまえば、彼女の性的魅力は消失する。清純な乙女とは現実には存在しない空想の産物であるから、その性的魅力は現実に根拠がなく、幻想が剥げ落ちればたちまち消失するのは当然である。

そのため、「清純な乙女」を多大の努力を払い、多大のコストをかけて口説き落として結婚した男たちは困った事態に追い込まれる。永遠の愛を誓った以上、簡単に別れるわけにもゆかず、性欲の満足をほかに求めることになる。買春である。いわゆるヴィクトリア朝時代のイギリスがまさにこういう状況であった。ご存じのように、ヴィクトリア朝時代は、きわめて厳しい性道徳が強制され、性的なことが極端に禁止された。お尻(arse)が禁句となり、底(bottom)とか後ろ(behind)とかに言い換えなければならなかったり、ピアノの脚(leg)が女の脚を連想させて猥褻だというので、布で覆われていたことなどは有名である。

そして、それとは裏腹に、ヴィクトリア朝時代はまた、あらゆる趣味に応じる売春宿がもっとも繁盛した時代でもあった。表面は紳士的に暮らしていた中産階級の夫たちの多くが売春宿の顧客であったと言われている。また、ポルノ文学が未曾有の隆盛を誇ったとのことである。C・ウィルソン(Colin Wilson, *The Misfits*. 1988.『性のアウトサイダー』鈴木晶訳、中公文庫)によると、ヴィクトリア朝時代のポルノは、単に量的に増大しただけでなく、普通のありふれた性行動を描いていたその前の世紀の猥褻本と違って、いくらやってもやり足りない色情狂の男がタブーを犯し、年端もゆかぬ少女と熱に浮かされたような強烈で変わったセックスに耽るというのが多かったとのことである。これと関連しているが、性犯罪も十八世紀にはあまりなくて、切り裂きジャックなどのような、ただ強姦するだけでは収まらず、強姦したあと残酷に女を殺すというような性犯罪は十九世紀に始まったとのことである。

もちろん、こういう状況は当時の西欧のどこにおいても多かれ少なかれ見られたが（フロイドが開業していたウィーンも例外ではなかった。彼の婦人患者の多くは、偽善的性道徳と男たちの矛盾した態度の犠牲になった元「清純な乙女」たちであった。彼の友人の医者が、婦人患者たちの主な病因は性的不満で、処方箋に「ペニス投与」と書きたいところだが、そのような「薬」の処方箋を出すわけにもゆかないと言っていたという話がある）、この時代が当時のイギリス女王の名を借りてヴィクトリア朝時代と呼ばれ、イギリスがとくに取り上げられるのは、イギリスがもっとも典型的に、もっとも広範にこの時代の雰囲気を代表していたからである。言うまでもなく、このことは、イギリスが世界で最初に産業革命が起き、資本主義に関して先頭を切った国であったことと無関係なことではない。実際、この時代のイギリスでは、ポルノや売春宿が急増しただけでなく、工業化や都市化や海外侵略も急速に進展したのであった。かの卑劣なアヘン戦争はこの時代に起こったことであった。

清純な乙女も売春婦もお金がかかる

要するに、西欧近代は性的禁止を強め、さらに女には性欲がないことにして、素人娘や素人女が結婚しないで、またはお金を取らないで気軽に男と寝ないようにした。そして、女をいずれにしても男にとってはお金のかかる清純な乙女と売春婦に二分した。清純な乙女と売春婦は、正反対の両極にあるようであるが、実は同じ穴の貉《むじな》であって、どちらも、男にセックスをやらせて生活の糧を得ており、おたがいに支え合っている。すなわち、清純な乙女がなかなか「やらせない」から、すぐ「やらせる」売春婦の需要が高まるのであり、売春婦がいるから、清純な乙女は清純な乙女でいられるのである。清純な乙女と売春婦が対立しているのではなく、同じ穴の貉である両者が主体的に自分の性欲を満足させるために性交する淫乱女に対立している。売春婦の商売の邪魔をする敵はタダで「やらせる」淫乱女であって、清純な乙女は売春婦の味方なのである。

ところで、もちろん、売春婦は昔からいたが、近代は、無料セックスを排除して、セックスの有料化を徹底したのである。その結果、男たちは、性欲を満足させようとすれば、清純な乙女を相手にするにせよ、売春婦を相手にするにせよ、きわめて高くつき、お金をたくさん使わなければならず、そのお金を稼ぐため、常時働いていなければならないという状況に追い込まれたのであった。これは、言うまでもなく、資本主義社会を支える重要な前提条件の一つであった。

第十一章　恥の文化と罪の文化

的外れでもない『菊と刀』

ここのところ、西欧の性文化とキリスト教との関係、近代におけるその変容と資本主義との関係、近代日本の性文化に対する西欧の性文化の影響などの問題について考えてきたが、本章では、西欧の性文化と、その影響を受ける前の日本の性文化とはどのように違っていたかの問題を考えてみよう。

何度も繰り返して言うように、人間の性本能は壊れているのだから、本能に基づく性交への欲望はなく、人間は基本的に不能であり、したがって、何らかの文化的方策を用いて、本能以外の何らかの動機づけをつくり、それを拠り所にしなければ、人間は性交したいと思わず、性能力が回復しないという点では、日本人も西欧人も変わりはない。そのための文化的方策が日本と西欧とでは異なるのである。

R・ベネディクトが『菊と刀　日本文化の型』（Ruth Benedict, *The Chrysanthemum and the Sword*. 1946. 長谷川松治訳、講談社学術文庫）のなかで述べた、西欧文化は罪の文化、日本文化は恥の文化であるという単純な理論は、今やかなり古びた理論で、いろいろ欠陥や限界が指摘されているが、ごくおおまかに言えば、ある限定された面においては、それほど的はずれでもないところもあると考えられる。

いささか横道に逸れるが、たとえば、欠陥を挙げれば、この理論によると、罪の文化が恥の文化より優れていることになっているとか、西欧人の罪悪感は神との関係にかかわるもの、日本人の罪悪感は人間関係、人々の集まりである世間との関係にかかわるもので、対象が異なるだけなのに、自分たちの罪悪感とは異なる罪悪感は罪悪感ではないということになっているとか。これは、自分の家の飼猫が白猫であるとき、他家の黒猫を見て、「あれは猫ではない」と思うという幼児の自己中心的思考、すなわち、具体的レベル（白猫）に縛られて一段上の抽象的レベル（猫一般）に立てない思考一例である。

ちなみに言えば、こういう自己中心的な民族差別・人種差別の結論になるのは一時代前の西欧の理論家・思想家の特徴だったようである。H・スペンサーの宗教理論では、キリスト教がアニミズムに始まる宗教の最高の発達段階にあることになっているし、わたしが他の点では大いに買っているL・ボルクの、人類は猿が胎児化したものであるという理論においても、白人は黒人より高い段階に進化していることになっているし、その他、世界歴史における国家の生成の最高形態はゲルマンの君主制であるとするヘーゲルや、ヨーロッパ人を進化の最高段階におくダーウィンや、「アジア的停滞」を語るマルクスや、ヨーロッパ人の知能形態が人類の知能の最高の発達形態であるとするJ・ピアジェなど、その例は枚挙にいとまがない。自他の違いを見つけたとき、その違いを「自」が「他」より優れている証拠だと頭から決め込むのは、日本文化では「はしたない」ことなのだが、ベネディクト理論はその種のはしたない理論の一つである。

ヒトラーも思想家と言えば思想家であるが、アーリア民族が全人類を支配すべき最優秀民族だとする彼の理論も、これらの理論と地下水脈でつながっている。精神病の一種に部分精神病というか部分妄想狂というか、ある一点だけが狂っていて他の点はすべてほぼ正常というのがある。たとえば、自分は天皇の落胤だという誇大妄想をもっていて、誰が何と言おうが頑として受け付けず、いささかも確信はゆるがないが、世間の常識とか社会人としての義務とか礼儀作法とか、その他の点はおおむね正常で、したがって社会生活を営む上では差し支えのない人というのがいるらしいが、一時代前の西欧の一部の理論家はこの種の精神病だったのではないかと思われる。しかし、最近は西欧の理論家にそういうことを堂々と言う人はそれほどは見かけないので、西欧人のこの誇大妄想の症状はいくらか治ったらしい（と考えるのは、まだ甘すぎるかもしれない）。

ついでながら言えば、精神分析を俟《ま》つまでもなく、西欧人がこれほどまでにおのれの人種的優越に執着するのはよほど深い劣等感があって、それを補償する必要に迫られているからでしかないが、西欧人の劣等感の起源については他のところ（『嘘だらけのヨーロッパ製世界史』二〇〇七、新書館）で論じたことがあるので、ここでは繰り返さない。

L・ボルクの胎児化説

今、例に挙げたL・ボルクにしても、彼の理論によると、要するに、猿（類人猿）が赤ちゃんからおとなへと発達する過程において、途中で足踏みし、発達が遅滞して未発達の状態に停滞しているのが人間である。猿の胎児と人間の胎児とはよく似ていて、猿は発達しておとなの猿になるのであるが、人間はおとなになっても胎児のときの特徴を持ち続けている。言い換えれば、人間は、猿が胎児のときに持っていて、その後の発達過程で失う特徴をおとなになっても依然として持ち続けている。つまり、子供じみているほど、人類としてはより進化していることになる。要するに、猿が胎児化したのが人間である。彼は、人類と他の霊長類との差異に関しては、なるほどと思わせる具体的な証拠をいろいろ挙げ、実に明晰に緻密に論理を展開するのであるが、人類のなかの人種の差異を問題にし始めると、とたんに判断力に霧がかかったかのようになり、明々白々な反証が目に入らず、この進化の過程で白人が最先端にあり、白人は黒人より上の段階にあるなどと言い始める。

子供じみているかどうかの観点から見ると、日本人が白人と比べると子供じみているのは明らかである。フランスでわたしは三十歳のとき十八歳かと聞かれた。ある三十前の日本女性は公衆浴場で料金を払うと払い過ぎだと言われ、半額を返してくれた。子供料金でよかったのである。しばらくアメリカにいた友人が帰ってきたとき髭を生やしていたので、みっともないとからかうと、髭を生やしていないと子供と見られてタバコも酒も売ってくれないとのことであった。日本人だけでなく、ベトナム戦争のとき、アメリカ軍は北ベトナム軍が子供を兵士に使っていると非難したが、これはとんだ濡れ衣で、ベトナム兵は立派なおとなであった。一般に、白人はアジア人より成長や老化が早いようで、十二、三歳の女の子はもう立派に色気があって魅力的である。そして大学の上級生というと、二十二、三歳であるが、三十前後という感じがする。このように、アジア人のほうが白人より胎児化しているのである。黒人はさらに胎児化しているようである。

　見た目の印象だけでなく、身長における頭部の割合が大きい（脚が短い）とか、鼻が低いとか、眼が細いとか、唇が厚いとか、顎が小さくて丸顔であるとか、体毛がないとかも猿および人間の胎児の特徴である。黒人には背が高い種族もいるので、白人より必ずしも脚が短くないかもしれないが、アジア人の脚は確実に短い。眼球の上部のいわゆる蒙古ヒダはどの人種にも子供のときはあるが、白人ではおとなになると消え失せる。黒人の鼻は低く横に広がっており、アジア人の鼻は黒人に近く、白人の鼻は高く聳《そび》えている。黒人の唇は厚く、白人は薄く、アジア人は中間である。人類の赤ちゃんの顔はどの人種も丸顔であるが、黒人とアジア人はおとなになっても丸顔の形をとどめていることが多く、白人は顎が伸長して面長になる。猿では顎がもっと伸びて突き出た感じになる。体毛に関して言えば、白人は猿よりは確かに薄いけれども、日本人よりは濃い。胸毛は多くの白人の男にあるが、日本の男にはめったにない。黒人の体毛はないに等しい。日本女性は白人女性より鼻が低いのを気にして隆鼻手術を受けたりするし、白人女性は日本女性の肌がスベスベしていて滑らかなのは日本の化粧品が優れているためだと誤解してわざわざ日本の化粧品を買い求めたりするとのことであるが、鼻が低いのも肌が滑らかなのも、より赤ちゃんに近いということに過ぎない。

そのほか、猿および人間の雌の胎児では、処女膜があり、膣は前つきであるが、猿では処女膜はおとなになると自然になくなっており、膣は後ろ（尻側）に移動する。しかし、人類では、処女膜はおとなになっても性交によって人為的に破られるまで存続しており、膣はいくらか前つきのままとどまる。人類の男女が向かい合って性交できるようになったのはそのためであろう。なお、膣が後ろに移動する程度には人種差があるようで、日本女性ではその移動の過程が早目に停滞し、膣は白人女性の膣より前つきのままにとどまるらしい。パンツの膣口に当たる部分は生地が厚くなっているが、日本女性があちらで下半身のサイズに合ったパンツを買うと、その部分がちょっと後ろにあって自分には合わないとのことである。

このように胎児化説によると、明らかに白人より黒人やアジア人のほうが進化しているのであるが、それにもかかわらず、ボルクは自分の胎児化説そのものを根拠にして白人がいちばん進化しており、したがっていちばん優れていると主張し、黒人を慰めるつもりか、ヌケヌケと黒人ももっと胎児化すれば白人に近づくことができると宣《のたま》うのである。「明々白々な反証が目に入らない」とはこのことである。

わたしは、胎児化ということが人類がどれほど進化しているかを判断する基準として有効かどうか知らない。ただ、もし仮に胎児化を基準にすれば、明白な現実の証拠に基づいて白人は他の人種より進化が遅れていることになることは疑う余地がない。もちろん、わたしはそのようなことを主張する気はないし、また、胎児化を根拠にしてアジア人または黒人が白人より優れていると主張したアジア人または黒人などは一人も知らない。要するに、ボルクには白人がいちばん優れているという結論が何よりも先にあっただけのことで、どのような証拠事実を示されても、その結論は変わらなかったということであろう（以上の資料は、『黒人→白人→黄色人』、および、わたし自身の見聞による）。

西欧では罪深いことゆえ性交したがった

ベネディクトの『菊と刀』に話を戻すと、一般的に言って、西欧人は恥を知らないわけではないが、主として罪悪感に苦しみ（この点もキリスト教の信仰の衰退とともにいささか怪しくなっているが）、日本人は罪悪感に責め苛まれるほかに、誇りとか自尊心とかを重んじ、恥を掻くのを非常に恐れる（これもいささか怪しくなっているが）という違いがあることは否定できないように思われる。

西欧文化と日本文化とのこのような違いは、当然のことながら、性文化にも見られる。すなわち、西欧文化においては、キリスト教に基づいて性交を罪深いこととして禁止することが、人間に性交への欲望を抱かせる基本的方策であったと考えられる。つまり、性交は厳しく禁じられ、罪深いことになることによって、西欧人にとってきわめて魅惑的なことになった。禁止は神、すなわち権威・権力に発しており、禁止に従っているかぎりは自分は無力な存在であるが、禁止を犯し、禁じられていたことを遂行することは自我の力の表明となり、自尊心を支える。本能が壊れた人間は、本能に代わるものとして自我を行動規範とも価値の根拠とも頼んで生きてゆくほかはなく、したがって、自我を守り、支え、強め、広げることは人間の第一の欲望となっている。西欧文化は、人間のこの第一の欲望に性交の欲望を重ねることによって、本能によっては性交できない人間が性交することができるようにしたのである。簡単に言えば、西欧人は、性交が禁止されたことであったがゆえに、性交したがったのである。性交の遂行を男の力の発揮と見る西欧の思想、近代になって日本にも伝わってきたが、多くの女を犯すこと、同時に何回も性交できることを男の称賛すべき能力および業績と見なす西欧の思想は、すでにここに胚胎していたと言えよう。

日本では恥ずかしいがゆえに楽しい

他方、日本文化は、性交を日常性から外れたこと、めずらしいこと、恥ずかしいことにすることによって、本能的には何の魅力もない性交を魅力的なことにしようとした。本能が壊れた人間は、本能に頼っては生きてゆけないので、何らかの人為的規範をつくって生きてゆくほかはないが、人為的規範とはつくりものであって、人間の内的生命とつながっていないだけに、それに基づく日常生活はたまらなく退屈であり、したがって、日常生活から逸脱して非日常的世界に遊び、つねづねはやらない恥ずかしいことをすることは、不安であると同時に、心ときめく楽しいことである。日本文化は、退屈な日常生活から逃れて心ときめく楽しいことをしたいという人間の欲望に性交の欲望を重ねることによって、人間の性交を可能にしたのである。日本人は、性交が非日常的なこと、恥ずかしいことであったがゆえに、性交したがったのである。

罪と恥とは重なる部分もあるが、いろいろな点で対立し、罪ではあるが恥ではないこと、また逆に、恥ではあるが罪ではないことはたくさんある。西欧と日本は、このように対立することもある罪と恥をそれぞれの性文化の中心軸に据えたのである。このことから、西欧と日本のそれぞれの性文化のさまざまな違いが出てくる。

女は一般に、西欧の性文化においては聖女（清純な乙女）と娼婦（淫乱女）とに、日本の性文化においては地女と遊女とにわけられていたが、このわけ方の違いは性交が罪であるか恥であるかによると考えられる。聖女とは、罪深い性交の相手とするにはあまりにも畏れ多い崇高な存在であり、娼婦はもともと穢れている罪深い女であって、したがって罪深い性交によってさらにどれほど穢してもいい女である。

他方、地女とは日常的世界で家事をし、子を生み育てる女であり、西欧の聖女のように崇められておらず、そして、遊女とは非日常的世界で心ときめく色事をともに楽しんで遊ぶ相手であり、西欧の娼婦のように蔑まれてはいなかった。聖女と娼婦という区別も、地女と遊女という区別も、女自身の側に区別すべき根拠があるわけではなく、いずれも男との関係において女を二分する性差別制度であるが、性差別のあり方が西欧と日本とでは違っていたのである。崇められる女と蔑まれる女との両極端に女を二分していなかった点において、日本の性差別は西欧の性差別ほど過激ではなかったと言うことができよう。いやむしろ、地女と遊女という区別は、女を崇めるべき女と蔑むべき女とに分割する差別というより、とくにどちらが上か下かということのない女の役割の分担であった。日本においては、性欲はいやらしい罪深い欲望ではなかったので、性欲を満足させてくれる女を蔑む必要はなかったのである。西欧における娼婦蔑視は、いやらしい罪深い性欲をもっている自分に対する男の自己軽蔑を女になすりつける投影であった。

西欧の性文化と日本のそれとの違いで、次に目につくのは、西欧においては愛と性、恋愛と性欲が分離しているが、日本では（西欧の性文化の影響を受ける前は）分離していなかったことである。西欧ではこの分離はアガーペとエロスの区別に見られるように、大昔からであるが、日本にはそもそも、セックスと切り離された愛とか恋愛とかの観念は存在していなかった。明治時代の日本の一部の知識人（たとえば、北村透谷など）は、西欧のセックスぬきの清らかなこの恋愛観念を進歩したすばらしいものとして称賛し、愛と性がごちゃまぜになっている日本の従来の「遅れた」男女関係を嘆いたが、当人は大まじめであったとしても、これは、現在から見れば、当時の盲目的西欧崇拝の一症状であるとしか言えないであろう。この分離こそは西欧の性文化の歪みの最たるものだからである。

恥ずかしさを共有せねば性交できない

性が愛と分離するかしないかは、性が罪であるか恥であるかによると考えられる。まず、日本の場合を考えてみよう。性が恥であるとはどういうことか。たとえば、道を歩いていて、滑って転んでみっともない姿をさらしたとしても、誰にも見られていなければ、別に恥ずかしくはないであろう。しかし、そこに人がいて、見られていたならば、恥ずかしいであろう。それが恥ずかしいのは、そこにいる人は滑りも転びもせず、滑って転んだ自分をいわば冷静に距離をおいて見ているからである。しかし、自分が滑って転んだときに、近くにいたその人も、同時に滑って転んだのであれば、別に恥ずかしくはないであろう。恥とは、ある行為そのものの問題ではなく、人間関係の問題、絶対的ではなく、相対的な状況の問題なのである。

性が恥であるとき、セックスが恥ずかしいとき、セックスするためには恥ずかしさを乗り越えなければならないが、恥ずかしさを乗り越えるためには、相手とのあいだで恥ずかしさを共有する必要がある。言い換えれば、相手にもセックスに参加してもらわなければならない。相手の参加がなければ、セックスは、無関係な人がじっと見ている前で自分だけオナニーをして興奮するようなものであって、そのようなことはとても恥ずかしくてやっていられないであろう。

相手に自分の恥ずかしい気持ち（セックスしたい気持ち）を伝え、相手の前で恥ずかしいことをすることができるためには、そして、恥ずかしいことへの相手の参加を期待することができるためには、相手もセックスしたい気持ちをもっていること、そして、相手とのあいだにある程度の友好的な親しい関係がすでになければならないであろう。つまり、性が恥である男は、気が許せる親しい関係にある女、セックスしたがっている女とでなければ、セックスする気になれないであろう。たとえば、セックスしたくないのに義務としてあるいはお金のために嫌々ながら男に身体を提供し、男が射精するまでじっとがまんして待っている女を相手にセックスする気になれないのではないかと考えられる。それでは、いま例に挙げた、無関係な人の前でオナニーをして自分だけ興奮するのと同じだからである。セックスで自分だけ興奮して、そのことに恥ずかしさを感じないためには、相手の女を人間と見ていないこと、単なる性的道具視していることが必要である。

すでに述べたように、江戸時代に吉原の客は何日か通って花魁と個人的に親しい間柄にならなければセックスを求めなかったとのことであるが、これは、そういう気になれなかったからであって、やりたいことはやりたいが、見知らぬ女にいきなりセックスを求めるのはよくないと考えて遠慮していたのではないであろう。もちろん、江戸時代の遊里の客が、西欧人よりも、あるいは現代日本人よりも相手の女の人格に敬意を払い、その気持ちを尊重していたわけではないであろう。現在、周りの男たちを見回しても、個人的に親しい女とでないとセックスする気になれない男と、性的魅力さえあれば見知らぬ女とでも難なくセックスできる男がいるが、こういうことは道義の問題ではなく、性が恥であるというときのその恥にかかわる心理構造の問題であると思われる。

しかし、ついでながら言っておくと、近代以前の日本人は、一般に、親しい相手としかセックスしたがらなかったとしても、だからといって、近代以前の日本では愛と性が一致していたというわけではない。愛と性の一致を語るためには両者がまず分離していることが前提で、近代以前の日本には、愛から分離している性も、性から分離している愛も存在していなかったからである。むしろ、そのような愛も性もないのだから、両者が一致しているか、分離しているかということはそもそも問題にならなかった。

セックスの前提として近代以前の日本人が必要とした「気が許せる親しさ」は、「なじみの客」などの表現からもわかるように、単なる馴れ親しんだ関係以上のものではなかったかもしれない。「馴れ親しんだ関係」が「永遠の愛」とか「生涯ただ一度の愛」とか「人格的愛」とか言われる西欧の「愛」と違うことは間違いないであろう。もちろん、「永遠の愛」とか称すると何か理想的な正しい立派な「愛」のようであるが、この「愛」なるものは観念的なものであって、ごまかしの面が強く、いろいろ問題を含んでいて、男と女の関係を悲劇的に歪めてきたが、このことについてはすでに別のところで触れた。

女ではなく神を気にする

他方、西欧のように性が罪である者たちのセックスはどうなるであろうか。恥と違って（西欧的）罪においては、人間関係ではなく、神との関係が問題である。性が罪である者は、セックスするためには神の裁可を得ているとか、神と神が定める罪に反抗するとか、神と神が定める罪を乗り越えるとか、いずれにせよ、神との関係において何らかの態度を取らなければならない。キリスト教においては、われわれ日本人にはどうでもいいこととしか思えないが、ああしてはいけない、こうしてはいけないと、セックスのあらゆる面の細かいところまで神の戒律が張り巡らされており、このことはセックスが神とかかわりながら行われる行為であることを示している。神とかかわりなく、人間である男と人間である女とがセックスするのであれば、当の相手のことを気にしていればよいが、神が遍在する世界では、そういうわけにはゆかないのである。もちろん、単に神に従うだけでも反抗するだけでもダメであって、神に服従しながら反抗するという微妙なはざまに西欧人の性的興奮があるように見受けられる。セックスは、神との関係において自分をどう位置づけるかの問題、神と自分の問題であって、基本的にはセックスの相手とは無関係である。相手はおいてきぼりにされる。たとえば、西欧人は神に反抗するなら反抗するとき、神の禁止の網の目をくぐり抜けて、セックスする自分が正当化されれば、セックスすることができるのではないかと思われる。アメリカなどで性革命の時代、一部の者があのような信じがたいほどの過激な性行動を敢行したのは、単に性的自由や性的快感を求めたのではなく、厳しい禁止を押しつけてきた神に対して積年の恨みをぶつけていたかのようであった。

いずれにせよ、性を罪とする者、とくに男にとっては、往々にして、セックスは自我を確認するための手段、相手の女は、正当なセックスを遂行する自分の満足のための道具となりがちである。セックスするとき、男は、相手の女ではなく、神を気にしている。これは、西欧人が、悪いことをしたとき、それによって傷ついた相手の人間ではなく、それを罰する神を気にするのと一連のことである。

もちろん、セックスを自我確認の手段とし、セックス相手を自分の満足のための道具とする傾向は、すでに述べたように、人間の性欲の基本的傾向であると言えるが、やはりその強弱の程度は性別によっても文化によっても大いに異なる。この傾向に対するブレーキのあり方が異なるのである。その傾向は、女より男において強いし、日本人より西欧人において強いと思われる。近代において日本が西欧化されて以来、日本の男もかなり西欧の男に近づいたと思われるが、現代においてもなお、日本の男のこの傾向は西欧の男ほど強くないようである。強姦の人口比発生率が日本ではアメリカの数十分の一であるのは、そのことを示している一つの例であると思われる。

このようなことを言うと、わたしが、恥の文化より罪の文化を優れているとしたベネディクトの向こうを張って、罪の文化は非人間的であって、人間を重んじる恥の文化のほうが優れていると言いたがっているかのように受け取られるかもしれないが、そんなつもりはない。わたしにはすぐ文化の優劣を論じたがるベネディクトのような趣味はない。この両文化はそれぞれ長所・利点もあるが、欠陥もあって、この問題を論じ始めると面白いのだが、脇道に逸れ過ぎるので、それは別の機会に譲りたい。

ただ、簡単にそれぞれの文化の欠陥の例を一つずつ挙げておくと、たとえば、新大陸に渡ってきた西欧人たちは、初め、先住民から食べ物をもらったり、トウモロコシのつくり方とか寒さをしのぐ方法など、土地での生活の技術を教えられたり、いろいろ親切に助けられてやっと生きのびることができたのだが、彼らにとって、先住民は自然の一部であり、先住民の親切は自然の恵みの一部であったから、彼らは、それを先住民にではなく、自然の恵みを与えてくれた神に感謝した。そういうわけで、そのあと先住民が邪魔になったとき、彼らは、征服すべき自然の一部として先住民を虐殺するのをためらわなかった。キリスト教徒でない、すなわち同じ神を信じていない先住民は自分たちと同じ人間ではなかった。神との関係が重要な罪の文化においてはこういうことが起こり得るのである。西欧においては、神が死んだ後も、何らかの観念を絶対化してその観念に忠実なあまり、周りの現実の人々の苦しみに無感覚になる傾向はいまだに強い。

他方、恥の文化においては、仲間うちとか相手との関係のなかで和気藹々《あいあい》としていて一体感があることが重要で、仲間外れにされることが最大の恐怖であるから、客観的にはとんでもない方向に嵌まり込んでいても、内部からはブレーキがかかりにくい。ブレーキをかけようとする者が現れても、とんでもない場違いなことを言う奴だと見なされて潰される。たとえば、アメリカでは、ベトナム戦争のときには国内に大がかりな反戦運動が起き、それが戦争をやめさせる大きな力となったし、現在、イラク戦争反対の意見も堂々と公表されるのだが、大東亜戦争では、敗色が濃厚であるにもかかわらず、日本国内からはまったく反戦の声は挙がらず、聞こえてくるのは、現実遊離も甚だしい本土決戦・一億玉砕の声ばかりであった。

罪の共有は二人を引き離す

話をもとに戻す。日本人がセックスの恥ずかしさを相手と共有することによって二人のあいだに親しさを育むのと同じように、西欧人は、セックスの罪深さを共有することによって相互の愛と尊敬を醸成することはできないのであろうかという疑問が出るかもしれないが、罪の共有は二人を引き離しこそすれ、近づけることにはならない。罪を共有した二人は、銀行強盗をしてこれから札束をわけようとする二人の犯人のように、おたがいに相手が消えていなくなるのを望むだけである。恥は、二人の関係のなかのことなので、相手と共有すれば、消えるか、消えないまでも弱まるが、罪は、神との関係のことなので、言い換えれば、神と自分との関係と、神と相手との関係の二つの関係があって、この二つの関係はおたがいに無関係なので、そうはゆかないからである。そこで、罪を共有した二人は、できるかぎり相手に罪をなすりつけて自分の側の罪を減らそうとする。

西欧の男が、アダムを誘惑したイヴを非難し、性交が好きな女を「淫乱女」と罵り、あまつさえ魔女に仕立てあげて火あぶりにし、近代「科学」ができると「ニンフォマニア」（「女子淫乱症」と訳されているが）という病気のカテゴリーをつくってそこに入れたのは、西欧においては性交が罪であったからである。西欧の男は性交の罪を、淫乱女が男を罪に引きずり込んだということで、女のせいにしてきたのである。罪の文化においては自分の罪を軽くすることしか念頭にないので、どこかにスケープゴートを見つけて罪をなすりつけることになる。

少なくとも明治以前の日本においては、性交が好きで多くの男と寝る女を非難し、軽蔑し、処罰した歴史は、わたしの知るかぎり、なかったと思われる。童貞の筆下ろしをするなど、村の多くの男と寝る後家などは「お助け観音」と呼ばれて感謝されていたそうである。日本語にセックス好きの女を指す「淫乱女」とか、多くの男に「やらせる」女を指す「公衆便所」とかの言葉ができたのは明治以後のことである。江戸時代の「好色女」は、色の道をわきまえた魅力的な女という意味であって、男たちに人気のある好ましい存在であった。

すでに述べたように、日本においては、一般女性と売春婦、素人女と玄人女との境界の壁が低く、たやすく越えることができ、いったん売春婦になった女でも、客に身請けされて妻に収まるのはよくあることで、家が貧しく廓《くるわ》に奉公に出た娘でも年季が明けて家に戻れば普通の娘として扱われ、普通に嫁にゆけたそうであるが（もちろん、そのまま居残って茶屋勤めをした女もいたそうである。やはりいくらかは生家に帰りにくかったのであろうか）、西欧では、いったん売春婦になれば、その後はまず売春婦としてしか扱われず、なかなかもとに戻れなかったそうである。これは、いったん売春婦となった女をずっと売春婦として確保するためでもあったと考えられる。

日本と西欧のこのような違いも、セックスが恥であるか罪であるかの違いに起因すると考えられる。セックスが罪である西欧の男にとって、売春婦は自分を初めとして多くの男に罪を犯させたというか、罪に引きずり込んだ女であり（彼女を買った男たちのことは棚に上げて）、そのような穢れた女は許しがたいのである。どれほど気に入ろうが、西欧の男がいったん売春婦であった女を妻にすることはほとんどないとのことである。

ところが、セックスが恥である日本の男にとっては、売春婦は一緒に恥ずかしいことをして楽しんだ遊び相手であり、そもそも相手の女が処女であるかどうか、どれほどの性経験があるか、他の男たちとどういうことをしたかということを気にしないのだから、玄人女と素人女との決定的な違いが見つけにくいのである。

罪である「性」は「愛」を必要とする

西欧人は、性（セックス）が罪であるからこそ、愛とセックスを分離したのである。罪であるセックスは、男と女を結びつけないので、あるいは、セックスが男と女を結びつけることを罪の観念が妨害するので、男と女を結びつける別のもの、すなわち「愛」が必要となった。そして、この「愛」は、罪であるセックスに対する反動であり、また罪であるセックスを正当化しなければならないものだったので、いやが上にも、崇高な清らかなものとなった。罪深くいやらしいセックスと、崇高で純粋な愛とは一対のものなのである。この「愛」はまず、神に捧げられ、神が死んだあとは恋愛至上主義のプラトニック・ラヴになったことについては、すでに説明した。

細かいことであるが、西欧の男女は人前で平気でキスしたり抱擁したりするが、日本人は一般に人前ではそういうことをしない（西欧人の真似をする者もいるが）のも、セックスが罪であるか恥であるかにかかわっていると思われる。西欧人は、セックスが恥ではないので、神の前で二人の関係でやっていいことであれば、人前であろうがなかろうが基本的には関係ないのである。

一般に、日本人にとっては、セックスは非日常的な恥ずかしいことなので、男と女の間柄を示唆するようなことは、人々が日常生活をしている街角などではやる気になれないのである。性革命華やかなりし頃、アメリカなどでは盛んに乱交パーティがあちこちで行われたそうであるが、日本では、ごく少数の者が真似してみただけで、ほとんど行われなかった。それは、やはり日本人は人前でセックスするのには抵抗があったからであろう（恥としてのセックスという文化がだんだんと衰えていっているのは確かであるが）。

同じく細かいことであるが、さきに述べたように、日本では明治になってもまだ、一般に、温泉地だけでなく、町の銭湯でも混浴が行われていたし、若い女でも道端で行水していたが、このことも同じことであろう。罪の文化においては、何が罪であるか、どういう場面が性的場面であるかは、神（または何らかの普遍的原理）によって決定される。全裸の男たちと全裸の女たちが一緒に浴場にいれば、それは例外なく性的場面なのである。性関係のない男と女が一緒に風呂に入るということは考えられないのである。

自己中心的で、想像力が乏しかった提督ペリーは、日本で混浴が普通に行われているということを聞いて、まさに下司の勘ぐりそのものをやって、日本人は淫蕩であると断定したが（このような下司の勘ぐりをやったのはペリーだけでなく、当時の西欧人の一般的傾向であったようで、たとえば、ハワイを支配したとき、フラダンスを猥褻だとして禁止したりした）、確かに西欧で同じことが行われていれば、それは性的な場面でしかなかったであろう。ペリーには男と女が一緒に風呂に入るのは性行為の一部としか思えなかったのである。中世の西欧では、男と女が一緒に入る公衆浴場はすべて売春宿であった。公衆浴場で男と一緒に風呂に入る女はすべて売春婦であった。日本でも湯女《ゆな》のいる、売春宿としての浴場は存在していたが、売春宿ではない一般の浴場でも男と女は一緒に入ったのであり、そのような浴場は西欧にはなかったのである。

また、中世の西欧では、上流階級の婦人たちは、パーティのときなど、乳房を丸出しにした服装をしていたとのことであるが、もちろん、これは男たちを惹き寄せるという性的意味をもつ行動であった。しかし、道端で行水する日本の若い女は道行く男たちに裸を見せて誘っていたわけではない。恥の文化では、何が恥であるか、どういう場面が性的場面であるかは、相対的であって、その場の人間関係、そのときの状況で決まるのである。人々が行き交う道端で女が裸になっていようが、行水という日常的行為をしているのであれば、そこに性的意味はない。行水する女と道行く男とのあいだには人間関係がないのだから、二人のあいだに性的気分は生じない。道行く男は行水する女がたまたま目に入っても「注視」することはない。風呂に入って暖まり、身体を洗うという日常的行為をする場としての浴場ということになっていれば、そこで男と女が全裸になっていようが、二人のあいだに性的な人間関係がすでにあるのでなければ、性的な意味はもち得ない。浴場で男と女が全裸で向かい合ったというだけでは、二人とも性的気分にはなれないのである。

性の国際文化摩擦

このような文化の違いが西欧の男と日本の女とのあいだにしばしばゆき違いを生じさせる。西欧では、たとえば、男が一人で住んでいる部屋に女が一人で訪ねて一緒にワインでも飲めば、彼女はそのあと性交を予定していると見なされるが、日本では必ずしもそうではない。そのあと性交が行われるのは、二人がすでにある程度以上親しくなっていて、暗黙のうちにせよ、性交があり得ることがおたがいのあいだで了解されている場合である。このような文化の違いを知らないで、日本の女は、二人はまだそれほど親しい関係ではなく、少なくとも自分はそのつもりではないのだからと、全然性交のことなど念頭になく、西欧の男に誘われるままに彼の部屋に上がり込んでワインを飲んだりする。当然、西欧の男は彼女が性交を承認していると思い、彼女を抱こうとする。彼女はびっくりして逃げようとする。するとこ今度は彼がびっくりして怒るということになる。そして、一般に男のほうが力が強いので、彼女は犯されてしまう。彼女は屈辱に呻《うめ》くが、彼は何も悪いことをしたつもりはないので何とも思わない。彼女がそのつもりでなかったということは彼にはわからない。「そのつもりではない」というような主観的なことは尊重されない。性交するかしないかが、場面の客観的諸条件によって決まる西欧と、二人の人間関係の情緒的条件によって決まる日本との違いに起因する言わば「国際文化摩擦」である。何年か前、イタリアの街で男に誘われて彼の部屋に上がり込んだ三人の日本人女子学生が三人とも強姦された事件があったが、これもその種の国際文化摩擦の一例であろう（近代日本が西欧の性文化を受け入れて以来、この違いはぼやけてきていると思われ、現在では日本でも、ガールフレンドが一人で部屋にやってくれば、セックスしていいと思う男も多くいるようであるが）。

また、西欧では同性愛は厳しく禁じられ、死罪であったこともあるが、日本では大目に見られてきたのも（少なくとも、近代以前は）、同性愛が罪か恥かの違いのためであろう。罪は神に対する罪であって動かしようがないが、恥であれば、同性愛者同士でおたがいに認め合えばすむことであり、はたの者はとやかく言わないのである。

また話は飛ぶが、処女崇拝もセックスが罪でなければ生じ得ない現象である。

富国強兵のための性文化改革

まだほかにも、罪を主軸とする性文化と、恥を主軸とする性文化との違いに起因すると考えられる現象はいろいろあるであろうが、例を挙げるのはこのくらいにしておこう。いずれにせよ、幕末から明治にかけて日本の性文化は、このように正反対と言っていいほど異質な西欧の性文化にぶつかって敗北し、いくらか固有の面を残しながらも、多くの面で西欧の性文化・罪の性文化の規範を採り入れ、大きな変容を遂げるのである。

明治政府は、富国強兵と文明開化と殖産興業を国是とし、あらゆる面で西欧化・近代化を推進した。性文化の西欧化、すなわち性的禁止の強化もそうした全般的西欧化の一環に過ぎず、合理的根拠もないのに西欧崇拝の傾向に引きずられてやみくもに行われたと見る向きもあるかもしれないが（西欧人にみっともないから、混浴や夜這いのような「蛮風」はやめようというような）、わたしはそうは思わない。明治政府は、銭湯での混浴や、農村での夜這いを繰り返し強硬に禁止しているし、家父長制と一夫一婦制を根幹とする新しい家族制度を大急ぎで整えているし、性文化の西欧化に関してかなり意図的・計画的だったのではないかと思われる。富国強兵のためというか、日本の工業化と資本主義の発展のために、性文化がこのように自由でおおらかであってはいけないことを、明治政府は正しく理解していたのではなかろうか。

W・ライヒによれば、性エネルギーは抑圧されるとサディズムに変質する。そこで、ナチスは攻撃的で残忍な国民をつくり上げるために性を弾圧したというのが彼の説である。性の弾圧とサディズムとのあいだにそれほど単純明快な因果関係があるかどうか疑わしいが、しかし、G・R・テイラー（『歴史におけるエロス』）も性を厳しく弾圧している民族ほど好戦的・権威主義的であると言っているし、一九六八年のパリの「五月革命」の学生たちも「戦争するよりセックスしよう」と叫んでいたから、性の弾圧と攻撃性とはかなり密接な関係があるのかもしれない。明治政府がそのことを知っていて江戸時代以来のおおらかな性風俗を取り締まったのかどうかはわからないが、強い兵士をつくることに重点を置いた政策を取ったことは確かで、それは欧米諸国の軍事的脅威に怯えていたからであろう。

たとえば、江戸時代、上層の武士階級は別であるが（それもタテマエに過ぎなかったとの説もあるが）、一般に妻の貞操はそれほど重んじられていなかったとのことである。それが、明治になると妻だけに姦通罪が制定され、妻の不倫が厳しく罰せられるようになったのは、家父長制の維持のためであったであろうが、軍事力の強化とも関係があると思われる。前線の兵士の戦意を何よりも殺《そ》ぐのは、銃後に残した妻が浮気しているのではないかという心配だそうで、このことは、ヨーロッパ中世の十字軍が兵士の妻の浮気を防ごうとして、貞操帯という何とも変てこなみっともないもの（わたしはローマの博物館でいろいろな種類の貞操帯を見たことがあるが、よくもこんなものを女の下半身につけたものだと不思議でならなかった）を発明したことからもわかる（貞操帯は十字軍以前から発明されていたとの説もあるが、やはり広範に使われ始めたのは十字軍以降であろう）。明治日本は、貞操帯こそ製造しなかったものの、その代わりに姦通罪を制定したのであった。日本の（伝統的）性文化は、セックスに関して、概しておおらかで、男と女のことを一つの粋な遊びにまで仕上げていて、人々がセックスを大いに楽しむという点では西欧の性文化よりはるかに優れていたし、やはり男の性的満足のほうを優先しているなど、性差別的傾向はいくらかは免れないものの、女の性欲の否定、女体の道具化と商品化などの点で西欧の性文化ほどひどくはなかったのであるが（女のオナニー用の張り形なども今の日本のように盛り場のいかがわしい「大人のオモチャ店」で売られているのではなく、普通の小間物屋が堂々と売り歩いていたそうで、西欧と違って女の性欲は否定されていなかった）、日本の近代化の観点から見ての日本の性文化の何よりの欠点は、資本主義的人間、すなわち、恋愛とセックスのために猛烈に働く男の育成には不利だということであった。これまで述べてきたように、西欧近代の産業社会・資本主義社会は西欧近代の性文化に支えられて成立した。この性文化は、さきほども述べたように、恋愛と性欲の分離・強い性的禁止・無料セックスの排除・売買春の普遍化などを特徴とするが、もし仮にこれらの特徴を「進歩した」文化の証しだとすれば、日本の性文化は、処女への無関心や夜這いなどを見れば明らかなように、これらの特徴に関して、西欧の性文化に比べて、かなり「遅れて」いたことになる。

そこで、このままの性文化では、日本は近代化、とくに産業の振興と軍事力の増強に後れを取る危険があると判断した明治政府は、性文化の改革に大いに力を注いだと考えられる。明治政府の努力は、西欧諸国に対抗し、日本を資本主義化し軍事大国にするというその目的に関しては、かなり成功したと言えるであろう。いずれにせよ、性文化を西欧化しなければ、その目的に成功しなかったであろうことは確かである。何はともあれ、性文化の西欧化は、当時としては止むを得なかったと言えなくもないにせよ、結果的に、日本人の男女関係に多くのあらずもがなの不幸と歪みをもたらすことになった。少なくとも性的な面では、近代日本人は、男女とも、近代以前よりはるかに不自由・不幸になった。

ここでは、セックスを罪とすることによって本能が壊れた人間の性欲を再構築しようとしたキリスト教の性文化と、セックスを恥とすることによってそうしようとした日本の性文化だけを問題にしたが、そのほかに、セックスを神との合一に至る道とすることによってそうしようとする性文化も考えられる。インドのタントラ教がその典型例であると思われるが、セックスに宗教的意味を付与する傾向は、タントラ教ほど露骨な形においてではないにせよ、他の性文化においても底流としてはあるのではなかろうか。いずれにせよ、セックス（文化としての）と宗教とは切っても切れない関係にあるようである。フロイドによれば、宗教はリビドーの昇華であるが、逆にセックスが宗教の派生物であるかもしれず、あるいは、両者とも、人間の本能の崩壊という同じ現象に対する二つの対策であるかもしれない。しかし、その辺のことはまだよくわからないし、それが罪や恥の問題とどう絡むかもわからないので、今後さらに考えてみたい。

第十二章　資本主義時代の惨めなセックス

資本主義に捧げられた生け贄としての愛と性

要するに、西欧において最初に資本主義が発達したのは、キリスト教（むしろ、ユダヤ＝キリスト教）の性文化が、本質的ではない面で多少の変更を加えれば、資本主義的人間の育成に向いていたからであった。資本主義的人間とは、男に関して言えば、女のために、恋愛とセックスのために、自発的に一種の奴隷労働をして悔いない人間である。資本主義下の労働が一種の奴隷労働だということは、封建時代というか、近代以前というか、とにかくそれ以前の労働と比べてみれば明らかであろう。近代以前の農民や職人は貧乏で、苛酷な労働を強いられて朝から晩まで働きづめに働かなければならなかったと言われたりするが、それは、近代化を正当化し、近代を進歩の時代と見る者（革命か改革によって近代社会を樹立し、その支配者となった者がそのような立場に立つのは当然であるし、歴史とはたいてい勝者の歴史であるから、歴史家が同じ立場に立つのも当然である）が主張することであって、本当かどうかははなはだ疑わしい。明治政府が江戸時代の農民は幕府によって「生かさぬよう殺さぬよう」に最低生活を強いられていて、武士に無礼討ちにされても文句が言えなかったとしていたのはその一例である。実際、武士が農民や町人を無闇やたらに無礼討ちにしたりしていては、支配体制が維持できるわけがないことは、ちょっと考えればわかることである。

近代以前の農民や職人は、たまにはクタクタになるまで働かなければならなかったときもあったかもしれないが、そういうときでも、少なくとも、いつ働くかを決める自由はあったし、休みたいときに休んでよかった。中世の職人が気ままで、仕事をする気になったときにしか仕事をしなかったことはよく知られている。江戸時代の職人は「宵越しの金はもたない」ことを誇りにしていたと言われるが、このような人間が資本主義に向かないことは確かである。

農民だって、日用品はほとんど自分でつくらねばならず、いろいろ雑用はあったにせよ、農繁期以外はだいたいひまで、好きなことをして遊んでいた。そもそも雇われ仕事などはなかったであろうから、農閑期に家族と別れてよそへ出稼ぎにゆくなどということはしなかったというか、できなかったと考えられる。

近代以前の武士よりはるかに惨めだったのは近代の兵士である。戦国時代の下級武士（足軽・雑兵）を考えてみよう。彼らだって、戦さに駆り出されてこき使われ、いつ討ち死にするかもしれず、惨めだったであろうが、少なくとも近代の兵士ほどは惨めではなかったであろう。彼らは自発的にどこかの大名か武将のもとに馳せ参じたのであって、法律によって強制的に徴兵されたのではない。彼らは、仕えている大名か武将が愚かで頼りなくて、仕えていても先の見込みが明るくないと思えば、逃亡して別の大名か武将に仕えることもできたし、才覚があれば、下剋上というわけで、上役の大名か武将を追っ払ってその地位を乗っ取ることもできた。

しかし、大日本帝国陸海軍の兵士は、強制的に徴兵され、逃亡や反逆は死罪を科せられた。「馬鹿な上官、敵より怖い」と言われるが、上官が明らかに馬鹿で、失敗するに決まっている愚劣で無謀な作戦をたて、自分が無駄死にすることがわかっていても、上官の命令は天皇陛下の命令というわけで、絶対服従して、死地に赴かなければならなかった。

近代の兵士が近代以前の兵士より惨めだったのと同じように、近代資本主義社会の労働者も、事務員にせよ工員にせよ、ホワイトカラーにせよブルーカラーにせよ、一日十何時間か（労働時間が一日八時間とか一週四十時間とかに制限されたのは最近のことであって、それも必ずしも守られていない）一定の時間、一定の場所に縛られ、他人（雇用者）に決められた、自分ではよく意味がわからない一定の仕事をしなければならず、近代以前（封建時代）の職人よりは間違いなく惨めであった。チャップリンの『モダン・タイムス』ではないが、近代の労働は、近代以前の労働と比べれば、「奴隷」労働以外の何ものでもない。しかし、近代の労働者は奴隷制社会の奴隷とは異なり、強制されていたわけでも脅迫されていたわけでもなく、自発的にこのような「奴隷」労働をしたのであった。どうしてそのようなことが可能だったのであろうか。働き蜂が働くのは本能に基づいているが、人間は本能が壊れているから、本能で働くことはできない。人間が働くためには何が必要であろうか。

資本主義社会の経済体制を維持するためには計画的・持続的・恒常的な「奴隷」労働が必要である。人々が気紛れに働きたいときに働くのでは十分ではない。また、貧しくて働かないと喰ってゆけなくて仕方なく働くのでは十分ではない。それでは、貧しくなくなるや否や働くのを止めることになり、当てにならない。資本主義社会に必要な「奴隷」労働に人々が自ら進んで従事するようになるためには、労働する者が労働に何らかの目的なり意義なりを見出していなければならない。労働に内発的動機がなければならない。それは何であったか。それこそは、恋愛とセックスであった。

さきに紹介したように、ヴェーバーはこのような「奴隷」労働（彼は「奴隷」労働とは言っていないが）の起源を神のために無償で働いていた中世の修道院の修道士に求めた。彼によれば、修道士のこのような行動パターンが世俗化され、修道院の外の世界に持ち込まれたとき、資本主義社会が始まったのであった。近代に神は死んで、「神のため」という目的は失われたのだから、それでは説明として十分ではないことは明らかである。ヴェーバー理論ではこの点がごまかされているが、「神のため」という目的に代わる何らかの目的が必要であった。それが「恋愛のため、セックスのため」という目的であった。これが働く動機になったとき、資本主義社会への道が開かれたというのが、わたしの説である。

要するに、近代資本主義社会を支えた人たちとして、マルクスは搾取される無産階級、すなわちプロレタリアを、ヴェーバーは神のために働いた修道士の伝統を引き継いだプロテスタントを重視したが、両者とも、性のタブーに囚われていたためか、資本主義の歴史における性的要因を見過ごしてしまい、性に飢え、女に飢えた男たち、いわばセックス狂の男たちが果たした重要な役割に気づかなかった。

いずれにせよ、資本主義社会とは貨幣を唯一絶対神とする一種の一神教の社会であるとさっき言ったが、わたしによれば、貨幣という神に捧げられたもっとも重要な生け贄が愛と性であった。その結果、男と女の関係がどのように変化したかについてこれまでいろいろ述べてきたが、それらをここで、そのそれぞれが資本主義にとってどういう点で不可欠か、あるいは少なくともどういう点で有利かを示すために、ふたたび取り上げて検討してみよう。このあとも、これまで使った同じ例を繰り返しまた取り上げるが、性に関しては、同じ現象に多くの要因が絡んでおり、同じ現象を多くの観点（民族的観点・文化的観点・歴史的観点・個人的観点など）から見ることができるので、そうならざるを得ないところがあり、ご寛恕をお願いしたい。

無料セックスの撲滅

まず、近代社会・資本主義社会が成立すると、それまでの封建制や君主制の社会と比べて、性道徳が厳しくなり、性的禁止が強化されるのが一般である。ピューリタン革命後のクロムウェル政府、フランス革命後の第一共和国政府、明治維新後の明治政府などもすべてそうであった（十月革命のあと、ボリシェヴィキ政権は、一時、コロンタイなどが中心となって性解放政策を取るが、すぐ性禁止政策に切り換えた）。近代社会になるとどういうことになるかと言うと、たとえば、すでに述べたように、それまでは別に大して問題にされなかった女たち、結婚しないで、またはお金を取らないで男にセックスを「やらせる」女たちが、性秩序を乱す「淫乱女」として軽蔑され、排除されるようになる。これは、無料セックスを撲滅するためであって、無料セックスを野放しにしていたのでは、男たちをセックスのために働かせることができないからである、すなわち資本主義社会にとって好ましくないからであると考えられる。このことについてはまたあとで論じる。

女は結婚まで処女を守ることが要求されたが、これも同じ目的のためであって、言葉を換えて言えば、女・女体・女性器が簡単に手に入らないようにし、その商品化・神秘化・フェティッシュ化を推し進めて、その商品価値を高めるためであった。西欧では、キリスト教の処女マリアの伝説に見られるように、昔から処女が尊重されており、それが西欧における資本主義の発達の一因であったと思われるが、処女が評価される伝統のなかった日本において、明治時代に急に結婚相手の女が処女かどうかが気にされ始めたのは、日本の資本主義の発達と切り離しては考えられない。資本主義の発達と関連して女体が商品化されたとき、論理的必然として商品としてもっとも貴重で高価な女体が処女であり、非処女は傷物・中古品ということになった。

西欧においても日本においても、女の性欲が否定されたのは近代からであるが（近代に性欲が発明されたわけであるが、男の欲望として発明されたのであって、発明されたと同時に、女には否定されたのである）、これまたすでに述べたように、女にも性欲があることを認めれば、女もセックスによって満足が得られることになり、女体・女性器の商品化と道具化に差し支えるからであった。セックスをあくまで男に対する女のサービスとしておくためには、また、女性器を男が任意に使える受け身の道具にしておくためには、そして、そうすることによって、セックスにコストをかける（お金を払う）ことを男に納得させるためには、女に性欲があってはならなかった。女は、自分の商品価値を高めるためには、性欲などもっていないかのような顔をしていなければならなかった。セックスしたいことを正直に示せば、女は安っぽく見られるのであった。これは、商人が商品、とくに骨董品など貴重品を高く売るためには、別に売りたくはないが、是非欲しいというのなら、売ってあげないでもないといった顔をしていることが必要で、売り急いでいることが客にわかれば、安く買いたたかれるのと同じである。こういうのは確かにいやらしいかけひきであるが、資本主義社会では、このようないやらしいかけひきをしない馬鹿正直な女、相手の男が好きだからといって簡単に身体を「許す」ような女は実際に軽んじられ、大損することになるのだから、女としてはそのようなかけひきをするのも止むを得なかったであろう。

近代以前は、一部の階級を除き、夫と妻は同じところ（家の中とか店とか田圃とか）で同じように働いていて、一方が他方に経済的に依存してはいなかったが、資本主義社会になると、夫が家から離れたところにある職場で働いて得た給料で一家を養うという形態が一般化し、女は自活能力をほとんど奪われた。それと並行して、女は「清純な乙女」と「売春婦」の二種類に分割されて、いずれにせよ、経済的に男に頼ってしか生活できなくなった。つまり、「清純な乙女」は結婚という名の特定一者への長期的売春によって、「売春婦」は不特定多数への性器の一時的賃貸しの繰り返しによってしか生活できなくなった。このどちらになるかは女の一生の重大な岐路であった。女の子たちに清純な乙女コースから売春婦コースへ転落する危険を教えるのが、良妻賢母教育の要諦であった。性欲に駆り立てられてその辺の男たちと遊んだり、男を信じて身を任せたりして、処女を失えば、確実に売春婦コースへ転落するのであった。

要するに、近代において自活能力を失った女は、自分の性的・精神的などの好みに基づいて男を選ぶことができず、気に入った男と無料でセックスする余裕がなくなり、お金を稼いでたくさんもっている男、これからも稼ぐことができる男、つまり資本主義的人間しか相手にできなくなった。近代以前の日本の女は「色男、金と力はなかりけり」

とか言って、お金も権力も腕力ももたない頼りない男を色男にする余裕があったが、というよりむしろ、そういう男をこそ色男にしたが、近代以降は、日本の女もお金と力のある男をもっぱら求めるようになったというか、求めざるを得なくなった。

フジモリ元ペルー大統領の妹が初めて熱海の海岸にきて貫一お宮の銅像を見て、「男が女を蹴飛ばしている銅像があるなんて、日本はどういう国なんだ」と驚いていた。明治三〇年から三五年にかけて読売新聞に連載された尾崎紅葉の『金色夜叉』は、貧乏書生の貫一がお金持ちの富山に婚約者のお宮を奪われ、口惜しくてお宮に復讐するために高利貸しになるという単純な筋で、なぜこのようなありふれた話があれほど爆発的な国民的人気を巻き起こし、芝居になり、映画になり、歌に歌われて人口に膾炙《かいしゃ》し、銅像までつくられたかは、現在から見ると不思議でしかない。それは、当時、お金持ちの男へと一斉になびいてゆく日本の女たちに対する人々のやり場のない憤激に捌け口を与えたからであろうと思われる。貫一を棄てて富山に走ったお宮はまさに資本主義社会へと突進する明治日本を象徴する女であった。

美人を嫁に、は明治以降

F・アルベローニ（Francesco Alberoni, *L'Erotismo*. 1986.『エロティシズム』泉典子訳、中公文庫）は、男と女のエロティシズムの根本的違いについて、「男のエロティシズムは、（女の）身体、肉体の美しさ、性的魅力、誘惑力によってエンジンがかかる。社会的地位、知名度、権力によってではない。男が部屋にマリリン・モンローのヌード写真をはっておくのは、彼女の裸がこのうえなく、世界一美しいからである。男を惹きつけるのは、美しさであって、名声ではない。だから、モンローの隣にほかの美女たちの写真をはることもあるし、むしろそっちのほうに興奮することもある。もし男が、有名だが美しくない女優か、無名だが惚れぼれする女か、どちらかと寝ろといわれれば、間違いなく後者を選ぶ。選択の基準は、個人の性的な好みである。女の場合はそうではない。（中略）女のエロティシズムのほうは、（男の）地位、知名度、世間的評価、役割などにいちじるしく影響される。男は性的魅力のある女と寝たい。女は、アイドルやボスや、ほかの女からも愛される社会的価値のある男と寝てみたい」と述べている。

しかし、わたしに言わせれば、これは普遍的現象ではなく、女が男に使われる性的道具として性的対象としての性的魅力で評価され、女自身は、自らの才能や努力によって社会的地位や富や権力や名声を得ることが難しく、そういうものを手に入れたいと思ったら、それらのものをすでにもっている男の妻とか愛人とか恋人とかになって、それらに間接的に近づくしかない社会、とくに資本主義社会（資本主義社会以外の社会にもそういう傾向はあるが）に特有な現象である。この点に関する女の深い屈辱感を知るべきである（そういう屈辱感をもたないように見える女もいるが）。女だって、性的魅力のあるハンサムな男と寝てみたいのであるが、ある種の社会的条件のもとでは、そうする余裕がないのである。

井上章一（『美人論』）は、F・アルベローニと違って、女に関して美人が評価され、ブスが嫌われるというのは、歴史を通して一貫した普遍的現象ではなく、たとえば、日本については、美人が好まれていわゆる玉の輿に乗るケースが急増したのは明治になってからであると指摘している。江戸時代にも、浮世絵に見られるように、美人がとくに選ばれて描かれるということはあったが、それは花柳界のことであって、堅気の一般庶民まで嫁に美人を求めるようになったのは明治以降のことだそうである。

江戸時代、将軍や大名の正室は政略的に選ばれたわけで、子供を生ませるためではなかった。実際、十五代続いた徳川幕府の将軍のうち、将軍の正室から生まれて将軍になったのは家光だけであった。側室は何よりも子供を生むことが重要であったから、側室に選ばれたのは子供を生めそうな丈夫な女であって、正室にせよ側室にせよ、美人かどうかは、大して問題ではなかったであろう。大奥では、「三十の床すべり」とか言って、女は三十歳を過ぎると、寝所から追い出されたそうである。これを、将軍や大名は若くて美しい女を好んだためと見る向きもあるが、むしろ、その年齢を過ぎると出産能力が衰えるためであろう。将軍や大名またはその地位に就くことを予定されている者は、射精が始まったとたん、子供をつくることを期待されて、女を押しつけられ、性交を強いられたわけで、女とか性交とかに飽き飽きしており、彼らが若い美人を好み、美人と寝てみたいなどと思うはずはないと考えられる。もちろん、女好きの将軍や大名もいなかったわけではないが……。

また、百姓町人は、女房と一緒に働いて生活を維持しなければならなかったから、何よりも丈夫な女がいちばんで、女房が美人かどうかなど気にしなかったであろう。ところが、明治になると、ロマンティックな恋愛結婚というものが導入され、素人娘が男の恋愛と性欲の対象となり、恋愛結婚で素人娘が妻に選ばれるには美人で性的魅力があることが重要な要素となった。美人でなければ、ロマンティックな夢想を起こさせないからである。また、優れた男ほど美人を射止めることができることになり、どれほどの美人を妻にしているかが夫の権力と権威の指標となったということもあった。そのため、ひとえに美人が求められるようになったのである。

新品であることが必要条件

話をもとに戻そう。女がお金と力のある男を求めるようになったのに対応して、当然、男は無料でセックスするのがまったく不可能ではないにしても非常に困難になった。資本主義的人間となった男、すなわち、お金を稼ぎ、稼いだお金を女のために使う男しか女に相手にされないということになった。要するに、男は一生、女を養うことができる経済力と社会的地位を身につけて「清純な乙女」と結婚するか、少なからぬお手当てを毎月払って妾または愛人を囲うか、小刻みにお金を払ってときどき「売春婦」を買うか、いずれにせよ、たくさんお金を稼いでおかなければセックスできないことになった。「清純な乙女」と結婚することは、彼女を一生養い、彼女とのあいだに生まれる子供を育てるための費用をすべて負担するだけでなく、社会においてそれなりに敬意を払われる一家を営むということでもあるから、単にお金を稼ぐだけでは十分でなく、安定した企業・会社・官庁などに一応の地位を保っていることも必要であった。男たちがそれぞれの地位を守り、それに伴う仕事を忠実に果たすことが、資本主義社会を維持するために不可欠なのであった。このように、「清純な乙女」を妻にすることは生涯にわたって多大のコストがかかることなのである。

したがって、男が妻にした「清純な乙女」を自分の所有物と見なしたがるのは無理からぬことであった。自分の所有物であり、自分が一方的に使う道具であるからこそ、彼女が新品であること・処女であることが必要条件となるのである。つまり、彼女が自分より前にすでにほかの男に「使われて」いて処女でなかったりすれば、女をご馳走に譬えると(実際、女は男が賞味するご馳走であった)、いちばん味のいいところをほかの男にタダでさきに喰われ、自分は大金を出してまずい食べ残しの残飯をあとから喰わされているような気がして、がまんできないのである。おたがいに気に入って性交し、ともに楽しむのであれば、相手の女が処女かどうかは気にならないはずである。いや、処女は痛がってなかなか挿入できなかったり、また当然のことながら、セックスは下手だから、むしろ避けられるであろう。実際、近ごろの若い男たちには、処女なんて面倒臭くて嫌だという者が出てきている。

西欧で発明され、日本に輸入されたいわゆるロマンティック・ラヴ、すなわち赤い糸で結ばれているかどうか知らないが、生涯にただ一人を永遠に愛するという形の恋愛は（森永卓郎『〈非婚〉のすすめ』〔一九九七、講談社現代新書〕によれば、この種の恋愛は商取引で言えば「お一人様一点限りの返品・交換お断り」のシステムだということであるが）、愛し合う男女の関係の形を資本主義体制の安定と維持に役立つような形にするためのイデオロギーではなかったかと考えられる。もちろん、どのようなことにもいろいろな面があり、個人的な面を問題にすれば、人々がこの種の恋愛に憧れるのには、幼児期の幻想の母子関係の再現を求めるという、ほかの動機もあるかもしれないが、いったん結婚すると原則として離婚せず、夫は安定した職をもち、妻は家庭を守るという形の夫婦が大多数であるような社会が資本主義体制に好都合であることは間違いない。

要するに、近代の男は、「淫乱女」の排除・処女性の尊重・女の貞操の義務などのシステムに阻まれて、なかなかタダで「やらせてくれる」女が見つからず、つねづねセックスに飢えていなければならなくなった。とくに、性欲がもっとも高まるとされている青年期において男をセックスに飢えさせるのは、セックスがどれほど高くついてもお金を惜しまず買う人間に男を仕立て上げる資本主義社会の巧妙な政策であったと考えられる。とりわけ、痴呆の原因になるなどというおおげさな根も葉もない嘘を医学的真理であるかのように言い触らして青年にオナニーを厳しく禁じたのは、この政策の一環であったとしか言えないであろう。

そして、他方では、セックスをたくさんすればするほど、女をたくさん征服すればばするほど、強くて立派な男らしい男ということになっていた。言い換えれば、男は、女を手に入れてセックスするのが非常にむずかしく、それと同時に、たくさんの女とたくさんセックスしないと男らしくないと言われるという、タンタロスのような絶体絶命の窮地に追い込まれていた。この窮地から脱するには、とくに女にモテる男を除き、大部分の普通の男は懸命に働いてお金を稼ぐしかなかった。すなわち、資本主義的人間になるしかなかった。事業でも起こして成功し、大金を儲ければ、大勢の女たちが間違いなく寄り集まってくるはずであった。

男も女もおたがいに恨む

男はセックスに飢えており、女はセックスを売らなければ生きてゆけなかったのだから、男と女の関係が、結婚も含めて、一種の売買春になるのは避けられなかった。近代の男は、タテマエとしては女を恋し愛して結婚することになっていたが、ホンネは、いつでもセックス用に使うことができる女を一人、手元においておきたいというのが、男が結婚する最大の動機であった。女には想像できないかもしれないが、いや、結婚しなくてもわりと容易にセックスできる現代の男にも想像できないかもしれないが、男は、社会システムの罠にかかり、それほどまでにセックスに飢えていた。きわめて勝手な言い分であって、決して容認できないが、T・ベイネケ（Timothy Beneke, *Men on Rape*. 1982.『レイプ・男からの発言』鈴木晶ほか訳、ちくま文庫）によると、強姦する男の一部は、性的魅力を振りまいて男を興奮させながら、「やらせてくれない」女に恨みを抱いているとのことである（性的魅力を振りまくか振りまかないかは女の自由であり、それで男が興奮したからといって男に「やらせる」義務が女に生じるわけではない。そういう勝手な考え方をする男に限って、簡単に「やらせてくれる」女を馬鹿にするのだから、女としては、付き合っておれないが）。そしてもちろん、女が結婚する最大の動機も恋や愛ではなく妻の座という社会的居場所を得て、男からお金をもらい男に喰わせてもらうことであった。そして、女もまた、近代以前と違って、結婚まで処女を守らねばならなかったから、性交するためには結婚するしかなかった。しかも、結婚すればこれまでがまんさせられていた性欲を思う存分満足させることができると期待していたのに（女には性欲はないことになっていたので、期待していたとは限らないが、期待していたとしても）、やっと知った性交はひたすら夫のために奉仕させられる性交で、それさえ夫が気が向いたときにしかやってもらえず、そのうち飽きられて全然してくれなくなったりするのであった。

つまり、資本主義社会においては、男も女も屈辱に呻き、おたがいに相手を恨んでいた。男は、奴隷労働をしてやっと得たお金を毟《むし》り取られるという屈辱に甘んじなければ「やらせてくれない」女に、そして女は、それなしでは生きてゆけないお金や結婚を餌に気の進まない屈辱的なセックスを強要してくる男に恨みを抱いていた。

要するに、売買春がお金とセックスとの直接的交換という露骨な形になったのは、セックスはお金と引き換えでなければできないことをはっきりと示すためであった。たとえば、巫女が熱心に神々に祈りを捧げにくる信者と寝るというのでは、セックスは男を働かせる餌にはならないであろう。江戸時代の遊里のように、粋な遊び人をもっぱら相手にするというのでは、社会の労働体制に貢献できるとは思えない。資本主義のために役立つ売買春は、一般庶民ががんばって働いて得たお金を握って駆けつければ、面倒な手続きなしに、その場ですぐセックスできるようなものでなければならなかった。資本主義社会のセックスは、結婚関係においても売買春においても、惨めで見苦しく寒々しい貧困なセックスであった。

セックスは、やりようによっては、男と女がともに楽しめるすばらしいことになり得るのに、なぜこのように男にとっても女にとっても惨めったらしいこととなり、それがそういうものだと思われて長く続いたのかは、いかにも不思議である。近代という時代は本質的にセックスに対して敵対的な時代だったのかもしれない。近代という時代はわざわざセックスを惨めなつまらないことにするために最大限の努力を払っていたかのようである。セックスに対するこのすさまじい敵意はどこに起源があるのであろうか。セックスを憎むキリスト教の諸国家が世界を支配したことと関係があるのであろうか。

女は用心深くならざるを得なかった

近代資本主義社会の男たちは、要するに、ついこのあいだまで、セックスに飢えセックスに関してさもしく意地汚くえげつなかった。現在と違って当時は、未婚の女が結婚相手以外の男と寝るなんてことはほとんどなかったから、卑劣な男は、その気がなくても嘘をついて、「愛している」とか「結婚しよう」とか言って女に性交を求め、女がなおためらっていると、「俺が信用できないのか」と脅しをかけ、気の弱い女が信用して身体を許すと、やりたいだけやって飽きたら女を棄てるというようなことをした。処女でなければ結婚が難しかったから、そのようにして棄てられた女のその後の人生は悲惨であった。結婚するとしても、処女であったとすれば結婚できたであろう男から二段か三段かレベルを下げた男と結婚しなければならなかった。あるいは、どうせ穢されてしまったのだから、まともな世間には住めないと絶望して売春婦に転落するしかなかった。

　したがって、女は、いったん身体を許すと、ひたすら棄てられたくないと願うようになり、男に対して極端に弱く卑屈になった。男たちは、女は口説き落とすより棄てるほうが難しいと豪語し、飽きた女を後腐れなく棄てるにはどうすればいいかと知恵を絞った。現在と違って、セックスは軽いことではなかったので、女と関係をもつと、簡単には別れられなかったからである。熱心に口説いて大きな期待を抱かせるようなことをするのはまずいとか、棄てられても追っかけてこないようなプライドの高い女を選んで口説けばいいとか、過度に献身的に尽くして女を図に乗らせ、威張らせて、棄てられたとき、今さらへり下って棄てないでくれと頭を下げて頼むわけにはゆかないようにしておくとか、年老いた親の面倒を見なければならなくなった、または家業を継がなければならなくなったので、俺の妻になれば、つまらない仕事に追いまくられるに違いなく、それでは才ある君が可哀相だなどと、女の自尊心を傷つけないような理由を考え出すとか、女と別れるときだけはお金を惜しむなとか、ずるずると引き伸ばすのは駄目で、思いきりよく切ったほうがいいとか、しかし、何よりも賢明な方法は、女が棄てられたのではなく、自分が男に見切りをつけたのだと思うように持ってゆくことだとかいうようなことが言われていた。

そういう危険があったから、女は用心深くならざるを得なかった。男というものはセックスのことしか念頭になく、女に近づくのはその目的のためでしかなかったから（現在の男と違って、セックスに飢えた当時の男は本当にそうであった）、男を結婚に引き入れるためには、セックスというニンジンを見せびらかして、やらせそうでやらせず、結婚までお預けにしておくのがもっとも賢明で安全な策であった。女を騙す気はなく本当に結婚するつもりの男に対しても、結婚前に身体を許すのは危険であった。男が結婚しようとする最大の動機はこの女とセックスしたいということであったから、結婚前にそれが満足されてしまうと、もう女には用がなくなって結婚する気が失せ、何とかこの女から逃げようと考え始めるかもしれなかったからである。セックスが男を釣るための女の餌であったとすれば、結婚は女を釣るための男の餌であって、男は、結婚という餌を与えないでも女が「やらせて」くれたら、もうしめたもので、「釣った魚に餌をやる馬鹿はいない」とうそぶいて結婚してくれなくなるかもしれなかったからである。

現在は、男が結婚を求めても恋愛関係・性関係はそのまま続けながら結婚は拒否する女がいるし、結婚を餌にして男を騙す女の結婚詐欺師も現れているが、当時は、結婚とは女が必死に乞い願い、男が恩恵として女に与えるものであり、セックスとは男が必死に乞い願い、女が恩恵として男に許すものであったから、その交換取引に際しては、立場の弱い女はとくに慎重でなければならなかった。したがってもちろん、結婚まで処女を守るということは、性道徳に従うとか女としての慎みのためというより、男に処女を与えて棄てられたら大損するという打算のためであったが、そうした打算は必要であった。

しかしそこで、心やさしい女は結婚前に男にセックスを求められると大いに悩んだ。受け入れると処女を奪われたあげく棄てられる危険があり、拒否すると男を信じておらず、損をすまいとずるい打算をしているのではないかと疑われるのであった。セックスするかしないかは、おたがいにその気になるかならないか、おたがいに好きかどうか、楽しめるかどうかの問題ではなく、得か損か、安全か危険か、相手が信用できるかできないかの問題であった。このような状況のもとでは、女も、男と同じように、性関係に関してさもしく意地汚くならざるを得なかった。このような男女関係においては、少しでもずるいほうが必ず得をし、少しでも誠実なほうが必ず損をするのであった。

男と女との関係は、少しでも安く買おうと値切る客、あわよくばお金を払わずにかすめ取ってやろうと思っている客と、少しでも高く売り付けようとあさましく計算する商人との関係そのものであった。女はセックスを売る商人であって、自分がおかれているそういう社会的現実を自覚しないで、愛の幻想にうつつをぬかし、男を信用する女、お人好しの女、信義を尽くせば必ず報われると思っている女は不可避的に裏切られ、その性器を男の精液を排泄する便器として使われて棄てられるのであった。

それは、資本主義社会になったのに、村落共同体に住んでいた昔と同じように、自分の家でつくった漬物や味噌や団子をタダでみんなに配る人が損をするのと同じであった。値段が高ければ高いほど品質のいい品物で、値段が安ければ粗悪品という資本主義の論理、「安かろう、悪かろう」の論理に従って、タダで「やらせる」女、お金のかからない女、すなわち、近代以前の社会でなら男に負担をかけまいとするやさしい女と見られるかもしれない女は、安っぽい女、便利な女と見られ、どうしても軽くあしらわれ粗末に扱われることになるのであった。逆に、そういうことをよく心得ている女は、その性的魅力をうまく使って自分を高く売り込み、男から多大の利益を引き出すことに成功するのであった。

国家のさもしさの反映

個人としての男と女のこのようなさもしさと意地汚さは近代資本主義国家のさもしさと意地汚さの反映というか、その一環であったと考えられる。近代国家は、ご存じのように、つねに少しでも多く得をすることに汲々としており、隣国が油断していればすぐ戦争をしかけて領土をかすめ取り、どこかにぼんやりしているのんびりした弱い民族や国があれば押しかけていって植民地にして搾取することに余念がなかった。そして、自分たちは進歩した賢明な文明人で、あいつらは遅れた愚かな野蛮人だと思っていた。二千年前のローマの歴史家、リヴィウスは「大衆は常に政治を行う者を模倣する」と言っていたそうであるが（塩野七生『マキアヴェッリ語録』一九九二、新潮文庫）、国家の全体的政治構造と、その国に住む国民の個々の個人の人格構造とは通底するのである。

国家レベルの現象と個人レベルの現象のこの二つの現象が通底する例をもう一つ挙げてみよう。たとえば、現在、ドイツにもアメリカ軍基地があるが、ドイツのアメリカ軍基地の周辺にたむろする女は売春婦だけであるのに反し、日本のアメリカ軍基地の場合は、ＯＬなど普通の女たちがその周辺にいたり、基地内に入り込んだりしてアメリカ兵のセックスの相手をつとめている。彼女たちは売春婦ではなく、お金持ち日本の豊かさを反映して、往々にして下級のアメリカ兵よりお金をもっていて、アメリカ兵からお金を取るどころか、ホテル代なども自分で払ったりしている。それにもかかわらず、彼女たちはアメリカ兵と対等な関係で恋愛しているとか、自分の性欲を満足させるために男を漁っているとかではなく（もしそうなら、まだしもなのだが）、売春婦以上に卑屈で、アメリカ兵に身体を提供し性器を使ってもらって喜んでいる感じである。アメリカ兵は彼女たちを馬鹿にし、bitch（雌犬）とかstreet girl（街の女）とか呼んで、気が向けば選り取り見取りで女を呼びつけ飽きたら棄てている。彼女たちは目の前でそう呼ばれても、英語の意味がわからないはずはないのに、別に怒りもせずニヤニヤ笑ってされるがままになっている。アメリカ兵はウハウハと喜んで、こんなすばらしい国はないと言っている。このような話を聞くと、われわれは彼女たちが日本の男たちからは相手にされないブスばかりだろうと思いたいところだが、けっこう魅力的な女の子もいるそうである。彼女たちは日本人ではなく、アメリカ人に相手にしてもらっていることに何か優越感みたいなものを感じているらしい。

以上は、アメリカ軍基地内のマクドナルドでアルバイトをしていたわたしのゼミの女子学生の研究発表による。

この種の女たちがなぜいるかは、考えるまでもなく明らかで、要するに、アメリカ政府に対する日本国政府の卑屈な態度がアメリカ兵個人に対する日本女性個人の態度に反映しているのである。日本国民が政府のそのような態度を是認しているのだから、当然、彼女たちは自分たちの行動が世間から非難され軽蔑されるとは思えないのである。そういうことは意識的に明確に考えるわけではないが、暗々裡に雰囲気として伝わり直感的に感じ取られるのである。したがって、日本国政府がその対米態度を改めないかぎり、この種の女たちは跡の絶えることなく輩出しつづけるであろう。もちろん、日本国政府の卑屈な態度が原因で、彼女たちの卑屈な行動がその結果であるというような直接的因果関係を証明することはできない。両者はともに敗戦以来の日本を支配しているある共同幻想の表れであるかもしれない。つまり、誇りを守ることに価値をおかない何らかの共同幻想が、日本の政治家たち、女たちを含めた日本国民全体に染み込んでいると考えられる。いずれにせよ、日本国政府の卑屈な対米態度をそのまま黙認しておいて、彼女たちの卑屈な行動を非難するのは筋が通らないであろう。

アメリカ兵のお相手をする日本の女たちについてのこの発表をした学生は、国辱というような古い言葉は使わなかったが、彼女たちの行動を同じ日本の女としてみっともないと思っていたようで、何やら怒っていた。わたしも同じような感慨をもったわけだが、ゼミの学生のなかには別の意見もあった。アメリカ兵たちが彼女たちを馬鹿にしていることは確かなようで、彼らは、ある女に飽きると同僚に回したりするそうだが、彼女たちは、誰かに強制されているわけではなく、しかもホテル代を負担したりもするのだから、「アメリカ兵に身体を提供し性器を使ってもらって喜んでいる」のかもしれないが、それだけではなく、自分もけっこう楽しんでいるのではないか、飽きられて他のアメリカ兵に回されるというが、彼女たちだって特定のアメリカ兵個人と恋愛しているのではなく、アメリカ兵というものを性的対象にしているだけだろうから、相手が別の男に代わったのなら、かえって面白がっているのではないか、それにこの前には、棄てたアメリカ兵に殴られて怪我をした女もいたではないか、彼女たちもアメリカ兵を回しているのではないか、とにかく、男と女がセックスしたら、男が女を一方的に弄んでいると見るのは偏見ではないか、日本の女はそれほど馬鹿でもお人好しでもないと思うが、と。

それに対してまた反論もあった。アメリカ兵が日本の女に飽きて同僚に回すのではなく、日本の女がアメリカ兵に飽きて、別のアメリカ兵に手を出すのなら、自分も楽しんでいると言えるかもしれないが、そういうのはまれなそうだから、やはりいいように弄ばれているだけなのがほとんどではないか。彼女たちがアメリカ兵と遊んでいるだけだというのは本当か。そもそもなぜアメリカ兵とそんなにやりたがるのか。なかには、恋愛しているつもりの者もいるのではないか。もしそうなら、悲惨ではないか、と。ゼミの議論は続いたが、どちらの見方が正しいであろうか。どちらの見方にも一面の真実があるのであろうか。

いずれにせよ、日本政府が敗戦直後アメリカ兵に提供した慰安婦たちの一人を個人的に直接知っているわたしには、ホテル代を負担してまでアメリカ兵に性器を「使ってもらう」彼女たちと、「思いやり予算」を出してまでアメリカ軍に日本の土地を基地に「使ってもらう」日本政府が重なって見えるのだが……。

さもしく卑劣な近代の男

話をもとに戻す。処女でないと結婚に差し支える、処女を失うのは致命的なことである、女は結婚する以外に生きてゆく道がほとんどない、などの条件のもとでは、口説いてもなびかない処女を是が非でも自分のものにしたいとき、卑劣な男にはその方法があった。スキをみて強姦してでもその女の処女を奪えばいいのである。処女を奪われたその女は、この男についてゆくしかないと観念し、あきらめて彼とのセックス、彼との結婚に嫌々ながらでも応じざるを得なかった。もちろん、自分の意志を無視して自分の人生を決められたという彼女の恨みが消えるはずはなく、そのような関係はそのうち破綻したであろうが、少なくともしばらくのあいだは、処女を奪ったことによって男は、「棄てるぞ」と脅かして女を思う存分、支配できるのであった。

これまで、近代の男たちの、セックスに関するさもしさ・卑劣さを語ってきたが、こういう話を聞いても、性的に解放され、多くの男たちとセックスを楽しんでいる現代の女たちは、理屈としては理解できても、実感としてよくわからないと言う。彼女たちは、男にすがり頼るしか生きる道がなく、そのため男のさもしさ・卑劣さをあえて見ようとせず、男を信じて騙されたかつてのおとなしい服従的な女たちと違って、男たちのさもしさ・卑劣さに振り回されない自信があるのであろうか、そういうことは見えていても気にならないのであろうか。あるいは、今や女を騙してまでセックスする必要がなくなったため、セックスに関して意地汚いそのような男はめったにいなくなったので、彼女たちにも目に付かないのであろうか。彼女たちは、昔のことにせよ、そもそもなぜ男たちがそのようなさもしい、卑劣なことまでしてセックスをしたがったのかがよくわからないらしい。現代の女たちは、むしろ、こちらが望んでいるのに、男がセックスしてくれないことに悩み、どのようにして男をセックスへと誘い込むかに知恵を絞っているようである。

近代神話の打破

話は変わるが、性エネルギーが、性的でない活動、創造的・生産的な、社会的に価値ある活動に振り向けられるのを、フロイドは昇華と呼んだ。彼はこのようなエネルギーの変転を、鉛が金に変わるような錬金術的な変転と考えていたようであるが、性エネルギーと性的でないエネルギーをそれぞれ取り出してリトマス試験紙のようなものにかけたわけではなく、これはあくまで仮説に過ぎない。しかし、彼がこのような仮説を思いついたのは、理由のないことではなく、男たちがみんなセックスに飢えていて、性的満足を得たいという男たちの思いが、資本主義社会を支える労働のエネルギーとなっていた当時の状況を正確に見ていたからであると考えられる。彼には、たとえば、性的不満を抱えた芸術家のそれまで使われていなかった性エネルギーが芸術作品をつくったエネルギーとなったかのように見えたのであろう。そうだとすれば、彼は現実に起こっていると見えたことを理論化したに過ぎないと言えよう。「英雄、色を好む」という諺がいつできたかは知らないが、少なくとも資本主義社会においては、実際、男のなかでもっともよく仕事をするのは女好きの男、セックス好きの男であった（もちろん、「逆、必ずしも真ならず」で、女好き、セックス好きというだけで、他に何の取り柄もない男が大部分であるが）。

子供というものは西欧において近代に発見されたと言われているが、このときに発見された子供は、性欲をまだもっていない「純真な」子供であったことに注目しなければならない。つまり、さっきも言ったように、資本主義が芽生え始めた近代に性欲が発明されたわけであるが、そのとき、「性欲をもつおとなの男」が出現し、それと同時に、性欲のない女と、性欲のない子供が出現したのである。「性欲のない無垢な女」という神話についてはすでに述べたが、「性欲のない無邪気な子供」という神話は、子供時代の性欲を抑圧し、セックスをめずらしいもの・神秘的なものにして、おとなになってからの性的好奇心と性欲を高めるための神話であったと思われる。子供のときからセックスを禁止しセックスに飢えさせておかなければ、のちにセックスのために懸命に働く人間にはなれないのである。フロイドが幼児性欲を発見したことは、この近代神話を打破する第一歩であった。

いずれにせよ、セックスに関して男をも女をもさもしく意地汚くし、惨めな気持ちに追い込んだこのような資本主義の性文化に人々がそのうち不満と疑問をもち始めたのは当然であった。その結果として、性革命は起こるべくして起こったと言えよう。次章では性革命の問題を考えてみたい。

第十三章　性交は趣味である

フロイドの洞察

これまで述べてきたように、西欧近代に成立し、日本近代に輸入された性文化は、近代資本主義を始動させ、回転させるために必要不可欠な役割を演じたけれども、男と女を性に飢えさせ、性的に不満な歪んだ状態に追い込み、性に関して惨めな屈辱的な目に遭わせ、男と女の関係を耐えがたいほどさもしく意地汚いものにした。このような状況に対して不満と疑問と反発の運動が起こってくるのは当然であった。どのようなことに関しても同じであるが、そういう運動は、もっとも被害の大きい人たちのあいだから、もっとも被害の大きい地域で起こってくるわけで、性差別の第一の被害者は女で、性差別がもっともひどかったのは西欧であったから、この問題に関しても、最初に反逆の声をあげたのは、十九世紀前半の西欧の女たちであった。しかし、このときの女性解放運動・フェミニズム運動は、婦人参政権とか売春防止とか教育の機会均等とか、女の法的・政治的・社会的平等をめざしたもので、男と女の差別がもたらす悲劇がもっとも尖鋭にもっとも痛ましい形で現れるのはセックスにかかわってであるにもかかわらず、まだセックスの問題は視野に入っていなかった。セックスに関する差別のもっとも基本的な前提というか、その出発点は女の性欲の抑圧であると思うが、まだタブーが強く、女性解放運動の女たちも女の性欲の解放を主張するところまでは踏み切れなかったのであろうか。

セックスが単なる生物学的・生理学的自然現象ではなく、人間の生き方に深くかかわっていることが理解されるようになるには、フロイドを俟たねばならなかった。神経症とは神経系がどうにかなった病気ではなく、人間と人間が織り成す社会現象であり、その原因のおおもとのところにセックスの問題があることに最初に気づいたのはフロイドであった。すでに述べたことをまたしても繰り返すが、彼が主としてヒステリーの婦人患者の診察に基づいて精神分析理論をつくった十九世紀後半は、性的禁止が強化され、人々があたかもセックスなんかしないかのような取り澄ました顔をしていて、裏では、セックスが人々の最大の関心を集め、売買春とポルノが大繁盛していた偽善の時代、いわゆるヴィクトリア朝時代であった。あらゆる矛盾がセックスに集約されていた。

フロイドのもとを訪れた患者たちは、単なる性的不満、性欲の抑圧のためにヒステリーなどの神経症になっていたのではなく、そこに、この時代の偽善的性道徳に由来する、セックスにかかわる深刻な葛藤があった。そのような患者たちを材料として生まれてきたフロイド理論が性文化の矛盾と不条理性を鋭く突いた理論であったのは必然であった。フロイド自身は、セックスが絡んでいる神経症の臨床的事実を明らかにし、その治療をめざしたのであって、性解放や性革命を提唱したわけではないが、性関係を人間関係・社会関係と見る彼の理論が、それまでの女性解放運動に欠けていた性的観点をこの運動に導き入れる端緒になったことは間違いない。人々は、それまで目を逸らしていたセックスという要因が人間生活においてどれほど重要であるかを、フロイドによって思い知らされたのであった。

性革命がやってきた

しかし、実際に性解放・性革命のために使われた精神分析理論はフロイド理論そのものというより、彼の弟子たちが師の理論を単純化したものであったと言ったほうが正確であろう。彼の理論を単純に受け取れば、「性欲の抑圧が神経症を惹き起こす」と説いていると解することができる面がないでもない。フロイドの弟子のなかには、彼の理論のそういう面を取り上げ、さらに単純化して、とにかく性欲の抑圧がいけないのだ、セックスを解放しさえすればいいのだ、そうすればみんな神経症が治って精神の健康が得られ、ひいては社会も健全になるのだなどと考える者も出てきた。

フロイドは自分が初めに提示した「本来の」フロイド理論、性を人間の中心に据える理論から離れたと非難し、フロイド以上のフロイド主義者と自称していたW・ライヒはそういう弟子の一人であった。ライヒは性革命を最重要視し、性革命が成功しさえすれば、文化革命・社会革命・政治革命などはおのずから実現すると考えた。彼によれば、完全な性的満足を得る能力がある者こそが健康な人間であり、すべての人間が完全な性的満足を得て、世の中が健康な人間ばかりになれば、理想の社会が実現するのだから、何よりもまず、人々が完全な性的満足を得ることが必要であり、そうなりさえすれば、すべての問題が解決するのであった。ヒトラーの登場に時代の危機を見たユダヤ人のライヒが熱心に説くところであるが（W. Reich, *Die Massenpsychologie des Faschismus.* 1933.『ファシズムの大衆心理』平田武靖訳、せりか書房）、たとえば、ファシズムはサディストたちが支配する社会であり、そして、サディズムとは満足されなかった性エネルギーが変質したものであるから、すべての人間が完全な性的満足を得れば、世の中にサディストは一人もいなくなり、自ずとファシズムは消滅することになるというわけであった。これはフロイド理論をあまりにも単純化した理論であり、現実の社会はそれほど単純に割り切れるものではないが、しかし、マルクス主義の場合もそうであろうが、往々にして単純な理論のほうが社会的には力をもち、人々を動かすことがあるようである。

ついでながら言えば、ライヒ理論の根本的誤謬は、性倒錯などセックスに関する「異常な」現象はすべて「本来の自然な」性欲の抑圧が原因であるとしていることである。したがって、性欲の抑圧を廃止し、セックスを全面的に解放しさえすればすべての人間は性的に正常で愛情豊かな健全な人間となり、理想の社会が実現するという単純な結論になるのである。しかし、それではなぜ、人類の歴史においてすべての人間が愛情豊かな健全な人間であった時代に、そもそも性欲の抑圧が始まったのかという疑問にライヒ理論は答えることができない。ライヒによれば、権威主義・権力主義の家父長制社会が諸悪の根源であるが、では、そのような家父長制社会をつくった「悪い奴」はどこから現れたのか。性欲の抑圧が始まる前の人間はみんな「愛情豊かな健全な人間」であったはずである。それなのになぜ誰がそもそも性欲を抑圧し始めたのか……と考えてゆくとライヒ理論はゆきづまる。

それに反して、諸悪の根源をどこかから現れた「悪い奴」というような外部に求めるのではなく、人間の内部に求めるのがわたしの理論である。わたしによれば、性欲、とくに女の性欲の抑圧も家父長制社会の成立も性差別も、人間の本能が壊れたことに対する一つの対策であった。そのような前提に立てば、それは対策として適切であったか、賢明であったか、別の対策はないか、というふうに考えを推し進めてゆくことができる。諸悪の根源を外部の「悪い奴」に求めると、結局、「悪い奴」を見つけ出して殺せということになり、論理的必然として、ヒトラーのナチズムやスターリニズムやポル・ポトの共産主義に至る。

性革命の行方

性解放・性革命は、基本的には、近代の性文化の居心地の悪さ、それに対する疑問や不満が人々の心に徐々に積もっていって、人々がセックスに関してやっていることはどこかおかしいのではないか、このままではますますひどくなるのではないかという気分が醸成され、そういった気分を背景にし、それにさまざまな社会的その他の条件が加わって起こってきたと考えられる。しかし、そのもっとも根本的な原因は、かつて資本主義社会を出現させ、そしてさらに発展させるのに大きな役割を演じた資本主義の精神、すなわち働くために働く勤勉の精神が、現代に至って、資本主義が爛熟して豊かな社会が実現し、もはやそれほど必要ではなくなったこと、産業資本主義が消費資本主義へと移行したこと、あるいは、先進資本主義諸国が植民地を失ったこと、資本主義的工業化が世界的規模に広がり、自然の復元能力が追いつけないほど自然を破壊する恐れが出てきたことなどとも相俟って、場合によってはかえって邪魔になったことにあるのではなかろうか。

何はともあれ、資本主義の精神は、資本主義社会を起動させるためには必要であったが、今や資本主義が全世界に蔓延し、その弊害のほうが目に付き始めた結果、この資本主義の精神を支えていた厳しい禁欲的性道徳は存在理由を失ったのではなかろうか。何はともあれ、性解放・性革命は、フロイド理論や、それを単純化した弟子たちの理論が惹き起こしたわけではないけれども、しかし少なくとも、精神分析理論がそのきっかけとなり、その方向づけに影響を与えたことは否定できないであろう。

性解放を促した社会的その他の条件には、女子教育の普及とか、女の経済力の向上とか、避妊法の進歩とか、いろいろあるであろうが、要するに、資本主義の精神の衰退などの根本的原因にさらにいろいろなことが重なって、人々が、あるとき突然、今のセックスのあり方は間違っているのではないかと気づいたのだと思う。それに気づいて、あたりを見回してみると、まさにセックスに関して、おかしなことがいっぱい見えてきたのである。セックスしたいのに、なぜがまんしなければならないのか。がまんすると、何かいいことがあるのか。好きなだけセックスすると何か弊害があるのか、そもそも人間はなぜセックスのようなことをしたいのか。セックスに関して男と女はなぜこんなに違うのか。セックスは果たして快楽なのか。女はやりたいのに、なぜやれないのか。女はやりたくないのに、なぜやられてしまうのか。男はなぜ女を強姦する気になれるのか。売買春はなぜあるのか。一部の女たち（売春婦）は毎日毎日やりたくもないセックスを何回も十何回もやらなければならないのに、他の女たち（未婚の処女）はやりたくても全然できないというような不公平で不合理なことがなぜあるのか。処女を失ったくらいで、なぜ女は悩まなければならないのか。結婚とは何か。愛と性はどういう関係にあるのか。中絶は、同性愛は、オナニーは、不倫は、離婚は、性倒錯はなぜ好ましくないのか。性に関して、疑問は無限に出てきた。どれもこれもよくわからない。とにかく、考えているだけでなく、何かやってみよう、ということで始まったのが性解放運動ではなかったか。

アメリカの実験

性解放は、まず、セックスや性的な事柄に対するいろいろなタブーを打ち破る方向へと進んだようである。ライヒ理論の影響があったかどうかは知らないが、セックスを禁止するのは間違っている、やりたいだけやればいいんだ、やってやってやりまくればいいんだということになった。性解放の最先端を行ったのは、かつて禁酒法を制定したことからもわかるように、伝統や因襲といったものがないので、観念や理念で突っ走ることができるアメリカであった。三十年か四十年かそこら前のことだったたであろうか、われわれ日本人から見れば、何もそこまでやらなくても……としか思えないような極端なことがアメリカで行われた。彼らは、たぶん、セックスについてどんなことでも実験してみるつもりだったのであろう。たとえば、いっさいの禁止を解き、どんなことでもしていいとなれば、セックスからどれほどの快楽が引き出せるかを実験していたのであろう。

ポルノは解禁になり、クリトリスや陰唇や膣口まではっきりと写っているヌード写真や、性器もあらわな性交の写真やビデオが街で堂々と売られた。それらの写真では、顔と同じように、陰毛も手入れされており、性器も化粧されているのであった。ゆきずりのセックスが流行し、セックスに関していっさいのためらいは無用とばかりに、男のみならず女も、街角やバーで見知らぬ女または男を見つけ、気が合えばただちにホテルへ直行した。ニューヨークなどの大都市では、ゆきずりのセックスのための設備を提供する商売まで現れた。「プラトンの隠れ家」(Plato's Retreat) とかいって、売春婦以外は誰でも、入場料を払えば入ることができ、入ると大きなホールがあり、大勢のほとんど裸の男女がたむろしていて、あちこちのベッドではセックスが行われており、そこにいる男か女に声をかけて相手が承諾すれば、その場でセックスしてもいいし、二階の個室へ行ってもいい。個室では、自分たちのセックスを見られたくなければ、ドアを閉めておけばいいし、見せたければ、ドアを半開きにしておけばいいということだったそうである。

そのほか、男一人と女二人、または女一人と男二人でセックスする3Pとか、二組または二組以上の夫婦がそれぞれの夫または妻を交換してセックスするスワッピングまたはスウィンギングとか、すべてを包み隠さず話すという約束で、夫が他の女たちと、妻が他の男たちとセックスすることを夫婦がおたがいに認め合うオープンマリッジとか、数人の男と数人の女が同棲してどの相手とも自由にセックスするグループセックスとか、乱交パーティとか、アメリカ人はやるとなればとことんまでやらないと気が済まない人種らしい。また、セックスそのものに関して言えば、フロイドの時代にはおぞましい性倒錯に分類されていたオーラルセックスやアナルセックスがごく普通のこと、少なくともそれほど変ではないこととして行われるようになったようである。膣または肛門に握り拳を突っ込んでピストン運動をするフィストファッキングということも行われたらしい。

そのようなことをして何が楽しいのかと不思議であるが、さっきも言ったように、セックスに関してやれるようなことは何でもやってみるという実験精神が豊かなのであろう。

日本の性解放

アメリカで起こったことは何年か後には必ず日本でも起こるという説があるが、性解放の波は日本にも押し寄せてきて、いくらかアメリカと同じようなことが行われたらしい。大学のコンパで初めて会った男子学生と女子学生がその晩すぐ一緒に寝たとか、フリーセックスを実践していて誰とでもすぐ寝る女の子があっちにいるとかこっちにいるとか、どこかで乱交パーティが行われたとか、夫婦交換のクラブがあるとか、そのような話が耳に入ってきた。大学教授と女子学生のスキャンダルがマスコミを賑わせたりした。

しかし、日本の性解放はアメリカのそれのように観念的に過激に突っ走るということはあまりなかったようである。3P・夫婦交換・乱交パーティなどのような、いかにも「われわれは性的に自由なんだ。どんなことでもやれるんだ」ということを証明するために無理してがんばっていることが透けて見えるような過激な性行動は、日本では、ごく一部の者がやっただけで、すぐ廃れたようである（よく知らないが、アメリカでもそれほど長くは続かなかったのではなかろうか。変わった趣向なので、一回や二回やせいぜい三回ぐらいは面白いかもしれないが、すぐ飽きるのではないか。それとも、やっていると癖になるのであろうか)。性解放の影響として残ったのは、男と女がさまざまな禁止に煩わされずにわりと自由に性交するようになったことぐらいであろう。

しかし、これは外国の性解放の影響ではなく、昔の日本に戻っただけのことかもしれない。これまで述べてきたように、近代化以前の日本人は、わりと性的に自由でおおらかだったようで、禁欲的になったのは近代化・西欧化の結果なのだから。要するに、日本の性解放は、近代化によって無理して身につけていた禁欲主義が、本家本元のアメリカ(西欧)が禁欲主義を捨てたので、剝げ落ちただけのことなのかもしれない。

しかし、昔の状態がそのまま再現したわけではない。たとえば、すでに述べたように、ペリー来航以前の日本では、温泉だけでなく街の銭湯も混浴であったし、若い女たちも道端で平気で行水していたし、男たちは女の裸が見えても気にしなかったし、つまり、女の裸は性的対象ではなく、性的興奮とは関係なかったが、性解放になったからといっても、昔のこのような状態が戻ってきたわけではない。確かに性解放の結果、女の裸に関するタブーは薄れたが、現代の女たちが裸を見せるのは、男を性的に刺激する意図があってのことであり、男は女の裸を性的対象と見て興奮するのであって、女の裸が日常生活に溶け込んでいて特別な性的意味はなかったかつてのおおらかな時代は、ペリーだけのせいではないであろうが、永久に失われてしまったのである(渡辺京二『逝きし世の面影』二〇〇五、平凡社)。田舎の温泉では、近代化以降もずっと混浴が行われているところがあるが、昔と違って今の男たちは若い女が湯に入っているとジロジロ眺めたりコソコソ盗み見たりするのを抑えることができない。あるいは、やましい気持ちがあるので、目を逸らしてあらぬ方を見ていなければならない。

アメリカの性解放は、骨の髄まで染み込んでいたキリスト教の禁欲主義に対する必死の反逆であったから、過激に突っ走るしかなく、また同時に、性解放に反対してキリスト教的性道徳を守ろうとする勢力も存在し、激しい争いが演じられたりしたが（性解放運動は単なる性解放運動ではなく、新左翼やヒッピーの陣営が右翼や保守派の陣営と対決した政治運動でもあった）、日本の性解放は、無理に巻いていたネジがゆるみ、何となく禁止が弱くなって元の状態に戻ったということであったようである。西欧に比べると、もともと近代化以前の日本は、性交体位や性戯に関するタブーはなかったし、すでに述べたように、女も男を買っていたし、同性愛も禁止されていなかったし（佐伯順子『美少年尽くし』〔一九九二、平凡社〕によれば、「男色」も「女色」と同じ資格で色の道であった）、村祭りなどでは乱交に近いことが行われていたようであるし、性解放といっても、日本にこれまでなかった新しいことが始まったわけではないと言えよう。

アメリカの性解放運動はエイズ騒ぎで下火になったが、もしエイズのことがなかったとしても、このような爆発的運動がいつまでも続くはずはないので、そのうち遅かれ早かれ収まったことであろう。もちろん、「プラトンの隠れ家」のような店はとっくに閉鎖され、ポルノショップも、売っているものの内容は変わらないが、限られた場所で細々と営業しているだけらしい。しかし、性革命がアメリカ人の性生活というか、性思想に大きな影響を及ぼし、いまやアメリカ人は性革命以前の世界に戻れなくなっているのは確かなようである。

日本においてもそれは同じであって、性に関する考え方や行動が、近代化以前に戻ったわけではないにしても、性革命以前の四、五十年前と大幅に変わったことは否定できない。何よりも目につくのは、性のタブーが非常にゆるんだことである。四十数年ほど前というと、わたしの学生時代であるが、その頃と今とでは、おおげさに言えば、隔世の感がある。その頃は、結婚の約束でもしていれば別だが、大学生同士がセックスするというのはほとんどなかった（もちろん、例外はあって、多くの相手と寝ている男女学生もいたことはいたが）。それが今や、性交はかなり自由になり、処女はほとんど無価値となり、多くの学生が、男のみならず女も、結婚や婚約と関係なく、いや恋愛とすら関係なく性交している（もちろん、昔ながらのまじめで禁欲的な男女学生もたくさんいる）。それも、性解放の初めの頃は、一部の男女学生が無理してがんばってフリーセックスを実践しているような感じであったが、今ではありふれた日常的なこととして気軽にセックスしているようである。中高生でセックスしているのは、これも初めは、いかにも不良少年、不良少女じみていて学校なんかサボっているような子であったが、今では、学業成績もいい「まじめな」子も加わっているそうである。セックスが軽くなったのはフランスでも同じのようで、E・バダンテール『迷走フェミニズム』（E.Badinter, *Fausse route*. 2003. 夏目幸子訳、新曜社）によると、「ここ数年の女性作家による小説を読むと、若い娘がいとも簡単にパンティーを脱ぎ捨てる様子に、古い世代の人間は当惑する」とのことである。バダンテールもそれが「好奇心か欲望か、プライド、挑発あるいは順応主義なのかはよくわからない」そうである。

しかし、今の男子学生は、ほとんど売春婦を買わなくなったので、昔より童貞の率が高くなっていると言われる。いずれにせよ、フリーセックスというのは一種の自由競争なので、「欲望とは他者の欲望である」というルネ・ジラールの法則、くだいて言えば、モテる奴はますますモテる（女は他の女たちが寝たがっている男と寝たがる）という法則も手伝って、とくに男に関して、モテる者とモテない者の差が非常に大きいようである。昔は「モテる男」といってもそれほど自由にやれたわけではないし、当時の若者の性的満足の主要な手段であった買春に関しては、お金さえ払えばいいのだから、「モテる男」と「モテない男」とは完全に平等で、そのほかの点でも「モテる男」と「モテない男」との差は大したことがなかったが、現代では、女たちが気に入った男と遠慮せずに寝るようになったため、「モテる男」は無茶苦茶にモテるようになり、それを横目で見ていなければならない「モテない男」は昔の「モテない男」よりはるかに悲惨である。

また、「モテない女」も昔の「モテない女」より悲惨なのは「モテない男」の場合と同じで、現代の若者たちは、自己中心的というか、虫がいいというか、身の程知らずというか、理想が高いというか、おれ（わたし）ぐらいの男（女）には、これぐらいの女（男）がちょうどいいと、「割れ鍋にとじ蓋」で満足するということをしなくなったらしく、モテない男女同士で結びつくということがあまりないようである。また、仲を取り持つのが好きなお節介なおばさんたちもいなくなって、そのため、恋人もいないし、結婚もしない男の子や女の子がけっこう増えているようである。大部分の男は並の男で、大部分の女は並の女であるが、並の男が少数の並以上の女を求め、並の女が少数の並以上の男を求めるから、そういうことになるようである。あるいは、そういうことはわかっているが、それほど男（女）が欲しいわけでもないので、理想の男（女）が見つからないなら、独りでいるほうがいいと敢えて独身を選んでいるのかもしれない。またあるいは、気心の知れない他人と深い恋愛関係に入るのは億劫《おっくう》で、独りでいるのが何よりも気楽でいいという一種の自閉的心情が蔓延しているせいかもしれない。豊かな社会が実現し、とくに外食産業が発達して、独りでいても生活的には困らないということも、理由の一つかもしれない。ある女の子の話だが、彼女がある男の子と性関係を持ち始めたところ、早速、彼は「洗っておいて」と言って彼女の部屋に汚れたパンツやシャツや靴下を持ってきた。彼女は「冗談じゃない」と怒ってすぐ別れたそうである。このように、女の子は男女平等の世の中だと思っているのに、男の子はまだ以前と変わっていなくて、特別の関係になれば女の子はいろいろ世話してくれるものだと思っていることが、恋愛関係の成立を妨げている一因であることもあるかもしれない。

それから、いわゆる熱烈な恋愛というものをあまりしなくなったのも、今の若者の特徴のようである。わたしの学生の頃は、大学の同期生に心中事件があったし、わたしの友人の彼女は彼との仲を親に反対され、家出して見つかって連れ戻され、また家出して、ということを繰り返して、親もついにあきらめて認めたといったことがあったし、とにかく青年は恋愛するものだという共同幻想があって、恋をしていないと肩身が狭かったが、今や生涯に唯一人、唯一度というロマンティック・ラヴの幻想は滅びていないまでも滅びかかっているらしい。恋愛していても、ちょっとしたことで別れたり、振られてもあまりショックではないようで（振られるとひどく落ち込む男または女もまだいるとは思うが）、淡々としているというか何というか、女の子も、ある男と恋愛中なのに、ときどき別の男をつまみ喰いして寝てみたりしている。かと言って、恋愛中の男と別れる気はないのだから、どうなっているのか、よくわからない。

昔の日本では、たとえば深草少将が小野小町のもとに振られても振られても九十九回通ったという話があったし、そんなに昔でなくても、ついこのあいだまでは、一人の女を熱烈に追い求める男は純情な男として好意的に見られていたと思うが、現在では、振られてもしつこく女に付きまとう男はストーカーと呼ばれてうるさがられ、忌み嫌われるようになった。あっさりした軽い恋愛やセックスが好まれているのであろう。

また、わたしなどには想像を絶することであるが、好きな男とはセックスせず、どうでもいい男たちとセックスしまくって遊んでいる女の子というのも出現しているらしい。昔は、「本当に」愛している女には「純愛」を捧げて大事に取っておき、好きでもない女たちをセックスの対象にして遊んでいるといった男がいたが、同じようなことを今や女の子が男たちを相手にやっているらしい。しかし、その理由は昔の男と今の女とでは違うらしい。昔の男は、セックスとは男が女を穢すことだから、愛している清らかな彼女を穢すまいとしてセックスしなかったのであるが、今の女の子は、セックスがあまりにもありふれたことなので、好きな男との関係がありふれた関係になってはつまらないから、好きな男とはセックスせず、セックスしたいときには、どう思われてもかまわないような好きでもないありふれた男たちとするのだそうである。

女たちは気軽に

性解放以前の昔との何よりも大きな違いは、もちろん、一般論で例外はいっぱいあるが、女たちが気軽にセックスするようになったことであろう。口説かれるのを待っていると、いい男を摑まえ損ねるとか、他の女に取られるとかで、女から男をセックスに誘うこともめずらしいことではなくなった。男を誘うことをためらっている友達に、そう言ってけしかけている女の子がいた。また、恋人にしようというわけではなく、ちょっと親しくなって一緒に遊べば楽しいかもしれないぐらいのことでまずはセックスしてみる女の子、有名芸能人を追っかけて幸運にもセックス「してもらえれば」喜んでいる女の子というのもいるようである。わたしなどの世代は、セックスがそんなに軽くていいものかとも思うが、それで女の子たちが楽しいのなら、別に文句をつける筋合いはないという気もする。

あるグループの女のメンバーのほとんど全員と関係があると言っていた男がいた。彼はイケメンでもないし、別にお金持ちでもないし、むしろ貧相な男で、なぜそんなにモテるのかわからなかったが、彼の言うところのモテる秘訣は、いつの間にできたのか知らないが、女たちのあいだに、彼は無類の女好きで、女が求めれば絶対に断らないで寝てくれるという評判が立ったことにあるらしい。そのため、彼が積極的に口説かなくても、女のほうから近づいてくるらしい。わたしが、そのような評判を維持するには大変だろう、グループのなかにはひどいブスで、とても寝る気になれない女もいるだろうに、ブスとも寝るのかと訊くと、彼は、もちろん、近づいてきた女とはできる限り寝るが、断ることもないではない、だが、断られた女は、誰とでも寝る男に断られたことを恥じるのか、そのことを隠して誰にも言わないから、それで評判が傷つくことはない、と。

彼はいささか得意そうであったが、わたしに言わせれば、彼はモテているのではなく、むしろ、女たちに便利なセックス用の男として使われているのではないか、と。現代の女たちは、性的に解放されたといっても、やはり、女のほうから口説いて断られるのはみっともなくて、断られないのが確実な彼を選ぶだけのことではないか、と。昔は、「惚れていながら惚れないそぶり、それがやくざの恋とやら」という歌の文句にあるように、胸に思いを秘めてはいても、女には一見、無関心で冷たく突き放すといったタイプの男が小説や映画で女に惚れられ慕われるヒーローであって、女好きで誰とでもすぐ寝たがるようなデレデレ男は嫌われたが、今や情勢が変化して女が積極的に性的満足を求めるようになったために、嫌われていた男が便利な男に変わっただけのことで、モテているると得意になるようなことではない、と。それは、昔、男たちが確実に「やらせてくれる」という評判の女に群がったのと同じではないか、と。そういう女は「公衆便所」と呼ばれて軽んじられていたわけで、モテていたというのとちょっと違うのではないか、と。

性関係の国際化

現代日本はいろいろな面で国際化が進んでいるが、女の子たちの彼氏たちも大いに国際化されているようで、わたしが個人的に知っている女の子たちだけでも、彼女たちが相手にした（と言う）外国人は、ドイツ人・フィンランド人・アメリカ人・インド人・フランス人・セネガル人・イギリス人の七カ国にわたる（韓国・朝鮮人や中国人など日本人とあまり見分けがつかない外国人は除いてある）。パリがまだ日本人の憧れの花の都だった頃のことだが、ある女子学生は、夏休みでパリに行ったとき、初めからフランス男を摑まえて寝てやろうともくろんでいて、街のカフェにいると誘ってきた男とすぐホテルへ行ったのだが、初めに男が「いくらか」と訊いたので、お金はいらないと言うと、えらく喜ばれたそうである。日本に帰ってきてその話をすると、わたしもその場にいたのだが、くれるものはもらっておけばいいのに、というのが他の女の子たち大半の意見であった。しかし、日本の女の子に比べて男の子はモテないようで、外国の女の子と寝たという者は、わたしの知る限りでは、一人しかいない。

しかし、日本の女の子がモテるのは軽く見られているのだという説もある。すでにどこかに書いたと思うが、ニューヨークに長く住んでいたわたしの友人の話によると、ニューヨークのタクシーは黄色い塗装なのでイエローキャブ（yellow cab）というのだが、タクシーと同じように相手かまわず乗りたい者なら誰でも乗せるということと、黄色人種だということで、日本の女の子はイエローキャブと呼ばれており、日本に行って女が欲しくなったらお金を出して売春婦を買うことはない、タダでやらせてくれる女の子がすぐ見つかるというわけで、そういう女の子を見つけやすい東京のスポットの案内書があるそうである。また、家田荘子「日本女性専門のアメリカン・プレイボーイ」（『ラブ・ステップ』一九九六、角川文庫）によると、「彼らは……自分さえその気になれば、三六五日続けて、好みの日本女性をモノにできると豪語していた」そうである。

そのような一時のセックス相手ではなく結婚する場合も、日本女性と結婚したがるアメリカの男は、我が強いアメリカ女性には怖くて近づけず、日本女性はおとなしくしとやかで夫に献身的に尽くしてくれるという神話を信じている気が弱い男が多いとのことで、もしそうだとすれば、やはり日本女性を軽く見ているわけである。

性交を楽しむ女たち

ところで、今や昔日の感があるが、かつて女が性交を避けようとしたのには、正当過ぎるほど正当なさまざまな理由があった。第一の理由は、処女を失うと結婚に差し支え、しかも、結婚する以外に女にはほとんど生きる道がなかったことであろう。しかし、今や処女と結婚したいと思っている男はまだいるかもしれないが、そんなことを言えば女たちの顰蹙《ひんしゅく》と嘲笑を買うだけだし、処女とどころか、非処女とも結婚できないかもしれない。近頃、女は別に結婚しなくても困りはしないのだから。処女とでなければ結婚しないなんてことをまだ言っている男など相手にしなくても困りはしないのだから。この第一の理由はほとんど消え失せたと言っていいであろう。

次に、妊娠の危険があり、妊娠すれば中絶は難しかったことも、女が性交を恐れた理由であろう。昔は、「不義の」子を孕《はら》んで、隠れていかがわしい医者に手術を受けたために、命を落とした女がめずらしくなかったのである。しかし今や、避妊の技術は格段の進歩を遂げ、よほど不注意でさえなければ確実に避妊できるし、中絶も決して好ましくはないが、ちょっとした理由があれば中絶は簡単に許可されるし、遅くなり過ぎさえしなければそれほど危険なことではなくなったし、この理由もなくなったと見ていい。

多くの男たちと遊んでいると、淫乱女・尻軽女・蓮っ葉女・公衆便所などと罵られるという理由はどうであろうか。まだそういうことはあるかもしれないが、しかし、今は、女をそのように罵る男のほうこそ、変な目で見られ、馬鹿にされるのではなかろうか。男たちも、多くの男と寝ている女を軽んじなくなり、むしろ「モテる女」と見るようになったようである。「淫乱女」は「恋多き女」に変わりつつあるのではないか。

それから、かつて性交は男に対する女の義務・男への女のサービスという観念があったため、女の性的快感のことをなおざりにし、女の気持ちを無視して平気な男がいて、そういう男との性交は、女にとってつまらなく、悪くすれば苦痛であったが、この問題は、今の女なら容易に解決できるのではなかろうか。つまらないセックスをがまんしていることはないし、つまらないセックスしかしない男なんか棄てればいいし、その男と別れたくないのなら、昔と違って、女はじっと男のなすがままになっていなければならないことはないのだから、セックスのときにいろいろ要求や指示をすればいい（しかし、そう簡単にはゆかないこともあると言う女の子がいた。古臭い差別的観念とはいっても、そういう観念をもった男はまだたくさんいるし、そういう男と出会った女もその種の観念を引きずっていて文句を言うのはためらわれて、二人の性交が、売春でもないのに、女が男にサービスするという形になることはまだよくあることだと言う）。

そういうわけで、現在、女たちは、その気があって相手がいてチャンスがあれば（これらの条件が満たされるとは限らないが）、わりに自由にセックスしているようであるが、昔の不自由だった時代と比べると、非常にいいことであると思う。

若い男のセックスレス

ところが、男の側に新しい問題が起こっているらしいのである。今の若い男は昔の男ほどセックスをしたがらないらしいということと、どうやら男たちに不能が増えているらしいということである。「らしい」というのを繰り返すが、すでに述べたように、昔の男は本当に女に飢えていて、学生の頃の自分や、友人たちのことを考えてみても、四六時中やりたがっていたし、男たちが寄り集まると、女の話というか、猥談ばかりしていたし、友人の誰かがたまたま幸運にも「やらせてくれる」女を見つけてセックスしたということがあると、みんなが彼を取り囲んで「どうだった？　どうだった？」「それで？　それで？」と話を聞きたがり、とくに女の「アソコ」がどうなっているかを根掘り葉掘り尋ねたものだし、そういう哀れを催すようなことしか思い浮かばないので、今の若い男たちがあまりセックスに興味がないようだという話を聞いても、にわかには信じられないのである。戦中戦後の飢えた欠食児が今の飽食の時代の拒食児の話を聞いているかのようである。戦中戦後の喰うや喰わずだった時代、人々は寄り集まると、昔食べたどこどこのカツ丼はうまかったとかウナ丼はどうだったとか話題にしたが、飢えると「猥談」をするのは、性欲に関しても食欲に関しても同じようである。

しかし、家田荘子『セックスレスな男たち』（一九九八、集英社文庫）や、奈良林祥『セックスレス・カップル』（一九九七、あゆみ出版）などの本を読むと、まだ若いのに、本当にセックスをほとんどかまったくしない男がいるそうである。また、『SPA！』（一九九八年七月八日号）は「『単なる排泄行為』『義務から解放されたい』……若くして〝枯れて〟しまった独身男性たちの告白『若い男が〝セックス嫌い〟じゃヘンですか？』」という特集をしているし、『Men's Ex』（一九九九年一月号）は「なぜ、今、

SEXLESSなのか」という記事をつくるに当たって、このわたしに取材してきた。結婚して十年も二十年も三十年も経った夫婦が、セックスに飽きてあまりしなくなったというのならわからないでもないが、付き合い始めてそれほど経っていないのに、セックスしなくなったセックスレス恋人というのもいるらしい。それでいて、別れるわけではなく、恋愛関係は続いているというのだから、何だかよくわからない。日夜、やりたい、やりたいと念じながら「やらせてくれる」女が見つからず悶々としていたわれわれの世代、彼女ができても、その彼女がなかなか「やらせて」くれず、どうしたら「やらせて」もらえるかということばかり考えていたわれわれの世代には、羨ましいというか、もったいないというか、いずれにせよ信じがたいとしか言いようがないが、女のほうがその気なのに、男が避けるというか、やりたがらないため、セックスが行われないということが現在はめずらしくないとのことである。

「ある男を落としたいのだが、どうすればいいか」とわたしに相談してきた女の子がいた。聞いてみると、その男というのは、彼女がよく行くある私鉄沿線のスナックバーのマスターで、店の近くで一人暮らしをしているとのことなので、店で酒でも飲み、ほろ酔い加減になって閉店までねばり、何とか引き伸ばして終電車に乗り遅れ、彼の部屋に泊めてもらったらどうかと、わたしが冗談半分に答えたところ、彼女はその通り実践した。彼女はことの顚末をわざわざ報告しにきたが、彼女の作戦は成功し、彼は部屋に泊めてくれたことは泊めてくれたものの、朝まで彼女に触りもしなかったそうである。その場には、他の学生もいたのだが、彼女は平気で、それは人に聞かれてみっともない話ではないようであった。振られた話がみっともないことではないのは、もともと彼女は彼を真剣に思っていたわけではなく、軽くちょっとものにしてみたいぐらいのことだったからであろう。彼女はなかなか魅力的な子で、四十年前の学生の頃のわたしなら大喜びで彼女の要望に応じたであろうが、もったいないことに、近頃は、「据膳喰わぬは男の恥」という伝統は廃れて、据膳を喰わないそういう若者がいるのである。

また、昔なら、男が口説いてきたとき、女がいったんは断っても、あとから思い直してOKすれば、男は喜んでセックスしてくれたであろうが、今では、いったん断ると、女が思い直してその気になったとしても、男が応じてくれるとは限らないようである。ほかに女を見つけたのかもしれないが、近頃の男は女に断られると、もともとそれほどセックスしたかったわけでもないので、その気がなくなってしまうのかもしれない。

昔、もし「セックスレス恋人」という言葉があったとすれば、それは男が求めているのに、女が「結婚までは……」とか何とか言って拒んでいる関係以外ではあり得なかった。若い男たちがセックスのことにはあまり関心がないというのは、わたしの周りの学生たちを見ていても、やはりどうも本当らしい。彼らが猥談のたぐいをしているのを聞いたことがない。みんなで酒を飲んで酔っ払っても猥歌などは歌わない。これは、教師のわたしが前にいるから遠慮しているのではない。彼らは、いや女の子たちも、人にもよるが、今の例にもあるように、教師に性的なことをわりと平気で言う。女子学生たちがわたしにアケスケに女の性欲の話をしたりしている。近頃、彼氏があまりセックスしてくれないとボヤいたりしている。しかし、男の子たちはわれわれの世代がしていたような、性的不満の捌け口としての猥談はしないし、猥歌も歌わない。わたしが学生の頃は、誰かが猥談や猥歌を始めると、他の者たちも応じて場が盛り上がったものだが、彼らにはそういうことはない。彼らにはあまり性的不満がないのであろうと考えざるを得ない。もちろん、性的不満を抱えている者もいるであろうが、そっちのほうが少数派なので、話題の主導権を取りにくいのかもしれない。あるいは、モテない男も多くいるのだが、猥談や猥歌はダサいという共同幻想があるのかもしれない。あるいは彼らは猥談や猥歌を聞いたことがなく、そもそも知らないのかもしれない。

今の若い男たちがあまりセックスをしたがらなくなったということが本当だとすれば、それは歓迎すべき事態だと考えることもできる。女に飢えていていつもやりたがっていた昔の男たちは、いま思い出してみても、いかにも見苦しかった。すでに述べたように、強姦というのは、女を侮辱したいというのがおもな動機であって、性的不満が原因であることはめったにないが、性的不満の爆発を口実にして行われてきたし、いずれにせよ、多大の性的不満を抱えた男たちは、何とかしてセックスをやれないものかと焦るあまり、ともすれば女が人間であることを忘れて、女体と女性器しか眼中になくなり、スキあらばつけ込んで女をものにしようと、一部の卑劣な男は、女を騙したり脅したり暴力を用いたりあらゆる術策を弄した。

そして、女をものにして性的不満を解消してしまうと、もう用はないというわけで、女を棄てるのであった。その種の男と比べると、お金を出して売春婦を買う男はまだしも「良心的」と言えた。その種の男は、売春婦ではつまらない、やはり素人娘が味がいいなどとうそぶいていた。彼に棄てられた素人娘がそのあとどうなるかはあまり考えないのであった。もちろん、これほどひどい男がそうたくさんいたとは思えないが、しかし、ごく普通の男でも、ある年齢になって青春を顧みたとき、おのれの性的満足のためについその心身を傷つけてしまった女が一人もいなかったと自信をもって言える者は少なかったのではないかと思われる。こういうことがあったのだから、男の「性欲」が減退して、女を傷つける男が減少したとすれば、それは非常にいいことである。そういう男が減少すれば、女も男に不信をもち、用心深く警戒する必要が少なくなり、男女関係は少しはよくなるのではないか。

存在理由を失った男の強い性欲

何はともあれ、わたしの説くところによると、男の強い性欲は、初期の資本主義社会・産業社会の維持と発展のために必要であったが、資本主義が爛熟期に達し、これ以上、資本主義を必死になって発展させる必要がなくなった、というよりむしろ、そのような努力がかえって人類と地球に害をもたらす危険があることが明らかになった現在、もはや男の強い性欲は社会的・経済的・政治的存在理由を失ったと言えよう。そもそも男の強い性欲は、これまで繰り返し強調してきたように、本能なんかではまったくない。それは、近代文明が一方でセックスを厳しく禁止して男の性的不満を募らせ、他方で女体と女性器を神秘化して男から遠ざけ、男の憧れの対象にすることによって、男のなかに無理やりつくりあげたものであった。「石になりたや／風呂屋の石に／オソ舐めたり／眺めたり」という俗謡がいつできたか知らないが、かつて男たちは、風呂屋の石になってでも舐めたり眺めたりしたいと思うほど、女性器を神秘化して憧れていた。したがって、セックスが解放され、女体も女性器もそれほどめずらしい貴重なものでなく、その辺のどこにでもあるありふれたものであることがはっきりし、簡単に手に入るようになれば、男の性欲が弱まるのは当然である。性差別に基づいた男の強い性欲は弱くなったほうがいいのである。

処女膜再生手術

たとえば、処女が貴重な価値のある神秘的なものとなっていれば、処女を抱く男は、自分は他のいかなる男も知らないこの女の秘密の花園に初めて入るのだ、この女は他のいかなる男にも見せたことがない神秘の世界を初めて自分に開いてくれたのだといった観念というか幻想のおかげで、大いに感激し、喜びに打ち震えるであろう。しかし、男がこのような感激を味わうことができるようにしておくために、女はどれほどの犠牲を強いられなければならなかったであろうか。処女をある一人の男に間違いなく捧げるために、女はそれまでしたいこともせずにがまんして不本意な禁欲生活を送ることを強いられた。処女の価値を高めるために、性的なことなどかかわりがないかのような顔をして清純さを装うという無理を続けなければならなかった。女だってセックスしたいし、周りには彼女とセックスしたがっている男たちがいるし、自分の性欲を自制し、男たちからの誘惑を退けて何年も処女を守るのは大変なことであった。守ろうとしても、処女を奪われるピンチというか、処女を捨てるチャンスはいくらでもあるから、ともすれば処女を失ってしまうのであった。そして、結婚しないうちに何かのことで処女を失ったりすれば、傷物ということになり、そのうちいつか結婚するとき、隠すにせよ隠さないにせよ、大いに悩まねばならなかった。隠せば、夫を騙したという心の重荷を負い、隠さず告白すれば、それで棄てられなかったとしても、傷物をもらってもらったという負い目を負わねばならなかった。女のこのような大きな犠牲の上に、処女を犯したときの男の喜びがあったのである。

ちなみに言えば、女たちは処女を守る馬鹿らしさに気づき、結婚とは関係なく適当な相手を選んで処女を捨て始めているのに、男のほうはまだ処女にこだわっていた過渡期に、次の性交のときに適度に血が出るようにする「処女膜再生手術」なるものが流行ったことがあった。これまでの彼氏たちとは別の男と結婚することになった女たちが受けたわけである。彼女たちは、それ以前の女と違って、結婚相手に処女ではないのに処女と偽ることにもはやうしろめたさを感じなかったのである。それは、彼女たちが図々しくなったからではなく、処女を求める男を一応形式的には立てながらも、内心では軽く見るようになっていたからであろう。わざわざこのことを記したのは、これは処女にこだわる男の愚かさを象徴する事件だったと思うからである。

処女喪失

処女膜再生手術を受けた新妻の「処女」を犯して喜んだ男の滑稽さもさることながら、この過渡期には幸運な男たちもいた。男たちはまだ、処女を犯すことに特別な喜びを感じる幻想を失っていなかったが、女たちが気軽に処女を捨て始めたために、一部の男たちはたやすく何人も十何人もの処女を犯すことができるという幸運に恵まれたのである。これもこの過渡期の現象である。この過渡期が遠くに過ぎてしまった現在は、処女と寝る男も、処女を捨てる女も、挿入しにくいとか痛いとかのことがときにあるだけで、そのこと自体は、普通のセックスのときと変わらず、処女を犯した喜びも処女を捧げた感激もないようである。

いずれにせよ、結婚するまで処女を守らなければならないという規範が消滅したのは大変いいことである。この規範のせいで、多くの男女、とくに女が不幸になった。実際、精神的・性格的には馬が合うが、性的に合わないために結婚が破綻することがある。昔なら、おたがいにがまんしたかもしれないが、現在では、そういうがまんは無用であろう。清水ちなみの本に、見合いをすると必ず相手の男とセックスして性的に合うかどうかを試してみるという女の例が出ていたが、結婚前にいろいろな男とセックスしてみて自分の性的な好みを知り、自分と性的に合う男を見つけるというのは、一つの賢明な策であろう。

しかし、今の女の子たちは、昔の女の子たちが悩まなかったことで悩まなければならないようである。昔の女の子は結婚まで処女を守るのが原則で、何かのことで処女を失ってても何とか隠そうとしただけであったが、今の女の子は、いつ誰を相手に処女を捨てるかを自分の一存で決めなければならない。こうするのが正しいと誰も教えてくれないし、いつまでも処女でいれば友人たちに後れを取るし、この男にこそという男はなかなか見つからないし、その辺の誰でもいいと割り切ることもできないし、どうでもいいような軽いことのような気もするし、変な捨て方をしてしまうとあとで後悔しなければならなくなるような重大なことかもしれないし、現在の処女の女の子は迷い戸惑うようである。

別に好きでもないのに、その辺の安全そうな適当な男を摑まえて処女を捨てる女の子もいるようである。ある中年男が十代の女の子に誘われ、喜んで応じたのだが、意外なことに彼女は処女で、どういうわけかなかなか挿入できず、何回目かにやっと挿入でき、これからずっと関係を続けるつもりでいたところ、それっきり振られてしまった。彼は、オチンチンをまるで処女膜を破る「栓抜き」に使われたかのようだとボヤいていた。わたしの推測であるが、たぶん、彼女は好きな若い男とセックスしようとして処女膜が固くて破れず、彼に逃げられたため、二度と同じ失敗を繰り返すまいとして、まだ処女幻想をもっていて処女を有り難がる中年男ならすぐ挿入できなくても根気よく「栓抜き」してもらえるのではないかと見当をつけて、好きでもない彼に処女膜をあらかじめ破っておいてもらおうとしたのではなかろうか。だから、「栓抜き」をしてもらったら、もう彼には用がなくなったので、それっきりにしたのであろう。処女でなくなった彼女は、今度は大丈夫と自信をつけて、以前彼女の処女膜が破れなくて去って行った元の彼氏のところへ戻ったかもしれないし、気に入った別の男を誘ったかもしれない。

昔なら、女の子がそのような行動を取ることは有り得なかったのではないかと思うが、それが有り得た原因は、一つには、女の性欲が解放され、処女幻想が消滅したこと、そして、二つには、現代の若い人たちは何事に関しても辛抱ということをしなくなり、がまんして待つということができず、欲望をすぐ満足させようとすることであると考えられる。たとえば、スーパーの果物の棚には、「カットフルーツ」とか称して、いろいろな果物を一口大に切ってすぐ食べられるようにしてあるのをプラスティックに詰めて売っているが、わたしのような世代の者には、大した手間でもないのに、なぜそのままの果物を買ってきて自分で皮を剝《む》いて切って食べないのか不思議である。しかし、今の若い人たちにはそれが面倒臭いのであろう。それと同じようなことだと思うが、今どきの若い男は、処女の恋人とセックスしようとして処女膜が固くて挿入できないと面倒がってすぐあきらめ、処女膜がすでに「カット」されている別の女に向かうのであろう。

趣味としての性交

ところで、男の強い性欲は、このように文化的に構築され、男に押しつけられていたものであって、架空の男らしさを保つために、本当はそれほどやりたいわけでもないのに無理して数多くの女を征服するとか、がんばって一晩に何回もセックスするとかの馬鹿げたことをする必要はないのだということがわかれば、男もある意味では解放され、肩の荷が下りるであろう。あまりセックスをしたがらない近頃の若い男が、このことがよくわかり、解放されて肩の荷を下ろした男であるとすれば、それは喜ばしいことである。

実際、男の強い性欲を支えてきたさまざまな幻想には、女のことを、征服し犯すべき対象とか、性能力を試す実験台とか、性能力を誇示して男としてのアイデンティティを確認するための手段とか、射精用の穴とか、使用すべき性的道具とか、支配すべき奴隷とか、独占所有すべきフェティッシュとか見なす差別的幻想が多かったから、それらの差別的幻想が消滅したために、男が性的に弱くなったのであれば、それは男が女に対して差別的でなくなったということで、大いに喜ばしいことである。しかし、それだけであろうか。

男たちが性的に弱くなり、あまり性交したがらなくなったのには、ほかの原因もあると考えられる。わたしによれば、人間が性交するのは、本能的行為でもなく、能力の発揮でもなく、愛の表現でもなく、趣味である。性交を趣味だなんて言うと、遊び半分にふざけてゲームをするみたいで、不謹慎の誹《そし》りを免れないかもしれないが、そういうことではない。性交を他のいかなる目的のための手段にもしないで、性交を性交として行うということである。そういう性交を言い表すには趣味という言葉がいちばん適切であると思う。

昔、本能だから仕方がないとして強姦を正当化していた男がいたが、性交が本能であるというのは、本能に責任を転嫁していて卑怯である。われわれは本能に駆り立てられて性交するのではない。また、性交は能力の発揮であるというのは男の権力主義的考え方に基づいていて、極論すれば、これまた強姦を正当化する思想である。性交は愛の表現であるというのは愛と性を切り離し、いやらしい性を清らかな愛によって正当化するというごまかしの思想である。愛とは何かと問題にすると難しくなるが、人間は勝手な生き物で、愛というあいまいな概念にはおのれに都合のいいどのような意味でも突っ込めるから、「愛」という看板を押し立ててくる奴には警戒する必要がある。「愛」は強姦を正当化する口実にも使えるし、「愛」の名で奴隷的奉仕を要求してくる奴もいる。「おれを愛しているなら、これができないはずはない」とか言って、「愛している」とは「おれの言う通りにしろ」という意味だったりすることもある。いずれにせよ、「愛」の概念にすべて包み込めるほど性交は狭いものではない。性交は限りない広さと深さを持つ。「愛」の概念に押し込めば、性交は窮屈な貧困なものとならざるを得ない。

趣味であるからこそ、性交は何らかの根拠をもち出して正当化する必要はないし、いかなる根拠によっても正当化することはできない。性交に関するすべてのことは当人が何かの根拠に頼ることなく決断しなければならないのであり、当人の責任においてなされなければならないのである。趣味であるから、性交は同じような趣味を共有している者同士がやればいいのであって、性交そのものに趣味のない者、あるいは性交の趣味が合わない者に自分の趣味を強いるのは野暮の骨頂であり、決して許されないのである。また、自分の趣味を捨てて自分と性交の趣味が合わない者に迎合する必要はない（二人一人、性交の趣味は微妙に異なるから、あまり自分の趣味に堅苦しく固執すると、性交ができなくなってしまうが）。趣味であるから、たとえば、暇さえあれば、いや、なくても無理に暇をつくってゴルフばかりしているゴルフ狂もいるし、小さな球を棒で打って芝生の穴に入れて何が面白いのかとゴルファーを馬鹿にしている者もいるのと同じように、性交が大好きで、この世に性交ほど楽しいことはないと思っている者もいていいし、性交なんてアホらしい、男の身体の一部と女の身体の一部を接触させて何が面白いのかと言う者がいてもおかしくないのであり、当人が責任をもちさえすれば、性交についてどう考えようと自由なのである。また、二人が合意して、かつ、第三者に害がなければ、どのようなことをしようが自由なのである。

そして、性交が趣味だとすれば、男たちが昔ほど性交に熱心でなくなった原因の一つとして、現代においては、心を奪われるようなたくさんの面白い趣味がほかにいっぱいあるということが考えられる。昔を、とくに昔の農村を考えてみれば、心ときめくような面白いことというのは、性交ぐらいしかなかったのではないか。そのため、当然、性交は趣味として最大最高の位置を占めていた。また、「貧乏人の子沢山」と言われたように、貧乏人は性交ぐらいしか楽しい暇潰しがなかったので、その結果、子がたくさんできたのではないか。しかし、現代では、性交は無数に多くある面白いことの一つに過ぎなくなった。そうだとすれば、今の男たちがあまり性交したがらなくなったのは、何の不思議もないと言えよう。性交より山登りのほうが、賭博のほうが、テレビゲームのほうが、ヨットのほうが面白いという男がいて何の不思議もないであろう。

女に関して言えば、これまで、女は性欲がないとされ、趣味として性交を楽しむことが許されていなかった。性解放の結果、女にとって、性交は楽しんでいい趣味となり、男の場合と違って、これまで抑えつけられていただけに新鮮な興味を喚び起こし、ほかにいろいろ面白いことがあるとは言っても、今、女たちは、けっこう性交をも楽しんでいるのではなかろうか（もちろん、男へのサービスとしての性交を強いられている女、性交とはそういうものだと思って嫌々ながら受け入れている女もまだたくさんいるであろうが）。

性交したがらない男たち

男たちがあまり性交したがらなくなった原因のなかには、そのような原因でそうなったのなら、好ましくないのではないかと考えられる原因もある。現代人はますますナルチシズム的・自閉的・自己中心的になっていると言われるが、このことが性交を嫌がる理由になっているとすれば、好ましいことではないであろう。考えてみれば、性交は、個人と個人がそれぞれの精神のもっとも隠された欲望を表し合い、それぞれの身体のもっとも隠された部分を相手に知られ、見られ、触られることであって、個人と個人が結び得るもっとも親密な関係であると言えるが（性交がますます軽いものになってきているとしても）、ナルチシズム的・自閉的・自己中心的になって、自我が傷つくことを極端に恐れ、自我を守ることに汲々としている者にとっては、性交のような親密な関係は同時に自我が傷つく危険が大きいわけで、それを恐れて性交を避けるとしたら、やはり好ましいことではないであろう。自分のことにしか関心がなく、他人とかかわるのは面倒臭いということがあって、性交すれば他人と深くかかわることになるので、それが理由で、性欲があって性交そのものはしたいにもかかわらず、尻込みするのだとしたら、これまた好ましいことではないであろう。つまり、性欲はあるにもかかわらず、個人対個人として接しなければならない普通の女を相手にするのが面倒で、もっぱらその場限りのかかわりで済む風俗へ行くとか、売春婦を買うとかしかしないのなら、いやさらにそれすら面倒で、ヌード写真かアダルトビデオを見ながらオナニーするだけで誰ともかかわらないのなら、それも趣味だと言えなくもないが、やはり好ましくないであろう。

現代人がナルチシズム的・自閉的・自己中心的になった原因は多くの人が指摘している。人間は本来、ナルチシズムのなかに自己中心的に自閉している存在であって、主として人々との関係のなかでさまざまなフラストレーションにぶつかって初めてその状態から脱してゆけるのであるが、親たちが子供に伝えるべき理念や規範を失い、どう子育てしていいかわからなくなって、(暇になった母親がとくに)ひたすら無原則に子供をかわいがるため(そして、そういうことに、世の中が豊かになったとか、兄弟が少ないとかなどのことも加わって)、子供は、親の保護のもとにほとんど挫折や屈辱や敗北を知らずに育ち、フラストレーションにぶつかるチャンスがほとんどない。そのように育てられた人の自我は脆く傷つきやすい。その種の男が、過保護の親と違って、先回りしていろいろ世話を焼いてはくれない女との関係に耐えられるわけはないし、そして、相手の女も同じように過保護の親に育てられた人だったとしたら、おたがいに相手にサービスする気はなく、相手のサービスを期待するだけだから、そのような男と女のあいだに恋愛もセックスも成り立つはずがない。今、そういう人が増えていることが、セックスが避けられる理由の一つであろうか。

要するに、セックスをやりまくることが誇るべき男らしさの証明であるというようなかつての馬鹿げた観念に囚われて無理にがんばってセックスをするのではなく、おたがいの恥ずかしい面がさらけ出される親密な関係のなかで自我が傷つくのが怖くてセックスから逃げるのでもなく、セックスをしたいときに、自分と何らかの好意的関係にあってセックスの趣味も共通し、同じようにセックスをしたい相手とするのがいちばんいいと思うが、どうであろうか。性交は、何度も言うように、本能ではなく趣味であるから、そして、趣味には一般基準はないのだから、一年間や二年間一回もしなくても、毎日欠かさずしても、一日に何回もしても、間違いではないし、少な過ぎるとか多過ぎるとかいうことはない。性交回数の統計の数値を見て、自分は平均より多いとか少ないとか気にするのは愚の骨頂である。

不能者が増えている

さて、近年増えていると言われる不能の問題を考えてみよう。セックスカウンセラーや精神科医などの話を聞くと、不能のことで相談にくる男、夫や恋人の不能のことで相談にくる女が増えているとのことであるが、昔はそのような相談には恥ずかしくてこられなかっただけで、相談にくる人が増えたからといって不能者の実数が増えたためとは限らないが、もし本当に不能者が増えたとすれば、どのような原因が考えられるであろうか。

第一章で述べたように、わたしの説によれば、人間は本能が壊れているので、みんな基本的には不能であり、人類の性文化はこの基本的不能を何とか解決し、男と女をしてどうにか性交を行わせるためにつくられたのだが、この性文化は、ペニスを勃起させることを重視して男根中心主義に傾き、性交とは男が女・女体を支配し使用することであるという差別的幻想に基づいていた。近年、不能者が増えているのは、性革命の結果、この幻想が批判され、男たちが性交の際にこの幻想に頼れなくなったからであるということが考えられる。

一般的に言えば、不能症（不能に関して当人が悩んでいる場合を不能症と呼ぶことにする）とは、性交欲（性欲というと、男に関して言えば、女の裸を見たいとか、乳房に触りたいとかの欲望も含まれるので、それと区別するために、膣にペニスを挿入して射精したい欲望を性交欲と呼ぶことにする）があるにもかかわらず性交ができないことであるが、逆の言い方をすれば、性交ができないにもかかわらず性交欲があることと定義することもできる。すなわち、不能症とは不能の状態と性交欲との矛盾である。不能であっても性交欲がなければ何ら問題ではない。あるいは、不能症とは性能力と性交欲との分離である。性能力と性交欲とがつねに結びついていて性能力があるときにしか性交欲が起こらないのであれば、不能症というものは存在し得ない。

不能というと男だけにあると思われているようであるが、厳密に言えば、女にもあるようである。女だって、主観的には性交したいと思っているのに膣が濡れてこないとか、このまま性交を続けたいし、相手の男に悪いので必死に隠そうとするが、性交の途中で急に膣が乾いてくるとかのことがあると聞いている。性交したくないときに膣が濡れないのは当り前であるが、性交したいのに濡れないのだから、性交したいのにペニスが勃起しないのと同じであり、性交を続けたいのに膣が乾くのは、ペニスの中折れと同じであるから、不能と呼んでいいであろう。しかし、性交は男がするもので女はされるものだという通念というか偏見があり、される側のことはあまり考慮が払われなかったため、女の不能は問題にされなかったのであろう。それに反して、ペニスが勃起しなければ、あるいは勃起して挿入しても途中で萎えたりすると、決定的に性交は不可能であるから、男の不能だけが目立ったのであろう。

ところで、強姦された女が屈辱を味わい、深い心の傷を受けるのは、女性器が特別な神秘的価値をもつ商品だという幻想のためでもある。足に怪我をしても痛覚が痛むだけであるが、強姦されると、そのとき痛いとか怪我をしたとかのことでは済まず、容易に犯されない聖地であるという女性器の幻想が崩れ、女性器の商品価値が下がるのである。強姦された女の性器は、どこの馬の骨ともわからぬ男にも開かれた、誰でも使える性器に成り下がり、女性器に差別的幻想を抱いている男にとっては魅力が減じるのである。また、手が動かなくなっても不便なだけであるが、男にとって不能が屈辱なのは、勃起して膣に突入できるというペニスの権力幻想が崩れるからである。女性器の商品価値もペニスの権力幻想も、性差別文化に基づいている。したがって、性差別文化が克服されれば、女にとって強姦される屈辱、男にとって不能の屈辱は消えるか、少なくとも減るかするであろうと考えられる。性差別文化も伊達や酔興でできたのではなく、それなりの理由があってのことだから、非難していれば消滅してくれるわけではなく、性差別文化を克服するためには、この文化が何とか解決してきた問題を解決できる代案というか、別の性文化が必要であり、それがどのような性文化であるかは残念ながらまだよくわからない。

しかし、強姦される女の屈辱はさておき、男に関して言えば、ペニスはそのときの相手の女との関係のなかで勃起したりしなかったりする。したがって、ペニスが勃起するのは女のおかげでもある。しかし、ペニスの権力幻想に囚われている男は、そのことを無視して、自分の一存でペニスを自由に勃起させることができると信じたがり、自分のその能力に男としてのアイデンティティの根拠をおいている。そのため、女を前にして不能だったりすると、深刻な屈辱を感ずることになる。このような場合は、なかなか不能の屈辱を克服できないであろう。

不能症に対する対策というか療法に関して言えば、今しがた、不能症とは、性交欲があるにもかかわらず性交できないことであるとも言えるし、逆に、性交できないにもかかわらず性交欲があることであるとも言えると述べた。したがって、不能症には不能の状態を問題にする対策と、性交欲を問題にする対策との二種類の対策を考えることができる。一般的には、性交欲の存在は当然の前提であって、性交欲に性能力がついてゆけないことが問題である。この立場に立てば、不能症の治療の努力は、どのようにして性能力を増すか、どのようにしてペニスを勃起させるかに向けられる。男性誌には精力剤や強壮剤や催淫剤の広告が出ていないことはないとさきに指摘したが、こういうことに関して男たちは実にいじましい努力をするものであって、このあいだある雑誌で、何という製品だったか忘れたが、足を靴に滑り込ませるための靴ベラのように、十分に勃起していないペニスを膣に滑り込ませるための副木のようなものの広告を見たときには、ここまでやるのかと、さすがにびっくりした。不能をどうにかしようという男たちの思いはこれほどまでに哀れというか、涙ぐましいのである。しかし、最近、アメリカで発明されたバイアグラとかいう薬はこの点で画期的な効果があるらしいが、不能に悩む男たちに救いをもたらすであろうか。

性交強迫

ペニスが勃起しなくても、そのとき性交欲がなければ別にどうということはないのだから、性交欲を問題にすることもできるというのは、森田療法から得た発想である。森田正馬《まさたけ》は、不能症は扱わなかったと思うが、ご存じのように、森田によれば、たとえば赤面症の患者は赤面すまいと焦るからますます赤面するようになるのだから、患者が赤面したっていいんだ、いやもっと赤面してやれと思うようになれば、赤面症は治る。つまり、赤面症を治すためには、赤面しない状態をめざすのをやめればいいのである。

同じような考え方をすれば、不能症の患者は、これから性交しようとするときに、また勃起しないのではないかと不安になり、今度こそは勃起させようと焦るため、ますます不能に陥るのだから、患者が勃起しないなら勃起しないでもいいじゃないか、そのときには性交するのをあきらめれば済むことではないかと思うようになれば、不能は問題ではなくなる。そして、赤面症の患者が赤面したっていいじゃないかと思うようになれば、赤面しなくなるのと同じで、不能症の患者も勃起しなくてもいいじゃないかと思うようになれば、かえって勃起したりするのである。

本書においてこれまでわたしは、男の「強い性欲」なるものが本能に基づく自然なものではなく、文化的に形づくられた欲望であって、変えようとすれば変えることができることをうるさいほど強調してきたが、わたしのこの考え方からすれば、「性交欲」を不動の前提とする第一の不能対策だけが考えられる唯一の不能対策ではないことは明らかである。歌の文句ではないが、「押しても駄目なら、引いてみな」ということもある。森田療法的（と言っていいかどうかわからないが）不能対策も考えてみるべきではなかろうか。今度こそは赤面すまいと焦っている赤面症の患者に「赤面したっていいじゃないか」と思わせるのはなかなか難しいように、不能症の患者に「立たなくてもいいじゃないか」と思わせるのも確かに難しいであろう。とくに、ペニスが勃起することを期待している女が目の前にいると、非常に難しいであろう。しかし、森田療法で実際に赤面症が治っているとのことだから、相手の女の理解を得る必要もあるが、森田療法で不能症を治すことも、難しいとは言っても不可能ではないであろう。

現代において、実際に不能が増えているかどうかは知らないが、これほどまでに不能が問題になっているのは、人類の性能力が現実に衰えたからというよりむしろ、資本主義の登場以来ますます悪化の一途を辿ってきている（このあいだの性革命によっていくらか軽くなったようであるが、まだ治るにはほど遠い）人類の病気、すなわち性交強迫という一種の強迫神経症的症状のためではないかと思う。性交強迫があるから、つねにもっともっと性交しなければならないと駆り立てられ、それに性能力が追いつけないということなのではないか。したがって、不能の問題を解決するためには、自分を不能症だと思っている者だけでなく、男たち一般も（そして、男の規範を内在化していないでもない女たちも）この性交強迫から解放される必要があるのではなかろうか。

性差別の解消へ

初めのうち、フェミニズムが主張したことは至極当然なことばかりで、フェミニズム運動は大いなる成功を収め、今や先進諸国では、法的差別は完全になくなったし、政治的・社会的・経済的差別もなくなりつつあるが、頑固に残っているのは性関係における差別である。この領域においてだけは、もちろんいくらか改善は見られたものの、相変わらず、強姦される女は減らないし、強制的売買春ははびこっているし、強姦や売買春でない普通の男女の性関係においても、合意の上とは言うものの、やりたくないのにやられる女は跡を絶たない。とくに、無責任であまり利口でない男と、同じく無責任であまり利口でない女との性関係においては、女が妊娠すると男は逃げたりして、相変わらず依然として女が一方的な被害者になりがちである。そこでさっきも述べたように、ついに一部のフェミニストは、イライラしたのかヤケになったのか、膣にペニスを入れられる性交はすべて強姦であるから拒否すべきだなどという何とも馬鹿げた極論に走ったりしている。

　また、いかにけしからぬとは言っても、性差別には性差別の由って来たる歴史的背景や生理学的根拠があるにもかかわらず、一部のフェミニストは、そこを見ないで、性差別を道義的に糾弾し非難攻撃すれば、そして、女が文句を言って抵抗し、男が反省して改心しさえすれば、それで性差別はすべて消滅すると信じているかのようで、なぜそんなに単純に考えられるのか、あるいは、なぜそんなに視野狭窄になれるのか、よくわからない。性差別はそんな生易しい問題ではないと思うのであるが……。

　本書を了えるに当たって、繰り返しになるが、これまで述べてきた性差別の諸原因を簡単にまとめ、わたしの考えの要点をおおまかに記してみよう。

（1）人類の性本能が壊れ、人間の男女は不能になった。

（2）人類の存続のために必要不可欠な膣内射精を遂行するためには、何はともあれ、ペニスが勃起しなければならないので、女のことはさておいて、男の性欲を回復することに重点がおかれた。

（3）そのため、女の性欲はなおざりにされ、もっぱら女は男の性欲を刺激し、男を性的に興奮させる魅力的な性的対象の役割を担うことになった。

（4）女がもっぱら性的対象になった補助的な原因として、極端に無知無能な未熟児に生まれ、長い間、母親の世話にならなければならないという人類特有の条件がある。そのため、母親の身体、つまり女の身体（女体）が安心と満足と快楽の源泉となった。

（5）同じく無知無能な未熟児に生まれるという人類特有の条件のため、人間の幼児はまず初め自閉的世界に住むことになり、この時期に性欲は、対象のない自閉的欲望として成立する。したがって、人間にとって性的対象は、初めは存在せず、そののち、自分の欲望を満足させる手段・道具として出現する。

この（4）は男と女について共通に言えることである。男の幼児にとっても女の幼児にとっても母親の身体、つまり女体は安心と満足と快楽の源泉であり、この条件は男女がおとなになっても続くが、しかし、女体は男にとっては同時に性欲の対象であり、女にとってはそうではないため、この条件は男の性欲にとってのみ有利に働く。

この（5）も男と女について共通に言えることである。それゆえ、男も女も、相手を性的に満足させるためにはそのための道具にならざるを得ないが、しかし、（3）の条件のため、女が男の性的満足のための道具である面だけがもっぱら強調され、男が女の性的満足のための道具である面は度外視された。

要するに、人類の伝統的な性差別に関して、人類特有の不可避的な生理学的条件に由来しているためどうにもならない面と、男の反省と改心、女の文句と抵抗など、人間の努力によってどうにかなるというか、改革・改善できる面とがあり、この二つの面を区別する必要がある。

わたしによれば、男が女を性的対象とし、性的満足のための道具とする面はどうにもならない。動かせない。しかし、性的対象だからといって男が女を下に見て蔑視する傾向は、自分の性欲に対する蔑視に起因しており、その投影である、言い換えれば、蔑視している自分の性欲を満足させるから女を蔑視するのだから、一種の文化現象であり、したがって、変更することも克服することも可能である。また、男にとって女が性的対象であり、性的満足のための道具であるのと同じように、女にとっては男が性的対象であり、性的満足のための道具であるが、これまでは前者の面だけが是認され、後者の面は否認されてきたけれども、このいずれの面も動かせない点では同じである。今や、後者の面はますます重視されるようになりつつある。

本能が壊れたため、人間においては、性交で男と女が同時にともに同じような性的満足を得ることが非常に難しくなったのである。男と女が同時に欲情し、性交中は同じように快感を感じ、同時にオルガスムに達するようなことはまずあり得ない。合意の上の性交においても、どちらかがどちらかに付き合っており、たいていの場合、女が男に付き合っている。要するに、男が性的満足を得る方式と女のそれとが喰い違っており、そこで、男の性的満足の方式が優先され、その方式では、女は満足できないのであった。つまり、一般には、女は性的対象として、男の性的満足のための道具として使用され、男が射精すると、性交は終わるのであった。

それでは女はたまったものではなかった。そこで、女も男と同じように性交でオルガスムに達するようにしようとして、いろいろ努力が払われた。そうできれば、男女平等のタテマエからいって好都合であった。まず、性交でオルガスムに達するのが正常な女のあり方だということになった。そうでない女は未発達だとされた。しかし、「未発達」な女を「正常な女」へと「発達」させることはできなかった。女たちは、未発達だと思われたくないのか、男の期待に迎合するためか、性交を早く終わらせたいのか、何のためかは知らないが、性交でオルガスムに達していないのに、達したふりをするようになった。

男の性的満足の方式と女のそれとが喰い違っているのだから、男が満足する方式で同時に女が満足するのは、もともと無理なのである。人間の性交は、ある時点では、一方が自分の性的満足のために他方を道具として使っているという形でしかない。それははっきりさせておいたほうがよい。基本的に喰い違っているのだから、女の性的満足の方式を男のそれに無理やり合わせようとしないで、あるいは、同じ方式で男と女が同時にオルガスムに達しようとするのはあきらめ、時間的には男と女のどちらが先でも後でもいいし、何度でも交替していいが、性交（膣へのペニスの挿入）を含めたもっと広い性活動（オーラルセックスなども含めた）において、一方をAとし、他方をBとすると、Aの性的満足を優先し、BはAのためにサービスする時間と、Bの性的満足を優先し、AはBのためにサービスする時間とを交互に入れ替えるというのが、本能が壊れたために失われた男と女の対等な性関係を回復するためにはもっともよい、またはそれしかないと思うのであるが、どうであろうか。

もちろん、男と女が同じ方式で性交し、同時にオルガスムに達することができるのなら、文句なく理想的であるが、さっきも言ったように、そうしようとすると、事実上は、しばしば男だけが満足し、女はおいてきぼりにされるか、または、満足したふりをするかのどちらかになってしまう。その上、オルガスムに達しないのは女の未発達のせいにされてしまう。わたしの提案した交互方式は現実に男と女が、時間的にズレるものの、ともに満足する可能性がもっとも高いのではないかと思う。もちろん、Aの性的満足を優先し、BがAのためにサービスしているあいだでも、Aだけが一〇〇％気持ちよくて、Bは苦しい義務を果たしているわけではない。Bもある程度は気持ちいいが、ただ、Aの気持ちよさを第一にするということで、それに、Bには相手のために尽くしていると いう快楽もある。そして、次に役割を交替するのである。この際、重要なことは、男も女も一人一人、どこが気持ちいいか、どうされれば気持ちいいかが違うので、サービスする役割に回った側は、男はこうだ、女はこうだと決め込んだりしないで、今ここにいる相手の特徴をよく研究する労を惜しまないことである。このようにすれば、セックスが終わった後、どちらかが、一方的に相手の快楽のための道具に使われてしまったというような被害者意識に陥ることはないであろう。本能が壊れた人間の性欲は性的対象を道具に使って満足を得るような構造になっていることを忘れてはならない。この構造を前提として、対等な性交を模索すべきである。

バイアグラについて

バイアグラについて一言。この薬はまさにアメリカでしか発明されなかったような薬であろう。というのは、アメリカ人は、男の強い性欲をもっとも高く評価する国民、わたしの言う「性交強迫」にもっとも囚われている国民、萎えたペニス・小さいペニスをもっとも軽蔑する国民（どのようにするのか知らないが、アメリカではペニスを太く大きくする手術が大流行だそうである）のようにわたしには見えるからである。したがって、この薬はスケベ男がやってやってやりまくるための薬としか考えられず、そのように考えたわたしはこの薬に対して否定的な見方をしていた。しかし、そのうち、この薬は性差別問題の解決に有利に使えるのではないかと気づき、見方をいくらか改めている。

聞くところによると、この薬は催淫剤ではなく、ただ生理的にペニスを勃起させ、勃起を維持するだけで、性欲や性交欲とは関係ないそうである（『諸君!』一九九八年一二月号でのわたしとの対談における精神科医の小田晋の発言による）。射精しても、勃起は続くそうである。わたしの説によれば、基本的に不能である男をして性交ができるようにするための文化装置として、性関係における男の優位を認めるとか、女が性的魅力を振りまいて男に媚びるとかの性差別が必要になったわけだから、そういうことをしなくても、この薬を飲ませるだけでペニスを勃起させることができるのであれば、論理的に言って、性差別文化はいっさい不必要になる。女はもはや女らしく一歩引き下がって男を立てなければ、夫や恋人のペニスが勃起しないのではないかと心配する必要はないことになる。女向けの本や雑誌には、男にモテるための秘訣としては、男がどうということもない簡単なことができても、「まあ、すばらしい。あなたって、すごいのね」などと褒めてやるとか、とくにセックスに関して、ペニスが大きいとか、固いとか、持続力があるとか、こんなに気持ちよくしてくれてありがとうとか、褒めて褒めて褒めまくるのがいちばんいいと書いてあるそうであるが、そういうことが必要ではなくなる。それなら、女たちは、男を立て、男に媚びる義務から解放されるわけで、非常に好ましいのではなかろうか（しかし、それはそうであるにしても、わたしの女としての魅力のためではなく、薬を飲んだからペニスが勃起したというのでは有難味がないという女もいるが）。

この薬を飲めば、男は欲望がなくてもペニスが勃起し、性交できるとのことであるから、男は女と同じ条件のもとにおかれる。すなわち、これまで女だけが強姦され、売春を強要されたのは、男は欲望がなければペニスが勃起せず、性交できないが、女は欲望がなくても性交できるからであった。今やこの薬で、男も欲望がなくても性交できることになり、事実上、女が男を強姦することも、男に売春を強要することも可能になった。もちろん、腕力は、一般に、女より男のほうが強いが、言うまでもなく、強姦や売春は腕力だけの問題ではない。男を強姦できるようになったからといって、無理にやってみることはないが、少なくとも、やろうと思えばできるということは、女を男と対等な立場におくことになるであろう。

強姦や売春とまではゆかなくても、これまで女は、自分はあまりやりたくなくても男がやりたがるから付き合って性交するということがよくあった。断りたくても、しようと思えばできるのだから、夫や恋人に対しては断りにくいということがあった。男は、もしそうしようと思ってもできないのだから、あまりやりたくない性交に付き合わされることはなかった。しかし、これからは、男は、これまでの女と同じように、そういう付き合いもしなければならなくなるかもしれない。

以上のように考えれば、バイアグラは男と女を少なくとも性関係においては対等にするのに役立つのではなかろうか。

しかし、言うまでもなく、性差別は何よりもまず思想の問題であり、性差別を解消するためには思想の変革が必要であって、バイアグラであろうが何であろうが、たかが薬の一つや二つでどうにかなることではない。ただ、バイアグラは、性欲とは無関係にペニスを勃起させることができるとのことなので、使い方によっては、性差別をいくらか解消するためにいささか役立たせることができるのではないかということを指摘しただけである。しかしまた、初めにわたしが危惧したように、やってやってやりまくって自慢したい男が、その用途に使うことも可能であろう。要するに、バイアグラは「もの」なのだから、人によってどうにでも使えるということである。

〈追記〉　ファイザー製薬の社員から次のような内容の手紙がきた。あなたのバイアグラ理解は間違っている。バイアグラは、服用すれば勃起するわけではなく、射精したあとも立ちっぱなしということはない。服用後、しばらくして適度の性的刺激があって効果が現れ、射精すれば勃起は消退する、と。バイアグラを製造している製薬会社の社員が言うことであるから間違いないであろうと思うので、ここに転記させていただく。

（一九九九・九・一五）

この製薬会社の社員が言うことが正しいとすれば（たぶん、正しいであろう）、バイアグラによって男女平等の性関係が実現するのではないかというわたしの希望は虚しかったということになる。そこで、この改訂版では、バイアグラについてわたしが初版で述べたことを削除しようかとも思ったが、バイアグラを誤解したにせよ、誤解に基づいてわたしがそのような希望を抱いたということは事実なので、この希望を描いたわたしの文章はそのままにし、事実は事実として残しておくことにした。

（二〇〇八・七・七）

あとがき

わたしは一九三三年生まれであるが、われわれの世代ほど幼いときから現在までのあいだに身の回りの道具や器具が大幅に進歩したというか、変化したのを見てきた世代はないであろうとどこかに書いたことがある。たとえば、わたしは小学生のときから飯炊きなどの家事を手伝っていたが、まず、熊手と印度米の麻袋をもって近くの松林へ行き、落ちた松葉を掻き集め、それを干して焚き付けにする。斧で材木を割って薪をつくる。配給米を一升瓶に入れ、ハタキの柄を突っ込んで米搗《つ》きをして、搗いた米を釜に入れ、何度も研ぐ。そのための水は井戸からポンプを押して汲み上げなければならない（ときどき、ポンプの調子が悪く、つるべで汲み上げねばならなかった）。研いだ米の上に掌を広げ、水加減を決める。初めチョロチョロ、中パッパと言われているように、釜を竈《かまど》にかけて、まず松葉の焚き付けに火をつけ、細い薪に火を移し、火吹き竹で火の勢いを強めながらだんだんと太い薪を加えてゆく。そのうち釜と厚い木の蓋とのあいだから蒸気が吹き出す。あまりたびたび取り過ぎるのはよくないので、炊きあがってゆく米の微妙な音を聞き分けながら適当な時を見計らって釜の蓋を取り、研いだ米の上の水がなくなっていて、炊いている米の表面のあちこちに小さな窪みができていて小さな泡ができたり消えたりしていたら、火を引いてしばらく蒸す。うまくやらないと、こげめしや、ほちめしができる。飯を炊き終わると、竈を掃除しなければならない。竈の薪のうち、芯まで火になっていたもの（煙が出ないのでそれとわかる）は火消し壺に入れて消し炭にし（消し炭は普通の炭より火がつきやすいので、七輪に火を起こすときに使う）、残りは水をかけて火を消し、次のときに使う。竈の灰は庭に撒いて家庭菜園の肥料にする。釜の飯はおひつに移して、釜に水を張り、しばらくしてから、たわしで洗う。このように飯を炊くのは一仕事であったが（そういうものだと思っていたのか、大変だったという記憶はないが）、今は、米を研ぐことは研ぐが、今の米は昔の米のように糠《ぬか》がついていないのでちょっと研ぐだけでよく、水加減は電気釜に表示してあり、あとはスイッチを入れるだけである。炊き損じることはない。炊き上がれば、自動的に表示され、スイッチ一つで保温もできる。電気釜は薪の煤《すす》で汚れたりしないから、そのまま食堂にもってゆくことができ、釜の飯をおひつに移す必要もない。あとかたづけも簡単である。

しかし、このような大変化が起こったのは、生活用品や事務用品などの物質的方面に関してだけではなかった。ものの考え方とか、社会通念とか、慣習とかの精神的というか文化的というか、そういう方面における変化のほうが大きかったのではないかと思われる。軍国主義が平和主義に変わったのを別にすれば、時期的にはかなりずれるが、なかでも、性に関する考え方がもっとも大きく変わったのではなかろうか。

敗戦はわたしが小学六年生のときのことであるが、もちろん、その頃の小学校では「男女七歳にして席を同じうせず」の儒教式の禁欲主義教育であった。忠君愛国主義一色で、男の子はそのうち兵隊になって天皇陛下のために死ななければならないというわけで、手旗信号やモールス信号の教育はあったが、性教育はなく、あたかも性というものは存在していないかのような、性のことなどは口にしてもいけないというような雰囲気であった。学校だけでなく、世間全体が性に対して抑圧的であった。最近の子供は小学生のときからヘアヌード写真や、ひょっとすると性交の写真さえ見たりするかもしれないが、当時は、子供の視界からは性的なものはきれいさっぱり排除されていた。その頃、街の通りの縁台や電車のなかで、女たちは平気で乳房を出して母乳を赤ちゃんに飲ませていた。すなわち、乳房は単なる授乳器官であって、性的対象としての女体の一部ではなく、性的意味をもっていなかったのである。夫婦が街を歩くとき、夫の二、三歩あとに妻が従っていた。恋人はおろか、たとえ兄妹や姉弟でも、男と女が一緒に並んで歩くのはためらわれた。公衆の面前で男女が手を握るとか、ましてや抱き合うなんてことはとんでもないことであった。

敗戦によってそういう厳しい性道徳のどこかが崩れた。田舎育ちのわたしはそれほど直接目にしたわけではないし、ほとんどは話に聞いたり映画のシーンなどで見たりしたに過ぎないが、都会の街にはアメリカ兵用のパンパンが派手な服を着てチュウインガムを嚙みながら闊歩していた。日本人の男と違って、アメリカ兵は人前で平気でキスしたりするらしかった。田舎なので、街にパンパンが溢れているということはなかったが、アメリカ軍は駐留していて、オンリーさん（将校専用の慰安婦）はいた。そして、これはアメリカ兵とは関係ないが、本屋にはエロ雑誌（雑誌と言えるほどのものではなく、粗末な紙のパンフレットのようなもの）が売られていた。誰かがそれを買ってきて、中学生のわれわれは貪り読んだ。

　しかし、そういうのは、どこか別世界のことであって、敗戦後とは言っても、基本的には厳しい性道徳はそのまま維持されていた。われわれは旧制中学に入学し、そのうちその中学校が近くの高等女学校と合併して男女共学の新制高校になったのだが、合併前は、中学校の生徒は女学校の前の通りを通行することを禁じられていたし、合併後も、同じ学校に男子生徒と女子生徒が通っているというだけで、男女混合クラスというのはできず、実質的には男女別学であった。わたしは丸亀市にあるその学校に、数キロ離れた善通寺市から六年間、電車通学したのだが、男子生徒は前の車両、女子生徒は後の車両と決められていて、男女は同じ車両に乗ってはいけないのであった。通学時間に電鉄会社がわざわざ男子用と女子用の二つの車両を用意したのである。近頃は中高生の男女がセックスすることもそれほどめずらしくないとのことであるが、当時はそのようなことは考えられもしないことで、わたしのことを言えば、セックスどころか、女子生徒の手を握ったこともなかった。しかし、けっこう、一部の者はナンパみたいなことはしていて、わたしもラヴレターを何通かは出したことはあり（すべては梨の礫《つぶて》であったが）、友達のラヴレターのメッセンジャーのようなことをしたこともあるが、当時の男子生徒と女子生徒はデートしても、キスでもすればもう大変なことで、それ以上のことはしなかったのではないかと思う。今にして思えば、みんな純情であった。あるいは性のタブーに深く支配されていた。どこかに書いたことがあるが、何しろ、高校生になっても、世の中には性交というものがあるということを知らない男の子がいたのだから。わたしが、オチンチンを女の子の股のところの穴に入れるのだと説明しても（もちろん未経験であったが、どういうわけかわたしは知っていた）、「まさか、そんな変なことが……」と言って信じなかったクラスメートがいたのだから。ごくごくまれな例外で、女郎屋に上がって遊んだという不良生徒の話を間接的に聞いたことはあるが、そのようなことは驚天動地のことで、ましてや、女子生徒とセックスするなんてことは驚天動地を自乗したようなことであった。

わたしが初めて女の裸を見たのは、大学受験のため東京へ行く途中、どういうわけか大阪で下車して、同じ受験生仲間の数人の同級生と一緒に勇を鼓して、とあるストリップ劇場に入ったときのことであった。その頃のストリップはおとなしくて、性器や陰毛はもちろん、乳首も隠していたが、しかし、他の者も同じだったであろうが、わたしも、見ているあいだ中、驚き、感動し、興奮していた覚えがある。現在のように雑誌にヌード写真は載っていなかったし、女優やタレントのヌード写真集は売っていなかったし、成人映画もアダルトビデオもなかったので、女の裸は写真ででもまだ見たことがなかったのだから。この程度のことが、当時の若者にとって興奮おくあたわざる青春初の大冒険であった。

われわれの世代の大学時代も、性道徳というか性慣習というか、その種のものがとくに変わったとは思われない。ただ、東京では、街角や電車のなかで乳房を出して授乳する女は見掛けなかったが、これは乳房を性的対象と見なし、大きな乳房（巨乳と言うらしい）を評価するアメリカの性文化が都会にはすでに入ってきていたためかもしれない（田舎でもそのうちこの種の状景は見られなくなったが）。婚約でもしていれば別であるが、男女の大学生同士がセックスするのはやはりまだタブーであった。ただ、高校時代とは違って、女子学生と性関係をもっている者もいないではなかったが、非常に少なかったのではないかと思う。当時は売春防止法の施行以前で、まだ赤線があり、高校生とは違い、大学生ともなれば、赤線へ行って女を買うのはおとなになったしるしといった雰囲気があり、それほど変なこととも悪いこととも思われていなかった。おとな（大学生は一応おとなであった）の男に関して、素人娘を性的対象にすることは厳しく禁止し（もちろん、禁止を破る者はいたが、そういう男は女を騙し誑《たぶらか》す悪い奴と見られていた）、売春婦を買うことには寛大なのが当時の性道徳であった。売春婦の値段も今と比べれば非常に安く、コーヒーで言えば数杯分、煙草で言えば数箱分であった。学生たちは、新宿などで酒を飲んでいて、誰かが「行こうか」と言い出せば、みんなも同調して気軽に女を買いに行くのであった。そして、あとで買った女の品評会をやったりしていた。

しかし、とにかく女子学生をはじめ、素人娘とセックスするのは、不可能ではないにしても、非常に難しく、そして、やはり売春婦とのセックスはつまらないし、売春婦を買わない者は買わないので、一般に当時の男たちはひどく性に飢えていた。処女でないと結婚できないとされていたのだから、それに、女には性欲がないなどと言われて性欲の存在さえ否定されていたのだから、女たちはなおさらであった。大体このような状況が、今から三、四十年くらい前の性革命の時代まで続いていたように思われる。

そして、性革命・性解放以後の現在の性をめぐる状況、男女関係の姿は、本書で述べてきたし、読者諸氏もご存じの通りである。竈が電気炊飯器になっても便利になっただけのことであるが、何度も繰り返すように、人間は本能ではなく観念に基づいて性行動をするのだから、性行動の変化は性思想の変化を前提とせざるを得ず、そして、性思想は人生観、世界観と密接に結びついた一体のものであり、したがって、世の中が禁欲主義から性解放へと変わったからといって、昔なら相手にしてもらえなかった種類の女たちと大いにセックスが楽しめるようになったとか、昔は見ることができなかった女性器や性交がそのものずばりストリップ劇場などで簡単に見ることができるようになったとか（昔でも、やーさんなどが主催する秘密の集まりでは見られたらしいが）、昔は空想すらしなかったトップクラスの女優や一流大学の女子学生のヘアヌード写真がその辺に転がっているとかのことを、何も考えないでこれは面白いと単純に喜んでいられるというわけにはいかないのである。性に関して生涯のあいだにこの天地がひっくり返るような大きな変化を経験したわれわれの世代は、矛盾するさまざまな性観念に振り回され、当り前とされていたことがいけないことになったり、そういうものだと思っていたことが疑わしいことになったり、とんでもないこととされていたことが自由にやっていいことになったり、いやらしいとされていたことがそれほどいやらしくないことになったり、確かに刺激的で面白いこともあったけれども、まさに精神的には大変であったとも言えよう。要するに、性に関して（ほかの事柄に関してもであるが）われわれの世代ほど、極端から極端へと引き回され、していいことと、してはいけないこととが混乱し、迷いに迷い、葛藤に囚われた世代はあまりないのではないかと思われる（日本の伝統的性文化といろいろな点で対立していた西欧の性文化がどっと流れ込んできた明治時代の人たちはどうだったであろうか）。

人はどのようにして性観念を身につけるのであろうか。誰かにはっきりと教わった覚えもないし、本に書いてあるのを読んだ記憶もないのだが、わたしも、思春期になって色気づき始めた頃にはすでに、当時の性観念、今で言えば、禁欲的・差別的性観念（たとえば、セックスはいやらしいとか、セックスは男がするもので、女はされるものであるとか、女には性欲がないとか、処女を失った女は傷物であるとか）をしっかりと身につけていた。社会のなかに禁欲的・差別的共同幻想があって、人が育ってゆくあいだに、それがいつの間にか頭のなかに入り込んでいるのであろうとしか言いようがない。そして、人は、身についた観念に無自覚であるかぎりは、知らず知らずのうちにその観念に支配され、その観念に従って行動する。男としてわれわれの世代は、身につけていたそのような性観念が思春期以降、多くの女たちと接する過程においていろいろ問題を惹き起こし、とくに中年になった頃、いわゆる性革命にぶつかり、それらの性観念では理解できない現象をいっぱい目のあたりにして、あれよあれよとびっくりし続けた世代である。そのあとも、女子中高生が使い古しのパンツを売るとか、援助交際という名の売春をするとか、女子大生がアダルトビデオに出演するとか、人妻の不倫が流行るとか、売春婦が雑誌に全身ヌード写真つきの広告を出すとか、意外なことにぶつかって驚いてばかりいた。驚いてばかりいると疲れるのである。

一九九九年四月一二日

岸田　秀

『文學界』一九九八年五月号より九九年四月号まで連載したものに大幅加筆した。

文庫版あとがき

わたしは三十数年間、勤めた大学で、学期間中、研究室で毎週ほとんど欠かさず「水酔会」という会を開いていた。水酔会というのは、文字通り、水曜日に酔っ払う会で、水曜日のゼミのあと、わが大学の学生や他の大学からくる偽学生（偽学生はけっこう多くて、あるときふと気づいてみると、ゼミに出席している全員が偽学生だったことがあった）が研究室に集まって酒を飲みながら勝手なことを喋っていた。ときには街の飲み屋に席を移して終電まで、まれには翌日の始発まで続くことがあった。わたしの大学生活においては水酔会がメインであって、講義やゼミはむしろ付け足しで、わたしは水酔会のために大学へ行っているかのようであった。大学のセミナーハウスや箱根などの温泉でよくやっていた合宿は、水酔会の延長であった。そこでは、もちろん、唯幻論をめぐる議論というか、雑談が主であったが、しばしばセックスのことが話題になった。

本書の初版が出版されたのは九年ぐらい前であるが、『性的唯幻論序説』は水酔会で喋った学生たち、とくに女子学生たちの話を大いに参考にして書いた本であった。その後もやはり水酔会で同じようなことを飽きもせず続けた。昔の人であるわたしには今の人たちの恋愛やセックスについてはよくわからないことがいっぱいあるので、酔いに任せて学生たちにいろいろ「露骨に」質問したが、精神科医でもサイコセラピストでもカウンセラーでもないわたしの問い掛けに彼ら彼女らは「率直に」答えてくれた。とくに『性的唯幻論序説』を読んだ女子学生たちが、こういう本を書いたわたしになら喋りやすいと思ったのか、恋愛やセックスの問題について詳しくあれこれ喋ってくれ、そして、この本についてさまざまな感想や批判を寄せてくれた。彼女たちが率直に喋ってくれたのは、もう一つの理由として、わたしが、若い頃からのことであるが、モテたがりのくせにまったくモテない男で、当然のことながら、彼女たちの恋愛やセックスの対象ではないので、わたしに見栄を張る必要はなく、どう思われてもかまわないわけで、気安かったからということもあったであろう。彼女たちの感想や批判のなかでいちばんひっかかったのは、女の性欲への理解が浅いという彼女たちの批判であった。わたしは、どこがどう浅いのかと考え続けた。もちろん、彼女たちはこの批判だけでなく、いろいろなことをたくさん言ってくれた。とくに印象深いのは、「やられる」セックスについての彼女たちの思いである。そうなのだ。女が男に一方的に「やられる」セックスというものがあるのだ。無理やり「やられる」こともあり、合意の上で「やられる」こともある。動物の雌が雄に「やられる」ことなんてあり得ない。動物の雌が気の進まないセックスをがまんして受け入れることなんてあり得ない。人間の女だけが「やられる」のである。

人間の女だけが嫌なのにがまんして「やらせる」のである。人類だけに見られるこの奇妙な現象は何に起因するのであろうか。この問題はこれまでも考えなかったわけではないが、今回はさらによく考えてみた。彼女たちが言ったことを受けてまた考えているうちに、女の性欲というものが以前よりは少しよく見えてきたような気がする。

そこで、九年前の本書の内容が不満になり、文春新書の編集部に改訂版を出せないものかと尋ねてみたが、新書の改訂版などあまり例がないと言う。しかし、書き加えたいことがたくさんあるような気がしていたので、とにかく書き進めた。すると、原稿枚数では初版の二倍近くになり、千枚を超えた。だから、本書は改訂版というより、半分は新著みたいなものである。これでも出してくれるかと不安になり、編集部に聞いてみると嬉しいことに、文春文庫にしてくれるという。わたしの無理を聞いてくれて、その上、いろいろと有益な助言や示唆を与えてくれた文春文庫部に心から感謝したい。

もちろん、それ以前に、わたしが本書の改訂をそもそも思いついたのは、女子学生たちがいろいろ話してくれたからである。彼女たちがいなければ、これは思いつきもしなかった。文春文庫部に対するより二倍か三倍ぐらい彼女たちに心から感謝したい。

二〇〇八年七月七日

岸田　秀

本文庫は、『性的唯幻論序説』（文春新書）（一九九九年七月刊）をもとに、大幅に加筆、修正をしたものです。

文春文庫

性的唯幻論序説《せいてきゆいげんろんじょせつ》 改訂版《かいていばん》
「やられる」セックスはもういらない

定価はカバーに
表示してあります

2008年9月10日　第1刷

著 者　岸《きし》田《だ》 秀《しゅう》
発行者　村上和宏
発行所　株式会社　文藝春秋
東京都千代田区紀尾井町 3-23　〒102-8008
TEL　03・3265・1211
文藝春秋ホームページ　http://www.bunshun.co.jp
文春ウェブ文庫　http://www.bunshunplaza.com

落丁、乱丁本は、お手数ですが小社製作部宛お送り下さい。送料小社負担でお取替致します。

印刷・大日本印刷　製本・加藤製本
Printed in Japan
ISBN978-4-16-754011-1

文春文庫

評論と対談

（　）内は解説者。品切の節はご容赦下さい。

池田晶子
メタフィジカル・パンチ
形而上より愛をこめて
昨今の哲学ブームに異議を唱える著者が、ソクラテス、福田恆存、医者といった多種多様な人々に形而上学から愛の一撃をお見舞い！　ずばり核心をついた哲学的辛口人物批評。（木田元）
い-56-1

桶谷秀昭
昭和精神史
大東亜戦争は本当に一部指導者の狂気の産物だったのか？　戦争をただ一つの史観から断罪して片づけてよいものか？　昭和改元から敗戦までを丹念に綴る昭和前史。毎日出版文化賞受賞。
お-20-1

桶谷秀昭
昭和精神史　戦後篇
昭和という時代はいつ終ったのか。異国軍隊の進駐と占領で始まった敗戦国日本と戦後を生きた日本人の心の歴史を東京裁判、三島由紀夫事件、天皇崩御を通して克明に描いた渾身の書。
お-20-2

呉智英《くれともふさ》
現代人の論語
「学びて時にこれを習う」は、〝勉強して時々おさらいをする〟と解釈する人が多い。だが、礼・楽の真の意味を知ると、全く異なる思想の魔力が立ち上がる――興奮の論語入門決定版！
く-28-1

関川夏央
司馬遼太郎の「かたち」
「この国のかたち」の十年
司馬遼太郎が晩年の十年間その全精力を傾注した「この国のかたち」。原稿に添えられた未発表書簡、資料の検証、関係者の証言を通じて浮かび上がる痛烈な姿と「憂国」の動機。（徳岡孝夫）
せ-3-7

関川夏央
二葉亭四迷の明治四十一年
言文一致体の提唱者として文学史に名を残す二葉亭四迷は小説家、ロシア文学者、大陸浪人などの顔も持つ複雑な人物だった。その人生に重ねて明治の時代精神を描く長篇評論。（高橋源一郎）
せ-3-8

（　）内は解説者。品切の節はご容赦下さい。

関川夏央
豪雨の前兆

夏目漱石、松本清張、須賀敦子……。いずれも既にこの世にない人の遺した書きものを通じ現在を照射する、深い知識と鋭い観察眼、人生への洞察が冴える珠玉の随筆二十二篇。（水村美苗）

せ-3-9

関川夏央
昭和が明るかった頃

昭和三十年代、人々は映画に明日への希望を託していた。最も時代を色濃く映し出していた映画会社・日活と吉永小百合、石原裕次郎を通じこの時期の時代精神を描く長篇評論。（増田悦佐）

せ-3-10

坪内祐三
一九七二
「はじまりのおわり」と「おわりのはじまり」

あさま山荘、日の丸飛行隊から、矢沢永吉、ロマンポルノまで、生真面目さと娯楽志向が同居する奇妙な季節。戦後大衆社会の謎を解く鍵を秘めた熱い一年を徹底解明する。（泉麻人）

つ-14-1

坂本龍一・天童荒太
少年とアフリカ
音楽と物語、いのちと暴力をめぐる対話

いま世界にあふれる暴力と無関心、そして若者たちの孤独。東京に暮らす小説家とニューヨーク在住の音楽家が、それぞれの生い立ちや創作世界を通して救いの在り処を探す真摯な対話集。

て-7-1

吉本隆明・辺見庸
夜と女と毛沢東

片や思想界の巨人、片や通信社を辞して陋巷に潜み、心眼を働かす芥川賞作家。オウム事件から、戦争、性、臨死体験、資本主義の行方まで、現状に苛烈な異議を申し立てる剛腕対談！

よ-16-2

吉本隆明・大塚英志
だいたいで、いいじゃない。

サブカルチャーが主流となった高度消費社会の諸相を思想界の巨人と俊英がつぶさに検討、細部からゆるやかに全体に至る視座を見据えつつ闘われた三年半の全対話を収録。（富野由悠季）

よ-16-3